The
Stress-Proof
Brain

마음 회복 수업

The
Stress-Proof
Brain

멜라니 그린버그 지음
정지현 옮김

시공사

마음 건강은 뇌에 달려 있다

당신은 아마도 스트레스가 심해서 이 책을 집어 들었을 것이다. 어떤 예기치 않은 사건 때문에 혹은 새로운 할 일이나 불확실한 일의 진행 과정 때문에 스트레스를 마주하고 있을지도 모른다. 태어난 지 얼마 안 된 아기를 돌보거나 집을 리모델링하거나 연인이나 배우자와 헤어지기 직전이거나 사랑하는 사람과 사별했거나 사업을 막 시작했거나 해고 위기에 처해 있을 수도 있다. 불행한 관계와 외로움, 체중 증가, 만성 질환, 경제적 어려움, 보람을 느끼지 못하는 직업으로 인해 만성 스트레스에 시달리고 있을지도 모른다. 어린 시절의 트라우마를 여전히 짊어지고 있을 수도 있다. 게다가 교통 체증, 각종 청구서, 주택 유지보수, 손이 많이 가는 가족·상사·고객 또는 몸의 노화 때문에 일상에서 매일 좌절감을 느끼고 있을지도 모른다.

원인이 뭐가 됐든 스트레스를 받으면 지치고 힘들며 걱정으로 머릿속이 무거워진다. 하지만 스트레스에 뇌가 본능적으로 어떤 반응을 보이는지 이해하면 우리의 마음을 좀 더 침착하고 집중적이고 긍정적인 길로 이끌 수 있다. 이런 식으로 스트레스를 처리하면 더 많은 행복과 성공을 맞이할 수 있다!

인류와 함께해온 뇌의 스트레스 반응

스트레스를 받으면 균형을 잃고 부정적인 결과를 상상하거나 신속한 해결책을 찾으려고 생각이 맹렬한 속도로 움직인다. 가슴과 배에서 공포의 파도가 몰아치면서 심장이 두근거리고 호흡이 가빠진다. 근육이 팽팽하게 긴장된다. 가만히 앉아 있을 수도 없고 똑바로 생각할 수도 없다. 한마디로 안절부절못한다. 자신을 비난하고 스트레스 상황에 빠진 것을 유감스러워할 수도 있다. 결국 이 불편한 감정이 도가 지나치면 무감각해지려고 음식이나 술에 의존하거나 아무 생각 없이 TV를 멍하니 보기도 한다. 자신을 너무 몰아세워 지치고 짜증이 나서 불균형하고 건강하지 못한 삶을 살 수도 있다.

스트레스에 비생산적으로 반응하는 이런 자신을 비판할지도 모르지만, 그러면 안 된다.

스트레스 반응은 수천 년 동안 우리와 함께해왔다. 그것은 우리가 굶주림과 먹잇감을 찾는 사자와 호랑이의 위협에 직면했던 시절에는 인류가 생존할 수 있도록 도왔다.

뇌 한가운데 있는 아몬드 모양의 편도체는 특별히 위협에 대응하기 위해 진화되었다. 편도체는 감각과 장기로부터 정보를 받는다. 편도체는 위협이 존재한다고 판단하면(예를 들어, 당신이 화난 얼굴을 보거나 뭔가가 충돌하는 소리를 들을 때) 호르몬과 신경전달물질(화학물질 전달자)을 이용해 '경보를 울려' 생리학적인 연쇄반응을 일으켜서 당신에게 싸우거나 도망칠 준비를 시킨다. 그래서 스트레스를 받으면 흥분하고 짜증이 나거나 당황하고 회피하고 싶은 기분이 든다.

이 스트레스 반응은 외부로부터의 공격 등 급성 스트레스 요인에 직면할 때는 매우 유용하다. 생각할 겨를도 없이 싸우거나 탈출하려는 충동과 경계심을 불러일으켜 생명을 구해줄 수 있기 때문이다. 만약 이런 순간에 침착하게 차근차근 생각해보려고 한다면 골든타임을 놓칠 수 있다.

그러나 사실 대부분 사람은 이런 유형의 긴급 상황에 직면하는 일이 거의 없다(뉴스를 보면 그렇지 않은 것 같겠지만). 그보다는 갈등 해결, 과제 완수, 생활비 벌기, 연애, 변화와 어려움이 가득한 세상에서 자신과 가족을 돌보기 같은 일상적인 어려움이 더 보편적이다. 심리적인 스트레스 요인도 있다. 외로움, 불확실성, 실패, 거부, 건강이나 안전, 생계에 대한 위협 등.

단기적으로 (코르티솔 같은) 스트레스 호르몬은 에너지를 주고 장애물을 극복할 동기를 부여하며 문제에 집중할 수 있도록 도와준다. 하지만 똑같은 호르몬이 지속적으로 분비되면 불안, 습관적으로 무조건 최악의 상황을 떠올리는 파국화catastrophizing 사고, 또는 부적절하고 충동적인 행동으로 이어질 수 있다. 심장과 면역체계, 체중, 심지어 뇌 기능에도 부정적인 영향을 줄 수 있다. 다시 말해서 뇌의 자동적인 스트레스 반응은 신체적 위험이나 즉각적인 도전에 직면했을 때는 효과적이지만, 지속적인 어려움이나 반복되는 장애물에 직면했을 때는 도움이 되지 않는다. 그러므로 경제적 안정을 얻고 사랑하는 사람을 만나고 관계를 유지하고 가족을 돌보거나 집을 사거나 직장이나 사업에서 성공하는 것과 같은 장기적인 목적을 달성하려면 스트레스를 잘 관리하는 것이 필요하다. 정상적인 삶의 변화를 제어하고 예상치 못한 위기와 실망을 이겨내고 심지어 잠재적인 재앙을 피하는 법을 배워야 한다. 이미 스트레스의 부정적인 영향을 경험하고 있다 해도, 변화를 이루는 데 아직 늦지 않았다. 우리의 뇌와 몸은 스스로 치유하는 놀라운 회복 능력이 있기 때문이다.

⠿뇌를 바꿀 수 있다

뇌는 '신경가소성neuroplasticity'을 통해 재생하고 치유하는 능력이 있다. 다시 말해, 뇌의 신경세포가 새로 만들어지고, 긍정적이고 생산적인 뇌 회로가 생성되고, 스트레스 요인을 위협이 아닌 충분히 감당할 수 있는 도전으로 정확하게 인지하도록 도와주는 뇌 영역이 커질 수 있다. 전전두피질의 힘을 이용하면 편도체를 진정시켜서 스트레스에 더 의식적이고 효과적으로 반응할 수 있다.

인간의 전전두피질은 특히 크고 잘 발달되어 있으며 인간이 가진 놀라운 사고와 문제 해결 능력을 담당한다. 이마 바로 뒤에 위치하는 전전두피질은 뇌의 CEO(최고경영자)와 같다. 전전두피질은 현재 상황과 과거 경험 정보를 바탕으로 최선의 행동을 선택하도록 이끈다. 스트레스 요인을 만나면 감각 기관(눈과 귀 같은)에서 편도체와 전전두피질로 모든 정보가 흐른다. 하지만 편도체로 가는 경로는 눈앞에 닥친 위협에 긴급 행동을 취할 수 있도록 더 빠르다. 전전두피질은 편도체보다 스트레스에 더 느리게 반응하는데, 더 많은 정보를 처리해야 하기 때문이다.

전전두피질은 편도체를 제어할 수도 있다. 예를 들어 길에서 뱀을 보고 깜짝 놀랐음에도 사실 막대기일 뿐이라며 편도체에 진정하라고 말할 수 있다. 마찬가지로 변화와 불확실성, 상실이 삶의 자연스러운 부분이라는 것을 알려주어 지속적으로 균형을 유지하고 자신을 잘 돌볼 수 있게 해준다. 그리고 문제 해결을 도와줄 사람들과 자원이 있음을 편도체에 상기시킨다. 전전두피질은 편도체에 포기하지 않고 끈기 있게 노력해서 필요한 기술을 배우면 되니까 어려운 상황을 이겨낼 수 있다고 말한다.

이것들은 편도체와 뇌의 다른 영역들과 원활하게 소통하는 탄탄한 신경 경로를 가진, 제대로 기능하는 전전두피질이 사용하는 전략이다. 이 과정이 잘 작동되면 전전두피질이 나서서 공황 상태를 진정시키고 스트레스 요인들을 현명하고 전략적으로 다룰 수 있다. 그런데 왜 당신은 스트레스에 압도당하는 것일까? 다음과 같은 이유일 수 있다.

- 편도체가 과도하게 활성화한다.
- 전전두피질과 편도체의 소통에 문제가 있다.

- 전전두피질이 제 기능을 하지 못한다.
- 전전두피질은 과거 경험의 정확한 정보 부족으로 상황을 진정시키지 못한다.
- 어릴 때 부모의 중독, 방치, 우울증, 가정 폭력, 가난 등 혼란스러운 환경에서 자랐거나 스스로 바꿀 수 없는 문제를 마주했다.
- 계속된 실망과 실패로 부정적인 기대를 자동적으로 하게 되었다. 세상이 안전하지 않고 나를 지지해주지 않는 느낌, 나를 도와줄 사람들에 대한 불신, 자신감 부족 등.

다행히 뇌의 신경가소성은 생각 과정의 방향을 바꿔서 좀 더 현재에 초점을 맞추고 희망적인 신경 경로를 구축해 매끄럽게 기능하는 뇌를 만들 수 있다는 뜻이다.

◉ 스트레스에도 끄떡없는 마음 회복 수업

이 책은 스트레스에 대한 회복탄력성을 높일 수 있도록 뇌의 방향을 전환하는 데 도움이 되는 뇌 기반 대처 기술을 가르쳐준다. 이 프로그램은 스트레스와 감정에 관한 최신 연구, 시련 속에서 거둔 성공과 회복력에 관한 심리학 문헌, 심리학자들을 훈련하고 급성 또는 만성 스트레스에 시달리는 내담자들을 도와준 내 경험을 바탕으로 한다. 내가 한 나라(남아프리카공화국)에서 성장하며 사회적·경제적 혼란에 직면하고 매우 불확실한 상황에서 내 진로와 미래에 대해 어려운 결정을 내려야 했던 경험 역시 이 프로그램에 녹아 있다.

스트레스는 삶에서 결코 피할 수 없는 부분이다. 하지만 스트레스에 압도당해서 건강과 행복, 인생의 목표 달성을 가로막는 사고와 행동 방식에 갇혀 있으면 안 된다. 당신은 직접 뇌의 CEO가 되어 전전두피질이 편도체를 진정시키게 하고 스트레스에 덜 반응하게 만들 수 있다. 이 책을 통해 당신은 이제 다음과 같은 일을 할 수 있을 것이다.

- 회피, 반추, 두려운 생각처럼 전혀 도움 되지 않는 반응을 억제한다.
- 명확성과 집중력을 얻는다.
- 통제감과 성장 마인드셋을 회복한다.
- 그릿과 자기 연민으로 스스로 동기를 부여한다.
- 스트레스가 닥쳐도 건강하고 균형 잡힌 삶을 살아간다.

빠르게 변하는 요즘 세상에서 스트레스에 탄력적인 뇌야말로 집중력을 유지하면서 능력을 마음껏 발휘하기 위해 꼭 필요하다. 부정적인 사건들과 과거의 실수를 지울 수는 없지만 그 경험들로부터 교훈을 얻어 앞으로의 여정을 위한 연료로 삼을 수 있다. 평온한 내면과 건강한 생활 습관으로 명료한 사고에 도달해 앞으로 오래도록 승승장구할 수 있다.

이 책은 세 부분으로 나누어진다. 1부 '마음의 적, 스트레스 이해하기'에서는 뇌와 몸의 스트레스 반응에 대해 알아볼 것이다. 당신이 마주한 스트레스 요인의 유형이 무엇이고 스트레스가 정신적·신체적 건강에 어떤 영향을 주는지 알 수 있다. 2부 '마음챙김으로 편도체 달래기'에서는 편도체가 경보를 울리는 때라도 지금 이 순간에 머무는 방법을 배울 것이다. 어려운 감정을 피하지 않고 똑바로 마주하고 진정시키는 법도 배운다. 마지막으로 스트레스 요인에 대한 통제감을 키우고 자기 연민을 이용해 편도체를 진정시키는 방법을 배울 것이다. 3부 '마음의 친구, 전전두피질과 함께 전진하기'에서는 인지 유연성을 기르고 걱정과 완벽주의, 과도한 경계를 물리치는 방법을 알아본다. 긍정적인 목적을 위해 뇌를 이용하는 방법을 알게 될 것이다. 스트레스 요인을 도전으로 바라보고 대처 능력을 확장하는 데 집중한다. 그릿grit으로 스트레스 요인을 다루고 스트레스가 있어도 건강하고 균형 있게 사는 법을 배울 것이다.

목차

1부

마음의 적,
스트레스 이해하기

🔑 Key Point

급성 스트레스와 만성 스트레스의 차이가 무엇인지, 뇌가 어떻게 스트레스를 처리하는지, 시상하부와 자율신경계, 미주신경이 어떻게 신체의 스트레스 반응을 제어하는지를 배운다. 편도체와 해마, 전전두피질의 소통이 당신의 스트레스 반응을 바꿀 수 있다. 만성적인 스트레스와 그로 인한 코르티솔 수치 증가는 당신의 몸에 파괴적인 영향을 미친다.

1장

당신의 뇌는 스트레스에
어떻게 반응하는가

누구나 스트레스를 받으며 살아간다. 상실, 갈등, 불확실함, 외로움, 건강상의 문제, 경쟁, 마감일, 재정 문제는 피할 수 없는 현실이다. 뇌는 스트레스에 반응한다. 이것은 우리의 DNA에 내장된 반응으로, 신체적 위험에서 즉각적으로 당신을 보호하기 위해 꼭 필요하다. 스트레스에 대한 우리의 생리적 반응은 대부분 수천 년의 진화 과정을 통해 정해졌다. 프로그래밍된 스트레스 반응은 우리 조상들이 사자에게 잡아먹히거나 식량 경쟁에서 실패하지 않도록 적절한 신체 행동을 할 수 있게 해주었다. 그런 면에서 스트레스 반응은 확실히 유용했다!

그러나 안타깝게도 바로 그 프로그램된 스트레스 반응은 생활비를 벌고 성질 고약한 상사나 아픈 가족을 대하거나 사랑하는 사람들과 싸우는 현대의 스트레스를 다루는 데는 그리 도움이 되지 않는다. 대개 그런 상황들은 신체 행동이 필요하지 않다. 그 대신에 다른 사람들의 의도를 이해하거나, 실패와 상실 또는 불확실성에 대처하거나, 운영상의 문제를 해결하거나 정신적 노력을 지속해야 한다. 짧은 시간에 많은 정보를 처리하고 우선순위를 최대한 효율적으로 정하며 빠르게 변화하는 세상에 대처해야 한다. 스트레스 받는 이유는 뇌가 위험에 지나치게 민감하기 때문일 수 있다. 당신의 뇌가 앞서 나열한 상황들을 생존에 대한 위협으로 신호를 보내 극단적인 행동을 준비시키는 것이다. 그러나 이러한 행동은 일상의 문제에 필요하거나 적절하지 않은 극단적 대응일 수 있다(Sapolsky, 2004).

앞으로 스트레스 상황에서 자동으로 나타나는 뇌의 반응과 과도한 불안과 분노를 진정시켜 좀 더 차분하게 반응하는 기술을 배울 것이다. 이 기술을 반복적으로 연습하면 뇌가 스트레스를 효과적으로 관리하게 되고, 삶의 스트레스 요인이 극복할 수 없는 위협이 아니라 얼마든지 감당할 수 있는 문제가 될 것이다. 살면서 어떤 어려움이 닥치더라도 완전히 제어할 수 있다는 사실에 흥분할지도 모른다.

일단 당신의 뇌와 몸이 스트레스에 어떻게 반응하는지부터 이해하자. 내가 만난 내담자 대부분은 인생의 중대한 사건 또는 외로움, 인간관계 스트레스, 질병, 돌봄, 사업 구축, 실직 같은 만성적인 스트레스 요인을 마주하고 있었다. 그들이 늘 하는 말이 있다.

"이름을 붙이면 길들일 수 있다."

☀ 급성 스트레스 vs. 만성 스트레스

앞에서 말했듯이 스트레스 반응은 눈앞의 위협으로부터 생존하기 위해 만들어졌다. 생명을 위협하는 긴급한 상황을 위해 고안된 시스템을 장기간에 걸쳐 사용하면 어떻게 될까? 당신의 몸과 마음은 '지치고 너덜너덜'해질 수밖에 없다. 급성 스트레스와 만성 스트레스는 몸과 마음에 서로 다른 영향을 끼치는 서로 다른 과정이다(Sapolsky, 2004).

급성 스트레스는 발표, 시험, 마감일 맞추기, 첫 데이트 같은 단기적 스트레스 요인에 대한 반응이다. 이런 종류의 스트레스는 불안과 심신증(두통이나 배탈 등)을 유발할 수 있다. 한편으론 흥분감과 도전 정신을 일깨워 최고의 능력을 발휘하는 에너지를 주기도 한다. 급성 스트레스 요인에 숙달하면 자신감이 올라가고 능숙하고 성숙해진다.

만성 스트레스는 몇 시간 혹은 며칠 동안 지속되는 스트레스 요인에 대한 반응이다. 이를테면 법을 집행하는 일처럼 만성 스트레스가 따르는 직업도 있다. 마감, 불행한 관계, 가족을 돌보는 일, 직장에서 느끼는 무능함 역시 스트레스의 원인이 될 수 있다. 만성 스트레스는 도저히 바꿀 수 없는 상황일수록 당신의 마음과 몸에 부정적인 영향을 미친다. 최선을 다했는데도 그 상황에서 벗어날 방법이 보이지 않는다면 걱정되거나 우울해진다. 만성 스트레스를 제대로 관리하지 않으면 피로, 고혈압, 체중 증가로 이어질 수 있다.

다행히 급성이든 만성이든 스트레스를 관리할 수 있다. 스트레스를 넘치는 에너지로 바꾸어 중심을 잡고 자신감을 느끼는 것도 가능하다. 스트레스 반응은 뇌에 처음부터 새겨져 있어서 자동적으로 이루어지는 면도 있지만, 뇌가 스트레스를 처리하고 해석하는 방법을 바꿀 수도 있다. 새로운 사고방식과 행동 방식을 반복하면 뇌의 신경 경로와 화학물질이 실제로 변한다.

뇌를 바꿀 수 있다고?

뇌에는 서로 소통하는 특수 세포인 뉴런이 수십억 개나 있다. 시간이 지남에 따라 사용하지 않는 뉴런과 신경 회로는 약해지고 줄어들지만, 빈번히 사용하는 것들은 더 강해진다. 뇌에는 줄기세포에서 새로운 뉴런을 만드는 능력도 있다.

이러한 변화 능력을 '신경가소성'이라 부른다. 쉽게 말해 뇌가 외부의 자극이나 활동에 따라 신경 회로를 재배치하고 조절하는 능력이다. 캐나다 신경과학자 도널드 헵Donald Hebb은 "동시에 활성화되면 서로 연결된다"라고 했다. 일련의 뉴런이 활성화되면 더 긴밀하게 연결되고 앞으로 비슷한 상황이 닥칠 때 그 뉴런들이 똑같은 순서대로 반응할 가능성이 커진다. 당신의 생각, 감정, 행동이 시간이 지남에 따라 실제로 뇌의 구조를 바꿀 수 있다. 어린 시절의 환경이 수십 년 후 스트레스 반응에 영향을 미치는 것도 이 때문이다. 또한 오늘날 문제 해결에 별 도움이 되지 않는 오래된 행동을 바꿀 가능성도 있다. 한마디로 당신의 뇌를 다시 연결할 수 있다!

자동 스트레스 반응 바꾸기

'자동 스트레스 반응'을 바꾼다는 것은 무슨 뜻일까? 내담자 테드의 이야기를 통해 알려주겠다. (앞으로 나올 내담자의 사례에서 개인정보 보호를 위해 이름과 자세한 사항은 변경했다.)

어린 시절 테드의 집은 한 달 벌어 한 달 먹고사는 편모 가정이었다. 그는 고등학교 졸업 후 대학 등록금을 마련하기 위해 학자금 대출을 받고 일주일에 30시간 일해야만 했다. 경영학 학위를 받고 좋은 회사에 취직한 뒤 성실, 근면함 덕분에 빠르게 승진했다. 나를 찾아왔을 때 그의 회사는 대기업에 인수되기 직전이었고 그는 직장을 잃거나 열외 취급을 당할 위험에 놓여 있었다.

테드가 갖춘 기술은 수요가 높은데다 지금까지 모아놓은 돈도 많았다. 그런데도 그는 두려움에 빠져 있었다!

테드는 다른 직장을 구하지 못할까 봐, 노숙자가 될까 봐 걱정이 떠나지 않았다. 아내는 그에 대한 사랑이 넘치고 지지를 보내는데도 그는 아내가 자신을 떠날까 봐 두려워했다.

테드의 뇌는 어린 시절의 스트레스 때문에 불확실성과 잠재적 상실을 매우 큰 스트레스로 인식했다. 그의 편도체는 직업과 관련된 상황을 거대한 위협으로 분류하고 뇌와 몸을 극도의 경계 상태로 만들었다. 그의 전전두피질은 편도체를 효율적으로 진정시키지 못했다. 전전두피질이 아버지에게 버림받고 가난하게 살았던 과거의 경험에서 정보를 가져와 더 두려움을 느끼게 했다.

테드는 자신을 제대로 보호해주지 않는 회사 경영진에도 화가 났다. 시도 때도 없이 심장이 빠르게 뛰고 뱃속이 뒤틀리는 것을 느꼈다. 명확하게 사고하는 것이 힘들었다. 운동도 그만두어서 몸무게와 혈압이 증가했다. 그는 우울해지기 시작했다.

테드는 심리치료를 통해 편도체를 진정시키고 전전두피질을 더 효과적으로 사용하는 법을 배웠다. 자신이 느끼는 두려움이 실제 직면한 위협의 정도를 말해주는 정확한 지표가 아니라 자동 스트레스 반응의 일부라는 것을 깨달았다. 그리고 마음챙김mindfulness 기술을 이용해 두려움을 받아들이고 내면의 평온을 찾는 법을 배웠다. 또한 테드는 전전두피질을 사용해 상황을 바라보면서 편도체를 진정시키는 방법도 배웠다. 자신은 가난에서 살아남았고 지금은 경제적으로 안정되었다는 사실에 집중했다. 그는 아내가 그를 무척 사랑하고 직장을 잃더라도 그를 떠나지 않으리라는 것을 깨달았다. 자신이 이미 가지고 있는 기술과 역량(훌륭한 직업의식 등)에 집중하는 것은 물론이고 현재 상황을 관리하는 데 필요한 (네트워킹 같은) 새로운 기술도 개발할 수 있다는 사실을 되새겼다. 삶에 대한 시야를 넓히고 지금까지 이룬 것들에 자부심을 느끼고 사랑하는 아내에게 고마움을 느끼는 법도 배웠다. 이는 긍정적인 감정으로 이어져 두려움을 가라앉혔다. 치료가 끝날 무렵 테드는 현재의 스트레스를 더 잘 다룰 수 있게 되었을 뿐만 아니라 미래의 스트레스 요인을 관리할 수 있는 도구도 생겼다.

테드는 직장을 잃을지도 모른다는 사실에 왜 그토록 큰 두려움과 분노를 느꼈을까? 불확실한 상황이 오래 이어진 뒤 왜 그는 우울해졌을까? 두려움과 분노는 몸의 생리적인 스트레스 반응이 위협에 대한 인식과 합쳐졌을 때 생긴다. 앞에서 언급했듯이 편도체는 위협을 감지하면 몸이 싸우거나 도망갈 수 있도록 준비시키는 자동 프로그램을 실행한다. 우리 조상들이 사자와 호랑이를 만났을 때 매우 신속하게 신체 반응을 해야 했던 탓이다. 오늘날에도 편도체는 위협을 인식했을 때 '투쟁 도피 반응fight or flight response'을 발동하고 신속한 사고를 위해 뇌로 포도당을 보내고 심장을 더 빨리 뛰게 하고 팔과 다리의 큰 근육으로 가는 혈류를 늘려서 몸이 싸우거나 도망갈 수 있도록 준비시킨다.

두려움과 분노는 뇌의 '투쟁 도피 반응'에 대한 주관적인 경험이다. 두려움은 구체적인 대상이나 상황(예: 실직 가능성)에 대한 더 극심한 반응이다. 불안도 두려움과 비슷하지만, 좀 더 광범위하고 오래 지속된다(예: 실직 이후에 일어날 일에 대한 불안감). 이 책에서는 '불안'과 '두려움'을 서로 똑같은 의미로 번갈아가며 사용한다. 만약 스트레스 요인이 오랫동안 지속되거나 일련의 스트레스 요인을 계속 마주하면 우울함을 느낄 수 있다. 통제할 수 없고 도저히 감당할 수 없다고 생각될 때 느끼는 우울함은 스트레스에 대한 '경직' 반응과 같다. 이 부분에 대해서는 나중에 자세히 살펴보기로 하자.

우선은 스트레스에 대한 반응을 결정하는 뇌의 구조 및 프로세스에 대해 알아본다.

스트레스에 대한 뇌의 반응

스트레스를 받을 때 감정과 행동 반응을 결정하는 뇌의 영역은 편도체, 시상하부, 해마, 전전두피질이다. 각 영역의 구조와 기능을 하나씩 짚어보겠다. 편도체와 해마는 흔히 단일 구조로 오해하지만, 사실 대뇌의 좌우 반구에 하나씩 있다.

- **편도체**: 뇌의 경보 센터. 위협 및 정서적으로 중요한 정보를 감지하고 스트레스 반응을 발동시킨다.
- **시상하부**: 뇌의 운영 관리자. 스트레스 호르몬의 방출을 조율해서 몸에 투쟁 도피 반응을 준비시킨다.
- **해마**: 뇌의 전기 작가. 현재 상황은 물론 이전에 겪었던 스트레스 요인에 어떻게 반응했고 어떤 결과가 나왔는지에 대한 의식적인 기억을 저장하고 검색한다. 따라서 과거 경험에서 배우고 어떤 일이 일어날지 예상하게 해준다.
- **전전두피질**: 뇌의 CEO. 편도체와 해마로부터 정보를 모아서 스트레스에 대한 체계적이고 동기부여된 반응을 계획한다. 스트레스 발생 시 편도체와 소통하면서 당신의 반응을 수정한다.

편도체

편도체는 작은 아몬드(약 1.3센티미터) 모양으로 뇌의 경보 시스템 역할을 한다. 감각 정보를 받아 이 사건이 감정적으로 중요한지 결정한다. 편도체는 위협을 감지하면 '마음의 경보기'를 울려서 시상하부에 몸을 반응시킬 준비를 하라고 이른다. 이 일은 아주 빠르게 이루어진다. 그래서 정확히 인지하지 못한 상태에서 어떤 사물이나 상황에 감정적으로 반응할 수 있다. 예를 들어, 산을 오르다가 뱀처럼 생긴 것을 보았을 때 뇌가 '뱀'이라는 단어를 떠올리기도 전에 놀라서 펄쩍 뛸 수 있다.

스트레스 요인과 마주쳤을 때 편도체는 당신이 하고 있던 일에서 뇌를 납치해 비상 모드에 돌입시킨다. 편도체가 스트레스 상황을 안정, 신분 또는 웰빙에 대한 잠재적 위협으로 인식하면 뇌와 몸을 삼엄한 경계 태세에 놓는다.

시상하부

시상하부는 뇌의 운영 관리자로 스트레스에 대한 호르몬 분비를 조절한다. 편도체가 경보를 울리면 시상하부에서 부신피질자극호르몬분비호르몬corticotropin-releasing hormone, CRH이 분비된다. 그러면 CRH가 뇌하수체에 신호를 보내 부신피질자극호르몬adrenocorticotropic hormone, ACTH을 혈류에 방출시키고 부신이 코르티솔을 분비하게 한다. 코르티솔은 온몸을 순환하면서 근육과 장기를 비상사태에 대비시킨다. 스트레스에 대한 반응이 끝나면 우리 몸은 균형을 되찾기 위해 부정적인 피드백 루프를 작동해 코르티솔의 분비를 정상화한다.

해마

해마는 바다에 사는 작은 해마 모양으로 의식적인 기억을 정리해서 저장한다. 스트레스 요인과 관련 있는 과거의 기억을 검색한다. 전전두피질은 이 기억들에 접근해 과거의 경험을 사용하여 스트레스에 대해 어떻게 반응할지를 결정한다. 다시 말해서 과거에 통하지 않았던 대처법을 피할 수 있다는 뜻이다.

매우 강렬하거나 생명을 위협하는 스트레스 요인에 직면했을 때 스트레스 호르몬이 급증하면 해마가 작동을 '멈출' 수 있다. 그러면 사건이나 상황이 뇌에 체계적으로 저장되지 않는다. 하지만 그 기억은 편도체를 통해 무의식적으로 당신의 행동에 영향을 줄 수 있다. 다른 스트레스 상황에 더 자동으로 반응하게 만든다. 예를 들어, 어릴 때 괴롭힘을 당했다면 의식적으로 알아차리지 못하더라도 상사의 비판에 편도체가 더 강하게 반응할 수 있다. 그 사건들 사이에 어떤 연관성이 없다는 것을 의식적으로 알면서도 말이다. 해마는 현재의 스트레스에 어떻게 반응했는지에 관한 기억도 저장한다. 따라서 성공적으로 대처하면 뇌가 그것을 기억하고 다음번에 비슷한 유형의 스트레스를 마주했을 때 좀 더 자신감을 느끼게 된다.

전전두피질

전전두피질은 뇌의 실행 중추이다. 뇌의 CEO처럼 모든 작업을 지휘한다. 전전두피질은 현재 스트레스 상황을 평가하고 효과적으로 대응하기 위해 과거 경험과 연결한다.

전전두피질은 스트레스 관리의 조력자가 되어줄 수 있다. 복잡한 문제를 해결하고 충동을 제어하고 강렬한 감정을 가라앉히고 주의를 딴 곳으로 돌려 새롭거나 불확실하거나 침착한 상황에 적응하게 해준다. 예를 들어 할 일은 많고 직장에 늦을까 봐 스트레스가 심한데 어린 자녀가 떼를 쓸 때 '이성의 끈이 끊어지지 않게' 해주는 뇌의 일부분이다. 전전두피질은 아이를 사랑하고 좋은 부모가 되고 싶은 마음을 되새겨주고 화를 폭발하고 싶은 충동을 억제해준다! 뇌의 이 영역은 시험공부 할 때도 도움이 되고 스트레스 받을 때 술이나 과자를 너무 많이 먹지 않게 해주며 TV를 그만 보고 할 일을 끝마치게 해준다.

전전두피질은 편도체와 시상하부에도 연결되어 스트레스에 대한 감정적 반응을 조절하는 것을 도와준다. 스트레스를 받을 때 자동으로 공포와 분노로 반응하는 것을 억제하고 좀 더 의식적이고 효과적으로 반응하도록 도와준다. 전전두피질은 연민, 수치심, 죄책감 등 편도체 기반의 스트레스 반응을 바꾸는 기제에 관여한다. 발표를 앞두고 스트레스를 느낄 때 전전두피질은 발표 주제에 대한 당신의 열정을 떠올려준다. 그리고 배우자가 당신을 비난할 때 전전두피질은 배우자가 얼마나 소중한 사람인지 상기시켜준다. 그러면 편도체가 진정되면서 스트레스 반응이 덜해져 스트레스 요인을 더욱 효과적으로 처리할 수 있다.

스트레스 반응에 관한 뇌 구조를 배웠으니 다음 단계로 뇌가 어떤 생리적 스트레스 반응을 일으켜 당신을 투쟁 도피 반응으로 몰아넣는지 이해해야 한다.

⚬ 스트레스에 대한 생리적 반응

스트레스 반응은 몸 전체를 신속하게 움직이는 일련의 화학물질로 이루어진다. 이것이 장기와 샘 또는 선grands, 큰 근육, 심지어 면역계에 메시지를 보낸다. 이번에는 당신의 스트레스 반응, 즉 부신의 에피네프린 호르몬과 노르에피네프린 호르몬의 분비로 시작해 코르티솔 분비로 어떻게 이어지는지 배울 것이다. 또한 교감신경계와 부교감신경계가 생리적 스트레스 반응을 어떻게 조절하는지도 배운다. 더 이상 위협이 없다는 것을 감지하면 뇌가 반응 스위치를 끈다. 마지막으로 부교감신경계가 심각하고 통제 불능으로 인식하는 스트레스에 어떻게 경직 반응을 일으키는지 배울 것이다.

부신에서 호르몬 분비

편도체는 스트레스 요인을 처음 발견하면 시상하부에 신호를 보내 번개처럼 빠른 화학 반응을 시작하게 한다. 시상하부는 신장 위에 자리한 부신에 신호를 보내 에피네프린 호르몬(아드레날린)과 노르에피네프린 호르몬을 혈류에 분비해 당신의 몸이 싸우거나 도망갈 수 있도록 준비시킨다. 에피네프린은 빠르게 심장박동수를 증가시키고 혈액을 근육에 공급한다. 그것은 폐에 있는 기도를 열어 산소를 흡수하고 신속하게 뇌로 보내 경계심을 높인다. 또한 간에서 글루코스 생산이 증가해 혈당 수치가 급증한다. 글루코스 급증은 뇌와 몸에 여분의 에너지를 제공한다. 노르에피네프린이 혈관을 수축시켜 결과적으로 혈압이 높아진다.

이로써 뇌와 신체에 아드레날린과 글루코스가 급속으로 빵빵하게 충전된다. 심장이 빨리 뛰고 뇌는 더 기민해지고 당신은 '빠르게 달릴' 준비가 된다.

부신의 스트레스 반응은 즉각적인 위협에 직면했을 때 필요한 행동을 준비하는 신속하고 효율적인 방법이다. 하지만 그 상태가 오래가면 몸에 해로울 수 있다. 에피네프린 급증 상태가 지속되면 고혈압, 심혈관 질환, 심장마비에 취약해진다.

코르티솔 분비

스트레스 요인이 몇 분 이상 지속되면 시상하부가 뇌하수체에 신호를 보내서 부신피질자극호르몬(ACTH)을 분비하도록 한다. ACTH는 부신에 신호를 보내 코르티솔을 분비시킨다. 코르티솔은 혈당을 높이고 간을 자극해 글루코스를 생산하는데 뇌가 이 글루코스를 사용해 주의와 경계를 유지한다. 코르티솔은 신체 장기가 스트레스, 통증, 부상을 견딜 수 있도록 준비시킨다. 또한 코르티솔은 소화와 생식, 성장, 질병 저항력과 관련해 긴급하지 않은 기능을 억제한다. 만약 코르티솔 분비 상태가 너무 오랫동안 지속되면 면역계가 억압되므로 감염에 더 취약해진다. 만성적으로 스트레스를 받으면 병에 걸릴 가능성이 큰 것도 그 때문이다.

혈중 코르티솔 수치가 높아지면 우리 몸에 코르티솔 생산을 중단하라는 신호를 보내 그 과정이 자동 조절된다. 하지만 만성적인 스트레스와 트라우마, 연속적인 급성 스트레스 요인은 그 과정을 방해한다. 코르티솔 및 기타 스트레스 호르몬의 불균형은 알로스태틱 부하allostatic load라는 생리적인 마모 현상을 일으킨다(McEwen, 1998). 너무 심한 알로스태틱 부하는 심장질환, 당뇨, 비만, 감기와 독감, 우울증, 불안의 위험을 높인다.

몸은 스트레스에 대한 반응으로 코르티솔을 덜 생산할 수도 있다. 만성피로증후군일 때 그렇다. 이 책에 나오는 대로 건강한 생활 방식을 따르고 대처 전략을 연습하면 급성이든 만성이든 모든 스트레스를 잘 관리할 수 있다.

가속기와 브레이크 역할을 하는 자율신경계

편도체에서 시작되는 스트레스 반응은 뇌와 척수의 신경세포로 이루어진 자율신경계(ANS)를 통해 몸 전체로 퍼진다. ANS는 교감신경계(SNS)와 부교감신경계(PNS), 두 가지로 나뉜다.

교감신경계는 자율신경계의 가속기 역할을 한다. 부신과 소통해 에피네프린과 노르에피네프린의 분비를 촉진해서 온몸이 고도의 경계 태세를 갖추고 행동할 준비를 시킨다. 위험 상황이 끝나면 부교감신경계가 '브레이크' 역할을 한다. 시스템을 진정시키고 휴식 상태로 돌아가 수면, 식욕, 성욕(재미있는 일들!)과 같은 긴급하지 않은 기능이 계속될 수 있도록 한다.

자율신경계를 구성하는 이 두 축의 상호작용으로 휴식 기능과 긴급 기능이 균형을 이룬다(이를 '항상성'이라고 한다). 그러나 스트레스가 너무 심하거나 지나치게 오래 지속되면 자율신경계의 유연성이 줄어든다. 부교감신경계가 불안으로 인한 각성 상태에 '브레이크'를 걸 수 없게 된다. 그러면 뇌와 몸이 계속 심각한 경계 상태를 유지할 것이다.

자율신경계가 잘 작동할 때는 마치 즐겁게 고속도로를 순조롭게 달리는 것과 같다. 신호에 걸리는 등 필요할 때 멈추고 다른 차들과 함께 매끄럽게 달려갈 수 있다. 하지만 이 시스템이 과도하게 사용되어

올바로 작동하지 않으면 고장 난 브레이크로 인생을 질주하는 것과 같다.

압도적 스트레스 상황에서 미주신경의 반응

스트레스를 받으면 뇌와 몸은 반응하게 되어 있다. 하지만 '투쟁 도피 반응'이 없다면 어떻게 될까? 비행기 추락이나 자연재해 같은 피할 수 없는 위협이 닥쳤을 때 스트레스 요인과 계속 싸우거나 도망치려고 애쓰면 몸은 혹사당하고 괴로움도 커질 것이다. 도망가거나 자신을 방어할 수 없을 때 남은 선택권은 피할 수 없는 고통에 무감각해지는 것이다. 우리 몸에는 그렇게 할 수 있는 메커니즘이 있다. 미주신경에 의해 몸 전체에 실행되는 부교감신경계의 원시적인 '경직' 반응이다. 경직 반응은 인간뿐만 아니라 많은 종에서 나타난다. 헤드라이트를 보고 얼어붙은 사슴을 떠올리면 이해하기 쉽다.

압도적인 스트레스 상황에서 미주신경은 어떤 반응을 보일까? 자동차가 당신을 향해 돌진하는데 피할 시간이 없다고 한번 상상해보자. 충격에 휩싸였다가 자신을 스스로 차단하고 움직이지 않는 것이 유일한 몸의 방어가 될 것이다. 이때 급격한 심박수 감소와 호흡 중단으로 피할 수 없는 고통에 둔감해진다. 기절할 것 같거나 현기증을 느끼거나 멍해질 것이다. 심하면 의식을 잃을 수도 있다.

대학원 시절 나는 경직 반응을 경험한 적이 있다. 친구의 집에서 함께 밤새 시험공부를 한 날이었다. 시험 날 아침에 친구와 차를 타고 학교로 향하면서 만반의 준비를 갖춘 것처럼 자신만만한 기분이었다. 그런데 신호를 무시하고 달려오던 차가 우리 차의 옆면을 들이받았다.

그때 나는 기절했다. 갑자기 빛이 번쩍하더니 그다음 기억은 친구가 내 옆에 서서 내 이름을 부르는 모습이었다. 주위를 둘러보니 내 옆쪽의 문짝이 덜렁거렸다! 병원에 검사받으러 가느라 시험을 보지 못했지만 다행히 다친 곳은 없었다. 내 미주신경이 뇌와 몸을 차단하여 그 상황의 공포로부터 나를 보호해준 것이었다. 흥미로운 점은 그 일에 대한 대가를 지금 치르는 듯하다는 것이다. 도로에서 차량 움직임이 갑자기 느려지는데 남편이 브레이크를 밟지 않으면 나는 깜짝 놀란다.

생명을 위협하지 않는 정상적인 스트레스에서도 경직 반응은 나올 수 있다. 예를 들어 피를 보면 기절하거나 현기증이 나는 것처럼 말이다. 어린 시절에 버림이나 학대, 방치된 적이 있다면 거절, 외로움, 실직 또는 심각한 경제적 스트레스를 마주했을 때 몸이 얼어붙거나 정상적으로 움직이지 못할 수 있다. 그 이유는 뇌가 다시 회복하는 법을 배우지 못했기 때문이다! 이제 어른이 된 자신이 스스로에게 가르쳐주어야 한다.

과거에 일어난 통제 불능과 실패의 경험은 당신을 압도하고 자신감을 떨어뜨리며 행동하기 두렵게 할 수 있다. 이 책에 나온 방법으로 뇌와 몸이 무력감을 이겨내도록 훈련하면 더 효과적으로 스트레스에 대처할 수 있다.

스트레스가 뇌에 미치는 영향

뇌의 뉴런들은 신경전달물질을 주고받으면서 서로 소통한다. 스트레스 반응과 관련 있는 신경전달물질에는 도파민, 노르에피네프린, 세로토닌, 감마아미노부티르산gamma-aminobutyric acid, GABA이 있다.

스트레스를 받으면 전전두피질의 도파민 수치가 올라간다. 도파민은 동기부여, 보상 추구와 관련 있고 중독과 공격성에도 역할을 한다. 전전두피질에서 도파민 분비가 증가하면 동기부여 효과가 나타나 최고의 기량을 발휘하도록 도와준다. 하지만 스트레스가 너무 심하면 과도한 도파민 분비로 (깊이 생각해보지 않고) 충동적으로 행동하게 된다.

스트레스는 편도체의 도파민과 노르에피네프린 증가로도 이어지는데, 이는 편도체가 활성화되어 당신의 뇌를 비상 모드로 납치할 준비가 되었다는 뜻이다. 기억 중추인 해마도 도파민, 세로토닌, 노르에피네프린, GABA 수치 증가로 나타나듯 스트레스로 인해 활성화된다. 과거 경험은 스트레스에 대한 반응에 영향을 미친다.

해마에 저장된 기억은 스트레스 상황에 동기부여나 감정을 한층 더 한다. 전전두피질은 해마로부터 비슷한 상황을 처리하는 당신의 능력에 대한 정보를 통합하고 편도체와 소통해 스트레스 반응을 진정시키는 역할을 한다. 과거에 비슷한 스트레스 요인을 잘 극복한 일을 떠올리면 더 침착하고 차분해질 수 있다. 나는 내담자들에게 그들이 과거에 이겨냈거나 정복한 스트레스 상황을 떠올려보고 그때의 기술을 현재의 상황에 적용해보라고 격려한다.

그런가 하면 스트레스 요인에 관한 과거의 부정적 결과나 무력감을 느낀 기억은 현재 상황의 스트레스를 가중할 수 있다. 편도체와 해마는 전전두피질을 거치지 않고 서로 직접 소통할 수 있다. 그래서 전반적인 스트레스 수준을 높이는 피드백 루프를 생성해 전전두피질이 그것을 진정시키기가 더 어려워질 수 있다. 스트레스 반응은 뇌와 몸에서 신경전달물질과 호르몬을 통해 일어난다. 이는 신체적 반응과 상황에 대한 정서적 반응 모두에 영향을 미친다.

만성 스트레스가 불러오는 결과

시간이 지날수록 스트레스는 당신의 뇌와 심장, 체중, 질병에 대한 저항력, 심지어 유전자 구성에도 영향을 미칠 수 있다. 끊임없이 걱정과 불안에 시달리면 스트레스가 악화해 몸은 휴식과 회복을 할 수 없다.

뇌의 기능 방해

스트레스가 과도하거나 장기간 지속되면 여러 방식으로 뇌의 기능을 방해한다. 스트레스는 뇌세포가 포도당(뇌의 중요한 에너지원)을 전달하고 사용하는 능력을 손상한다. 글루코스가 충분하지 않으면 뇌세포의 회복탄력성이 떨어지고 손상에 더 취약해진다. 코르티솔의 과도한 수치는 새로운 뇌세포를 만들고 기존의 세포를 복구하는 해마의 능력에 영향을 미친다. 이것은 학습 능력과 기억력, 기분에 부정적인 영향을 줄 수 있다. 만성 스트레스와 과도한 코르티솔은 편도체와 해마의 연결을 강화해 계속 비상사태에 대비하게 한다. 동시에 그 부분과 전전두피질 사이의 연결이 약해져서 뇌의 이성적인 영역을 통한 스트레스 반응 조절이 줄어들 수 있다. 다시 말해서 스트레스가 너무 많으면 논리적 사고로 스트레스 반응을 진정시키는 능력이 약해져서 뇌가 더 자동으로 반응하게 된다. 전전두피질과 편도체의 연결을 강화해주는 마음챙김을 비롯해 이 책에서 소개하는 전략들이 뇌의 스트레스를 줄이는 데 효과적인 이유이기도 하다.

심장질환의 위험

(만성 스트레스로) 에피네프린이 반복적으로 급증하면 심장의 혈관 내벽이 손상되어 고혈압과 뇌졸중, 심장마비의 위험이 커진다. 또한 스트레스는 심한 알코올 섭취나 흡연, 과식 등 심장질환의 위험을 높이는 행동을 하게 만든다. 적대감이나 분노가 커질 수도 있다. 만약 당신에게 해당하는 이야기라면 심호흡을 한 뒤 '도피-투쟁-경직' 반응에 제동을 걸어 전전두피질이 상황을 진정시킬 시간을 갖도록 해야 한다.

체중 증가

코르티솔은 식욕을 증가시킨다. 음식이 다가올 '전투'에 필요한 에너지를 주기 때문이다. 또한 코르티솔은 수면을 방해한다. 피곤하면 건강에 해로운 음식을 더 많이 먹게 된다. 장기적으로 만성 스트레스는 혈당을 증가시키고 몸이 과도한 지방, 특히 뱃살에 매달리게 할 수 있다. 스트레스가 야기하는 이 효과는 조상들이 전쟁에서 다쳤을 때 장기를 보호해주었지만(Epel 외, 2000) 지금은 건강에 해롭다. 실제로 허리와 엉덩이의 비율이 큰 '사과 모양' 체형은 체중과 관계없이 심장질환의 위험 요소다. '감정적 식사emotional eating'를 멈추지 못하거나 칼로리 섭취를 줄였는데도 체중 감량 정체기를 벗어나지 못하는 사람이라면 만성적인 스트레스 때문일 수 있다. 이 책에 나오는 스트레스 감소 전략이 (다이어트 없이!) 자연스럽게 뱃살을 빼는 데 도움을 줄 것이다.

면역력 저하

1990년대 초 스트레스와 면역계에 관한 최초 연구는 의대생들의 시험에 초점을 맞추었다. 연구 결과 3일간의 짧은 시험 기간 동안 학생들은 종양 및 바이러스 감염과 싸우는 면역세포가 감소한 것으로 나타났다(Glaser 외, 1993). 그 후에 나온 수많은 정신신경면역학 분야의 연구에서 명확한 패턴이 발견되었다. 실험에서 (발표나 암산 같은 과제에 참여하게 함으로써) 사람들에게 몇 분 동안 스트레스를 주면 한 가지 유형의 면역력이 증가하고 면역력 약화의 다른 징후들이 섞여서 나타났다. 그러나 며칠에서 몇 달 또는 몇 년까지 지속되는 만성적인 스트레스는 면역계를 약화하는 것처럼 보였다(Glaser, Kiecolt-Glaser, 2005).

카네기멜론 대학교의 연구진은 피실험자들의 스트레스 수치를 측정한 뒤 (외부의 영향을 최소화하기 위해) 호텔 방에 격리하고 일반적인 감기에 노출시켰다. 스트레스를 더 많이 받은 사람이 감기에 걸릴 가능성이 컸다(Cohen, Tyrrell, Smith, 1991).

면역계는 해로운 바이러스나 박테리아(병원체)를 만나면 그것을 물리치기 위해 염증성 사이토카인이라고 불리는 화학물질을 분비한다. 염증이라고 알려진 이 반응은 건강을 지키기 위한 정상적인 과정이다. 병원체를 물리친 후 스트레스가 없는 상태에서는 (앞에서 언급한) 코르티솔과 관련된 피드백 루프가 염증 반응을 줄여준다. 스트레스가 너무 심하면 면역계가 코르티솔의 신호 기능에 둔감해진다. 그러면 알레르기와 천식, (당뇨나 심장질환 같은) 염증성 질환에 더 취약해질 수 있다.

세포 노화

캘리포니아 대학교 연구진은 만성 스트레스가 세포 노화에 미치는 영향에 관한 연구에서 자폐증과 만성 질환이 있는 아이들을 돌보는 엄마들을 조사했다. 그들은 세포 노화를 통제하는 DNA(유전 물질)의 부분인 텔로미어telomere를 측정했다. 텔로미어의 그림을 그려보려면 염색체(유전자 한 가닥)를 신발 끈으로 생각하면 된다. 텔로미어는 DNA가 손상되지 않도록 보호하는 신발 끈의 플라스틱 꼭지와 같다. 텔로미어가 시간이 지날수록 얇아져서 DNA가 닳기 쉬워진다.

텔로미어는 만성 스트레스에 매우 민감한 것으로 밝혀졌다. 스트레스가 더 심한 엄마들일수록 텔로미어가 훨씬 더 짧았는데 최소 10년 이상 빠르게 노화가 진행되었다(Epel 외, 2004). 하지만 만성 장애가 있는 아이를 돌보면서도 스트레스를 크게 인식하지 않는 엄마들은 텔로미어가 단축되지 않았다.

다시 말해서 우리가 스트레스를 어떻게 바라보는지가 중요하다! 심리적 부담감을 줄이는 방법을 찾는다면 스트레스에 대한 뇌와 몸의 저항력이 향상되고 스트레스 요인이 그렇게 큰 '괴로움'으로 다가오지 않을 것이다. 앞으로 스트레스를 관리하는 여러 심리적 도구를 제공할 것이다. 우선 당신이 얼마나 스트레스를 받고 있는지부터 살펴보자.

☀ 내 스트레스는 어느 정도일까?

이유를 불문하고 '지각된 스트레스', 즉 스트레스를 얼마나 받는다고 느끼는지 알아보자. 스트레스가 장기적으로 건강에 미치는 영향을 예측할 때는 당신이 마주한 실제 스트레스 요인만큼이나 스스로 느끼는 스트레스나 통제력을 벗어났다는 느낌이 어느 정도인지가 중요하다. 이것은 좋은 소식이다. 살면서 맞닥뜨리는 스트레스 상황을 내가 선택할 순 없지만 스트레스에 대해 느끼고 생각하는 것은 바꿀 수 있기 때문이다.

연습: 나의 스트레스 수준 측정하기

문항마다 답에 가장 가까운 숫자에 동그라미를 친다.
0=전혀 그렇지 않다, 1=그렇지 않다, 2=그런 편이다, 3=그렇다, 4=매우 그렇다.
지난 한 달 동안 얼마나 자주……

예상치 못한 일이나 좌절감으로 속이 상했는가?	0	1	2	3	4
삶의 중요한 결과를 통제할 수 없다고 생각했는가?	0	1	2	3	4
'초조함'과 '스트레스'를 느꼈는가?	0	1	2	3	4
일이 뜻대로 되지 않는다고 느꼈는가?	0	1	2	3	4
감당할 수 없을 정도로 할 일이 많다고 느꼈는가?	0	1	2	3	4
사소한 일에 조급해지고 짜증이 났는가?	0	1	2	3	4
심장이 쿵쾅거리거나 뱃속이 뒤틀리는 것을 느꼈는가?	0	1	2	3	4
걱정 때문에 잠을 잘 수 없었는가?	0	1	2	3	4
아침에 일어났을 때 불안했는가?	0	1	2	3	4
문제 때문에 다른 일에 집중하기가 어려웠는가?	0	1	2	3	4

만약 2나 3, 4가 최소 두 개라면 당신의 스트레스는 중간 정도이다. 3이나 4가 많이 나왔다면 스트레스가 심하고 스스로 잘 관리하지 못하고 있다. 이 책에 나오는 도구들을 활용하는 것 외에도 정신 건강 전문가와 상담을 받을 수도 있다.

Key Point

스트레스 요인은 다양하다. 발달상의 변화, 중대한 인생 사건, 만성 스트레스 요인, 일상적인 문제, 트라우마, 부정적인 어린 시절 경험의 결과 등이다. 스트레스를 주는 사건들이 계속 쌓이고 서로 영향을 주고받으면서 편도체의 반응이 더 강화된다. 어린 시절의 역경이나 트라우마가 스트레스 반응에 영향을 끼치고 과거의 사건들이 현재의 스트레스 요인에 더 민감하게 반응하도록 만들 수 있다. 이 장을 통해 당신을 괴롭히는 스트레스 요인이 무엇인지 파악할 수 있다.

2장

당신에게 스트레스를
주는 것들

스트레스를 관리하는 첫 번째 단계는 원인이 무엇인지 그 유형을 이해하는 것이다. 스트레스 요인은 다양하다. 예를 들어 발달상의 변화, 중대한 인생 사건, 만성 스트레스 요인, 일상적인 문제, 트라우마, 부정적인 어린 시절 경험의 결과 등이다. 당신은 일, 가족, 육아 또는 건강 등 삶의 중요한 부분에서 스트레스와 마주하고 있을 것이다. 어떤 상황이 당신에게 스트레스를 주고 있는가? 다른 사람들도 같은 상황에서 스트레스를 받을까?

◦ 발달상의 변화

인간의 발달 단계에서 혹은 생애의 특정 단계에서 나타나는 중요한 변화를 말한다. 대학 입학, 내 집 마련, 새로운 직업이나 연구 프로그램 시작, 결혼, 자녀의 탄생, 은퇴는 모두 발달 단계에서의 전환에 해당한다. 대개 달콤쏩쓸한 이러한 변화는 스트레스와 불안뿐만 아니라 의미와 성취감을 준다. 잠깐 시간을 내어 당신이 어떤 발달상의 변화를 마주하고 있는지 평가해보자.

연습: 발달상의 변화에 따른 스트레스 평가하기

지난해에 겪은 일 중에서 스트레스를 느꼈던 사건에 전부 표시한다.

_____ 이사 또는 내 집 마련

_____ 임신 또는 출산

_____ 자녀 입양

_____ 자녀의 독립

_____ 직급 변화 또는 승진

_____ 대학 입학, 대학원 과정 시작, 전학 또는 편입

_____ 약혼 또는 결혼

_____ 은퇴

_____ 대학 졸업

_____ 기타 삶의 변화: _____

총계:_____

대부분 사람이 큰 소용돌이 없이 발달상 변화에 적응하고 몇 달 만에 '새로운 일상'에 익숙해지지만, 유독 힘들어하는 사람들도 있다. 그들은 유전자 구성상 변화에 잘 적응하지 못하거나 불안에 더 취약하다. 게다가 다음과 같은 요소가 스트레스를 가중시킨다.

- 당신이 선택한 상황인가?
- 동시에 마주하고 있는 다른 스트레스가 있는가?
- 당신에게 주어진 자원과 도움이 있는가?
- 예상치 못한 문제나 장벽은 없는가?
- 그 상황에 담긴 의미는 무엇인가?

고등학교를 졸업한 잰은 그녀가 꿈꾸던 뉴욕시에 있는 대학교에 입학하게 되었다. 국제 비즈니스를 전공하고 싶었던 그녀는 열심히 알아본 결과 자신에게 가장 잘 맞는 학교를 찾았다. 룸메이트들도 처음부터 마음에 들었고 성적도 잘 나왔고 아르바이트를 한 돈으로 주말에는 미술관이나 유행하는 동네를 찾아다녔다. 물론 예전 친구들이 그리웠지만 새로운 삶에 만족감과 기대감을 느꼈다.

웬디도 대학 새내기였다. 그녀는 다섯 번째 지망이었던 중서부의 주립 대학교에 입학했고 나중에 의과대학에 진학할 예정이라서 과학과 수학 수업을 듣고 있었다. 수업은 생각했던 것보다 훨씬 더 어려웠고 그녀는 자신이 선택한 진로가 과연 맞는지 의문이 들기 시작했다. 게다가 시골 출신인 웬디에게 캠퍼스는 너무 크고 삭막하게만 느껴졌다. 내성적인 그녀는 자신이 그곳에 잘 어울리지 않는다고 느꼈다. 그래서 우울했고 고향의 가족과 친구들이 너무 그리웠다. 게다가 경제적인 어려움도 겪고 있었다. 모든 것이 그녀의 기대와 달랐다. 너무 불행한 나머지 그녀는 학기 중간에 캠퍼스 상담 센터에 상담 예약을 잡았다.

왜 대학 입학이라는 인생의 전환기가 잰에게는 쉬운 반면 웬디에게는 그렇게 어려웠을까? 그 차이를 만든 것은 다음과 같다.

- **선택의 정도:** 잰이 입학한 대학은 그녀의 첫 번째 선택이었지만 웬디는 상황에 따른 선택으로 들어간 대학이었다.
- **적응력:** 잰은 새로운 대도시에서 편안함을 느꼈지만 웬디는 쉽게 적응하지 못했다.
- **이전 역할 또는 관계에 대한 그리움:** 잰은 향수병에 걸리지 않았지만 웬디는 익숙하고 편안한 집을 그리워했다.
- **능력과 도전의 일치:** 잰의 학업 능력은 대학의 요구에 맞았지만, 웬디는 그렇지 않았다.
- **사회적 지지:** 잰은 룸메이트와 빠르게 가까워졌지만, 웬디는 고립감을 느꼈다.
- **의미와 성취감:** 잰은 자신이 선택한 방향에 만족감을 느꼈지만 웬디는 의과대학 진학이 자신에게 맞는 길인지 확신할 수 없었다.
- **자원:** 잰은 재미있는 활동을 하면서 스트레스를 풀 만한 돈이 충분했지만 웬디는 경제적 어려움에 부딪혔다.

잰과 비교했을 때 웬디의 대학 진학은 통제하기 어렵고 의미와 성취감도 덜한 변화였다. 새로운 요구가 사회적으로나 학문적으로나 그녀의 능력을 넘어섰고, 그녀는 위로해줄 친구와 가족도 없어 외로움을 느꼈다. 경제적인 문제까지 스트레스를 추가했다. 웬디의 뇌는 새로운 학문적·사회적·경제적 요구와 진로의 불확실성을 위협으로 인식했다. 1장에서 살펴본 대로 편도체가 '투쟁-도피-경직' 반응을 일으켜 그녀의 뇌를 만성 스트레스 상태로 납치해 새로운 삶을 즐기지 못하게 했다. 반면에 잰은 이런 편도체 납치를 경험하지 않았고 만약 경험했더라도 전전두피질이 재빨리 개입하여 그녀를 진정시키거나 긍정적 측면을 상기시킬 수 있었다.

당신은 잰에 가까운가, 아니면 웬디와 더 비슷한가? 웬디와 비슷하다면 잰처럼 새로운 상황에 적응하지 못하는 자신을 책망하고 싶을 것이다. 특히 주변의 누군가가 당신을 잰 같은 사람과 자꾸 비교한다면 더더욱! 하지만 한 발짝 뒤로 물러서서 상황의 특수성을 이해하고 스트레스가 자신의 기질과 상황상 정상적인 반응이라는 사실을 이해하는 것이 중요하다. 다시 말해서 당신이 이 책을 집어 든 이유는 스트레스에 좀 더 강한 뇌를 만들고 싶어서다. 당신이 결코 잰처럼 될 수 없지만(되고 싶지 않을 수도 있고) 강한 회복탄력성을 지닐 수 있도록 스트레스 대처 기술을 배울 수 있다.

대부분 사람에게 발달상 변화는 관리 가능한 유형의 스트레스 요인이다. 시간이 조금 흐르면 새로운 상황에 적응하게 마련이다. 하지만 자원이나 지원, 기술 또는 제어 가능성의 부족이 발달상 변화의 스트레스를 가중할 수 있다.

˚ 중대한 인생 사건

대부분 사람들은 발달상의 변화에 대처하는 기술을 익힌다. 하지만 실패와 위협 또는 상실과 같은 생활 속에서 일어나는 힘든 사건이 있다. 여기에는 실직, 이혼, 심각한 질병, 불임은 물론이고 사랑하는 사람의 중독, 불륜, 질병 또는 죽음도 해당한다. 일반적으로 이런 사건이 일어나면 혼란스럽고 분노와 슬픔, 두려움을 일으키며 대처하는 데 시간과 돈이 필요하다.

중대한 인생 사건에는 뭔가를 실질적으로 잃어버리는 일일 때가 많다. 예를 들어 돈, 재산, 지위, 직급, 기회 등. 그뿐만 아니라 관계나 일상, 건강을 위협받기도 한다. 좀 더 추상적인 측면에서는 미래의 확실함, 소중한 목표나 꿈, 안전이나 안정감, 자신이나 타인에 대한 믿음을 잃을 수도 있다. 끔찍한 소식에 대한 충격, 앞으로 일어날 일에 대한 불안감, 불쾌한 치료나 법적 절차, 힘든 생활 방식의 변화를 마주하는 것도 여기에 포함된다.

최근에 겪은 중대한 인생 사건의 건수는 질병에 대한 저항력에 영향을 미쳐서 감기나 독감에 잘 걸리게 한다. 중대한 인생 사건은 정신 건강에도 영향을 미쳐 우울증이나 불안 장애를 진단받을 가능성이 커진다. 또한 중대한 인생 사건은 일상적인 스트레스에도 민감하게 한다. 예컨대 실직, 이혼, 사랑하는 사람의 죽음 같은 일을 겪으면 편도체가 민감해져 교통 체증이나 지저분한 집 같은 일상의 골칫거리에 더 강하게 반응하게 된다. 그렇지만 대다수는 장기적으로 부정적 영향 없이 중대한 인생 사건에 대처할 수 있다.

연습: 각자 경험한 중대 인생 사건 평가하기

완전하게 해결되지 않은 것처럼 느껴지는 사건들에 표시한다.
작년에 일어난 일이라면 옆에 또 표시한다.

_____ 사랑하는 사람이나 반려동물의 죽음

_____ 원치 않는 임신 또는 낙태

_____ 불임, 유산 또는 사산

_____ (자신 또는 파트너의) 해고, 실직 상태

_____ 학업 실패

_____ 승진 실패

_____ (자신 또는 가족 구성원의) 심각하거나 만성적인 건강 이상 진단

_____ 파트너의 육체적 또는 정신적 불륜

_____ 연인과의 이별

_____ 동료, 상사 또는 친한 친구와의 불화

_____ 보살핌이 필요한 노인 가족 구성원

_____ 심각한 재정적 또는 법적 문제

_____ 자동차 또는 자전거 사고

_____ 이직 또는 이사

_____ 그 밖의 중대한 인생 사건(설명하기): _____

총계:_____

이제 중대한 인생 사건의 구체적인 유형과 전형적인 반응에 대해
알아보자. 개인의 구체적인 상황이나 성격적 특징, 기질, 재정적 자원
은 물론 사회적 지원의 수준은 스트레스 크기에 영향을 미친다.

실업 상태 또는 해고

우리 사회에서 직장은 정체성과 지위에서 중요한 측면을 차지하는 만큼 직장을 잃거나 직장을 구하지 못하는 상태는 개인의 정체성과 자존감을 해칠 수밖에 없다. 게다가 그로 인한 경제적인 어려움은 편도체를 계속 자극해 '투쟁-도피-경직' 반응이 장기적으로 이어지게 만들 수 있다. 실업의 경제적·심리적 영향은 가족 전체에도 영향을 미친다. 한 사람이 실직했을 때 두 사람의 관계에 큰 스트레스가 발생하는 것은 흔한 문제다. 불확실성, 지속되는 경제적 어려움, 스트레스나 우울감이 심한 배우자를 도와야 하는데 이것이 다른 배우자에게 만성적인 스트레스를 줄 수 있다.

지난 5년간 정리해고된 미국인의 20퍼센트 이상이 지금도 여전히 실업 상태로 재정적·심리적 스트레스를 받고 있다. 특히 실업 스트레스에 취약한 집단은 대학 졸업 후 첫 직장을 찾는 밀레니얼 세대와 50세 이상의 근로자들이다. 실업 상태일 때는 자신이 기대한 수준과 현실의 극명한 차이로 뇌가 '투쟁-도피-경직' 상태에 놓일 수 있다.

그렇다면 장기 실업에 대처하는 가장 좋은 방법은 무엇일까? 연구에 따르면 시간을 체계적으로 사용하기 위한 규칙적인 일상과 프로젝트, 새로운 직업을 찾을 수 있다는 낙관적 태도, 가족과 친구들의 지지가 평정심과 자존감을 유지하는 데 도움이 된다(McKee-Ryan 외, 2005). 더 중요한 것은 긍정적인 핵심 정체성을 찾는 것이다. 실직했어도 자신을 가치 있거나 삶에서 성공한 사람으로 보는 것이 비결이다. 다시 말해서 고연봉 직장을 찾는 것처럼 스스로 통제할 수 없는 사건이 아니라 자신의 핵심 가치나 관계에 기반하여 정체성을 찾아야 한다. 예를 들어, 자신을 사랑 많은 파트너, 친구 또는 가족 구성원, 좋은 인성을 가진 사람, 공동체에 긍정적으로 이바지하는 사람, 세상을 바꾸는 사람으로 생각한다.

관계의 종말

많은 내담자가 친밀한 관계의 파탄을 막거나 대처하기 위해 찾아온다. 일반적으로 원치 않는 이별은 낮은 자기가치감과 불안한 애착과 연결되어 있다.

베키의 부모는 평화와 사랑을 찾기 위해 서부로 온 히피 세대였다. 하지만 그들이 맞이한 결과는 술과 마약 중독이었다. 부모는 베키가 네 살 때 헤어졌고, 엄마는 딸을 데리고 수많은 히피족 공동체를 전전하면서 살았다. 엄마가 놀러 나갈 때마다 베키는 낯선 사람들과 남겨지곤 했다. 어른이 된 베키는 그 누구도 자신을 사랑하지 않는 하찮은 사람이라고 생각하게 되었다. 그녀가 상담 치료를 위해 나를 찾아온 이유는 2년 된 남자친구가 그녀와 가정을 꾸릴 준비가 되지 않은 사실을 알게 되었기 때문이었다. 베키는 버림받고 거절당한 기분이었다. 어린 시절의 상실감과 낮은 자기가치감이 홍수처럼 되돌아왔다. 그녀는 헤어진 남자친구에게 집착하고 그와 있었던 모든 일을 곱씹으며 전부 자기 탓을 하고 비난했다. 혹시라도 전 남자친구와 마주칠까 봐 두려워서 집 밖으로 나가는 것조차 망설였다. 자주 피곤하고 두통을 앓았으며, 술을 마시기 시작하면서 증상은 더 심해졌다.

베키의 뇌에 무슨 일이 있었던 것일까? 어린 시절 부모로부터 방치된 경험 때문에 그녀의 뇌는 이별이라는 극심한 스트레스를 만성 스트레스로 받아들였다. 그녀의 편도체와 해마 사이에 스트레스 반응이 악화하는 지속적인 사이클이 만들어진 것이다. 결과적으로, 베키는 전 남자친구에 대한 강박적인 생각에 갇혀 '경직'된 채 잃어버린 사랑을 대신할 새로운 관계나 활동을 찾지 못했다. 인간은 다른 사람들과 연결되어 살아가는 사회적 동물이다. 따라서 파트너 관계의 상실과 거부를 우리의 뇌는 심각한 스트레스 요인으로 인식한다.

⚬ 만성 스트레스 요인

삶의 중요한 영역에서 발생하는 반복적이거나 지속적인 스트레스 요인을 말한다. 일반적으로 결혼, 육아, 일, 학교, 가족 관계 등의 영역이 여기에 해당한다. 만성 스트레스 요인은 흔하면서도 도전적이고 고통스러울 때가 많다. 예컨대 학교에서나 직장에서 괴롭힘을 당하는 것, 불행한 결혼 생활, 아프거나 중독이 있거나 정신질환이 있는 가족 구성원을 보살피는 것, 만성 질환 등이다. 잠깐 시간을 내어 당신의 만성 스트레스 요인을 평가해보자.

연습: 만성 스트레스 요인 평가하기

정기적으로 경험하는 모든 스트레스 요인에 체크 표시를 한다.

_____ 파트너, 룸메이트, 이웃들과의 싸움

_____ 경제적인 압박, 너무 많은 빚

_____ 정신적으로나 신체적으로 심각하게 아픈 파트너나 자녀 또는 부모

_____ 파트너나 자녀, 부모의 약물중독

_____ 심각한 병이나 장애를 앓고 있는 아이나 성인 또는 반려동물을 돌보는 일

_____ 직장에서 지나친 스트레스나 요구

_____ 학업 또는 성취와 관련된 어려움

_____ 외로움

_____ 시간, 돈, 건강 문제 때문에 책임을 다하기 어려움

_____ 다른 사람들의 지원이나 협력 부족

_____ 친구, 가족, 동료와의 부정적인 상호작용

_____ 시끄럽거나 혼잡하거나 불편한 생활환경

_____ 만성 통증, 질병 또는 장애

_____ 단조로운 업무 또는 인정받지 못하는 느낌

_____ 과도한 이동(예: 긴 출퇴근 시간, 잦은 출장 등)

_____ 체중에 대한 만성적인 불만

_____ 섭식 장애

_____ 이전 파트너나 재혼으로 얽힌 가족 상황으로 인한 문제

_____ 기타 만성 스트레스 요인: _____

총계:_____

자, 이제 몇 가지 일반적인 만성 스트레스 요인에 대해 살펴보자.

장애나 질병이 있는 가족 구성원 돌보기

가장 어려운 유형의 만성 스트레스 요인이다. 보호자들은 감당하기 힘든 상황에서 자주 좌절감을 느낀다. 잠깐 대신해줄 사람을 찾기가 어려워 잠시라도 휴식을 취할 수 없는 경우가 대부분이다. 그중에서 가장 스트레스를 많이 받는 사람은 유의미한 교감을 나눌 수 없는 알 츠하이머 환자를 간병하는 사람들일 것이다. 많은 연구에 따르면 만성적인 스트레스를 받는 사람들은 면역력 손상과 염증에 취약하다. 하지만 자신의 역할에서 의미를 찾고 스스로 선택한 일이라는 것을 되새긴다면 도움이 된다. 예를 들어, 환자에 대한 사랑 때문에 또는 자신에게 연민과 충성심이 중요한 가치이기 때문에 그 사람을 돌보기로 선택했다는 사실은 스트레스의 완충 장치가 되어준다.

불행한 결혼이나 관계

지속적인 불행한 결혼 생활이나 주요 관계 또한 만성 스트레스를 유발한다. 한 연구에서는(Troxel 외, 2005) (서로 11년의 간격을 두고) 두 차례에 걸쳐 결혼 생활에 불만이 있다고 응답한 중년 여성일수록 대사증후군(고혈압, 고혈당, 과도한 복부비만, 높은 콜레스테롤 수치 등을 포함하는 증후군이고 이 모든 것이 전부 다 만성 질환의 위험 요소들이다)의 유병률이 두 차례 중 한 번만 결혼 생활에 불만족을 표시한 이들보다 3배나 높게 나타났다.

흥미롭게도 두 차례 중 한 번만 스트레스를 표시한 아내들은 대사증후군의 위험이 증가하지 않았는데, 이는 만성 스트레스가 급성 스트레스보다 더 결정적인 요인임을 나타낸다. 다시 말해 결혼 생활에서 불행한 만큼이나 행복을 경험하거나 부부 사이의 갈등을 제때 해결하면 스트레스의 해로운 영향에서 벗어날 수 있다.

업무 스트레스

일은 삶의 만족과 자존감의 원천이면서 동시에 큰 스트레스의 원인이 될 수도 있다. 많은 근로자가 점심 휴식도 없이 하루에 12시간을 일하느라 목이나 허리 통증에 시달리고 스트레스와 관련된 건강 이상으로 병가를 낸다(Marmot 외, 1991). 영국 공무원 수천 명을 대상으로 시행한 고전적인 대규모 연구인 화이트홀 II(Whitehall II) 연구(Marmot 외, 1991)에서는 낮은 등급의 근로자일수록(지위나 교육 수준, 연봉이 적을수록) 더 높은 등급의 근로자들보다 스트레스를 많이 받고 비만, 흡연, 고혈압, 심장질환의 위험이 더 크게 나타났다. 가장 스트레스를 많이 받는 사람은 가장 높은 자리에 있는 사람이 아니라 일정이나 요구 사항에 대한 자기통제력이 없는 상태에서 업무를 수행하고 마감일이나 할당량을 맞춰야 하는 근로자이다. 작업자가 의사결정이나 자원 할당에 대한 통제력 없이 매우 까다로운 업무를 수행할 때 스트레스를 가장 많이 받는다.

업무 스트레스는 노동자의 업무 적합성에 따라 달라진다. 어떤 사람들은 스트레스가 심하고 바쁜 환경에서도 잘나가지만, 거기에 압도당하는 이들도 있다. 하지만 거의 모든 사람에게 스트레스를 주는 상황도 있다. 이를테면 불안한 일자리나 상사와 동료들을 믿을 수 없을 때 그렇다. 다음의 연습으로 업무 스트레스를 평가해보자.

연습: 당신은 업무 스트레스를 얼마나 받고 있는가?

다음 항목들은 가장 자주 발생하는 업무 스트레스 유형이다.
현재 겪고 있는 스트레스 유형에 대하여 당신이 받고 있는 스트레스의 정도를
1(스트레스가 전혀 없음)~7(스트레스가 극도로 심함)까지의 숫자로 표시한다.

_____ 생산성/성과에 대한 높은 요구

_____ 업무를 처리하기에 충분하지 않은 시간, 장비/인력 부족

_____ 의사결정에 대한 권한 또는 통제권 부족

_____ 어렵거나 까다로운 사람들

_____ 휴식 시간 없이 끊임없이 '근무 중'이어야 함

_____ 직업이나 회사의 사명에 의미를 느끼지 못함

_____ 일이 가정생활에 지장을 줌

_____ 업무 관련 교육이나 지원의 부족

_____ 적대적이거나 불합리한 상사

_____ 일에 대한 인정이나 보상이 따르지 않음

_____ 동료들의 지원 부족

_____ 단조롭고 지루한 업무

_____ 직업의 불안정성

_____ 정당한 대우나 보상을 받지 못한다고 느낌

_____ 번아웃 또는 심한 피로감

총계: _____

6점이나 7점을 준 항목에 특히 주의를 기울여보자. 당신의 일에서 그 측면들은 몸에 만성적인 스트레스를 줄 수 있으니 어떤 선택권이 있는지 고려해봐야 한다. 상황에 따라 목소리를 내어 더 많은 자원이나 교육을 요청하거나 더 긍정적인 태도를 키우거나 일부 업무를 위임하거나 포기하거나 다른 직장을 알아볼 수 있다.

외로움

외로움은 몸과 마음에 스트레스를 준다. 우리 조상들은 부족 생활을 했기에 서로 의존하면서 사냥하고 식량을 구하고 아이들을 키우고 포식자들을 물리쳤다. 우리의 뇌는 다른 사람들과 관계를 맺도록 설계되었다. 그래서 뇌는 외로움을 만성적인 스트레스 요인으로 해석하고 '투쟁-도피-경직' 반응을 촉발한다.

다른 사람들이 나에게 관심을 기울이지 않거나 나의 욕구를 중요하게 여기지 않는 것 같으면 우리는 북적거리는 사람들 틈에서도 외로움을 느낄 수 있다. 따라서 외로움은 사회적 고립의 관점과 개인이 느끼는 외로움의 정도에 따라 평가될 수 있다. 두 가지 외로움 모두 건강에 해롭지만 그중에서도 개인이 느끼는 외로움의 감정이 더 해로울 수 있다.

연구자들은 분자생물학의 도구들을 사용해 외로움이 사람들의 유전자에 미치는 영향을 연구했다. 그 결과, 염증을 촉진하는 유전자는 외로운 사람들에게서 더 활성화되는 것으로 나타났다. 동시에 염증을 억제하는 유전자는 덜 활성화된다(Cole 외. 2007). 이것은 외로움이 천식이나 자가면역질환과 같은 염증 질환의 위험을 높이는 이유를 설명해준다.

나이가 들면서 피할 수 없는 외로움도 있다. 친구들이 죽거나 멀리 이사 가고 가족들이 직장과 육아로 너무 바빠서 전화나 방문할 시간이 없기 때문이다. 특정한 삶의 단계에서 외로움이 커지기도 한다. 대학에 들어가거나 대학을 졸업하거나 아기가 태어나거나 자녀들이 성장해 집을 떠나거나 은퇴하거나 배우자가 세상을 떠났을 때 등이다.

요즘 부모들은 자녀의 활동을 중심으로 삶을 꾸려나가고 개인적인 우정 관계에는 관심과 시간을 별로 쏟지 않으므로 자녀가 커서 집을 떠나면 외로움이 더 커질 수 있다. 하지만 외로움은 삶의 단계와 아무런 관련이 없는 주관적인 느낌이기도 하다. 다음 방법을 통해 외로움이 당신에게 스트레스 요인인지 알아보자.

연습: 당신은 얼마나 외로운가?

자신에게 해당하는 문장 옆에 체크 표시를 한다.

_____ 같이 어울리거나 뭔가를 같이할 사람이 없다.

_____ 도움이 필요할 때 요청할 사람이 아무도 없다.

_____ 친한 친구가 없다.

_____ 소외당하거나 배제되는 기분을 느낀다.

_____ 집단이나 공동체의 일원이라고 느끼지 않는다.

_____ 대화할 사람이 없다.

_____ 인간관계가 피상적이다.

_____ 친구를 사귀기가 어렵다.

이 책에서 외로움에 대처하는 전략을 배우겠지만 예방이 치료보다 낫다. 서로 아껴주는 가까운 친구, 가족, 동료가 있고 공동체에 참가해 어울리면 신체적·정신적 건강에 이롭다. 특히 큰 스트레스를 경험한 때일수록 더 그렇다. 따라서 오랜 친구들, 가족들과 자주 연락하고 이웃이나 동료들과도 관계를 이어가는 것이 필요하다. 공동체의 구성원으로 관심을 가지고 이바지할 수 있는 방법을 찾아본다.

일상의 골칫거리

일상의 골칫거리는 우리가 모두 경험하는 사소한 짜증이다. 프린터에 종이가 걸리거나 열쇠를 잃어버리는 것, 꽉 막힌 도로에 갇히는 것, 집에 먹을 게 하나도 없는 것, 교통 법규 위반 딱지를 떼거나 연체료를 내는 것, 파트너의 짜증, 말 안 듣는 아이들, 반려견이 몸에 흙을 잔뜩 묻히거나 마당을 헤집어놓는 것.

이렇게 짜증 나는 일들이 지속적으로 약한 스트레스 반응을 유발해 계속 쌓이다 보면 좌절감이 커지고 목표에 방해가 될 수 있다. 물론 이런 스트레스 요인을 빠르게 털어내는 사람도 있지만, 좀 더 민감하고 강하게 반응하는 사람도 있다. 당신의 일상적인 골칫거리가 어떤 수준인지 한번 평가해보자.

연습: 일상의 골칫거리 평가하기

일상적으로 경험하는 골칫거리 옆에 체크 표시를 한다.

_____ 교통 체증: 길 막힘, 느리거나 공격적인 운전자들

_____ 비용이나 시간이 많이 드는 집이나 자동차 수리

_____ 컴퓨터 또는 장비 문제

_____ 열쇠나 지갑, 핸드폰 등 중요한 물건을 자주 잃어버림

_____ 쌓이는 직장 업무나 집안일

_____ 육아에 따른 어려움

_____ 자기 몫을 다하지 않는 사람들

_____ 야생동물, 설치류 또는 반려동물 문제

_____ 가족이나 친구들의 요구

_____ 너무 많은 이메일이나 전화, 서류 작업

_____ (자신 또는 가족이) 감기나 독감에 자주 걸림

_____ 기타 일상의 골칫거리: _____

총계:_____

일상의 골칫거리들이 편도체에 '투쟁-도피-경직' 반응을 일으키는 데는 이유가 있다. 첫째, 그런 일들은 중요한 목표 달성을 가로막을 수 있으며 그것이 불필요하거나 무능력 때문으로 볼 수 있다. 출근길 1차

선 도로에서 느리게 운전하는 차들 뒤에서 꼼짝없이 거북이걸음을 해야 할 때가 많다. 그런 순간에는 생각하는 방식에 주의를 기울인다. 만약 "저 인간은 왜 이렇게 느리게 가는 거야? 눈치가 그렇게 없어?"나 "저 인간이 조금만 더 빨리 갔더라면 방금 신호를 놓치지 않았을 텐데 5분을 더 기다리게 생겼잖아"라고 생각하기 시작하면 스트레스는 고속도로를 탈 테니까 말이다. 내 내담자들은 붉으락푸르락한 얼굴로 무능한 운전자들에게 불평하는 심리치료사를 보고 싶지 않을 것이다. 내건강에 장기적으로 해로운 건 말할 필요도 없고!

둘째, 일상의 골칫거리가 쌓이면 한 문제에서 회복되기도 전에 다른 문제가 고개를 쳐들기 때문이다. 우리의 뇌와 몸은 급성 스트레스 이후에 회복해야 하는데 그러지 못하면 스트레스 요인의 집중포화를 감당할 수 없다!

나 역시 스트레스 요인이 쌓인 적이 있다. 샌프란시스코 베이에어리어는 집값이 워낙 비싸서 대부분의 사람들은 어쩔 수 없이 저마다 정도는 다르지만 낡은 1950년대에 지어진 주택들을 선택한다. 지난 몇 년간 나는 고장 난 식기세척기와 세탁기, 쥐똥, 말벌 집, 너구리와 땅다람쥐, 폭풍우에 끊기는 전기, 하수구 막힘, 파이프 손상, 변기 누수, 집주인과의 소액 재판 등으로 수백 시간을 써야만 했다. 스트레스 연구에서 밝혀지기도 한, 일상의 골칫거리가 지난해에 겪은 중대한 인생사건보다도 건강에 더 해로운 영향을 끼친다는 사실이 완전히 이해되었다. 한 가지 문제에서 미처 회복할 새도 없이 다른 문제가 닥치면 우리의 뇌와 몸은 스트레스에 손상되기 시작한다. 나는 이 피할 수 없는 스트레스에 대처하는 방법으로 스트레스에 관한 책을 쓴다. 당신의 해결책은 무엇인가?

    일상의 골칫거리가 커다란 스트레스로 변하는 세 번째 이유는 이미 중대한 인생 사건으로 스트레스를 받고 있는 상황에서 예상치 못한 일이나 일상 문제를 처리할 자원이 거의 남아 있지 않기 때문이다. 유능한 기업 임원들이 직장에서는 커다란 위기 상황에 능숙하게 대처하면서 집에서는 화를 폭발하고 협조하지 않아 배우자들에게 스트레스를 준다. 지속적인 일상의 골칫거리와 집안 문제가 업무 요구에 더해지면 아무래도 이성의 끈이 끊어지게 마련이다.

    당신의 건강에 큰 영향을 미칠 수 있는 또 다른 유형의 스트레스 요인은 부정적 아동기 경험adverse childhood events, ACE이다. 비록 오래전에 일어난 사건이지만 현재의 뇌가 스트레스 요인에 더 민감하게 반응하도록 만든다.

○ 부정적 아동기 경험

어린 시절 트라우마도 현재 스트레스 사건에 생리적으로나 심리적으로 더 강하게 반응하도록 만든다. 트라우마가 스트레스 사건을 어떻게 해석하는지, 무력감이나 안전하지 않은 느낌, 무능감이 얼마나 쉽게 촉발되는지에 영향을 미칠 수 있기 때문이다.

    과민 반응하는 자신을 비난하지 않도록 스트레스에 관한 자신의 감수성을 이해하고 존중하는 태도가 중요하다. 내담자들은 나에게 자주 이렇게 말한다.

"다른 사람들은 아무렇지 않은 것 같은데 저만 온몸이 마비되는 것 같고 제 행동으로 상황이 더 나빠질까 봐 두려워요."

그들은 과거의 트라우마 때문에 나쁜 상황에서 벗어날 수 없다고 지레 생각할 수 있다. 과거에 싸우거나 도망치려고 할 때마다 처벌받거나 무시당했기 때문에 그들의 뇌가 스트레스에 경직 반응을 일으키는 것이다.

아동기의 트라우마와 성인기의 기능에 관한 대표적인 대규모 연구(Felitti 외, 1998; Brown 외, 2009)가 있다. 1만 7천 명을 신체적 테스트와 심리 설문지를 이용해 평가했다. 그 결과 약 3분의 2가 적어도 한 가지 ACE를 경험한 적이 있다고 답했다. 세 가지 이상의 부정적 아동기를 경험한 사람은 5명 중 1명 이상이었다.

부정적 아동기 경험을 많이 겪은 사람일수록 건강 상태가 더 나쁜 것으로 나타났다. 더 많이 경험한 이들에게서 심장질환이나 간 질환, 흡연, 알코올중독, 가정 폭력의 피해자, 심한 우울증 진단을 더 많이 볼 수 있었다. 이 연구에 따르면 많은 ACE가 주는 스트레스는 수십 년 후의 건강에 영향을 미칠 수 있다. 그래서 이 책에 나오는 강력한 스트레스 관리 도구가 중요하다. 잠깐 시간을 내어 당신의 ACE를 평가해 보자.

> ### 연습: 당신은 어떤 부정적 아동기 경험이 있는가?
>
> 18세 이전에 노출된 모든 사건에 체크 표시한다.
>
> ---
>
> _____ 신체 학대
>
> _____ 성적 학대
>
> _____ 정서적 학대 또는 자기도취적인 부모
>
> _____ 신체적 또는 정서적 방치
>
> _____ 가족의 중병이나 심한 부상
>
> _____ 입양
>
> _____ 가족의 폭력 목격
>
> _____ 가족 또는 가까운 친구의 죽음
>
> _____ 노숙 또는 가난
>
> _____ 괴롭힘(위협, 굴욕, 고의적 따돌림 등)
>
> 총계:_____
>
> 체크 표시가 3개 이상이라면 반드시 스트레스 관리법을 배워야만 한다.

✹ 트라우마

트라우마란 자신이나 사랑하는 사람들의 생명에 대한 위협, 신체적인 가해와 관련된 사건을 일컫는다. 트라우마나 외상 후 스트레스 장애 (PTSD) 하면 전쟁에 참전한 군인이 가장 먼저 떠오르지만 사실 트라우마에는 종류가 많다. 여기에는 부정적 아동기 경험뿐만 아니라 성폭행, 폭행, 심각한 사고, 생명을 위협하는 질병, 전투 참여, 자연재해 등 다른 유형의 피해도 포함된다. 트라우마를 겪은 사람들의 약 15퍼센트가 PTSD가 생기고 다수가 다음과 같은 지속적인 증상을 경험한다.

- 심한 불안
- 분노 폭발
- 스트레스 받으면 해리dissociation 또는 '정신적 체크아웃' 상태가 됨
- 트라우마 재연
- 사건의 일부를 잘 기억하지 못함
- 세상이 안전하지 않다는 믿음
- 친밀감을 어려워함
- 악몽

PTSD가 있는 사람은 PTSD가 없는 사람보다 휴식 상태일 때 코르티솔 수치가 낮을 수 있다. 건강한 사람은 아침에 코르티솔 수치가 가장 높다. PTSD가 있는 사람의 코르티솔 수치는 하루 종일 일정하며 자율신경계가 경직되어 있어서 저녁에 휴식을 취하기가 어렵다. 그리고 PTSD가 있는 사람은 흡연할 가능성이 크고 심장마비의 위험과 만성 통증을 경험할 수 있다. PTSD가 있다고 생각된다면 정신 건강 전문가에게 정확한 진단을 받아야 한다. 잠깐 시간을 내어 성인이 된 이후에 어느 정도의 트라우마에 노출되었는지 평가해보자.

연습: 성인이 된 이후 트라우마를 겪은 적이 있는가?

성인이 된 이후에 노출된 트라우마에 체크 표시한다.

_____ 성폭행

_____ 배우자 또는 자녀의 죽음

_____ 신체 폭력(자신 또는 사랑하는 사람의 경험)

_____ 자연재해(지진, 홍수, 화재 등)

_____ 스토킹 또는 신체적 위협

_____ 강도 또는 절도

_____ 심각하게 다치거나 죽은 사람이 있는 교통사고

_____ 심각하거나 생명을 위협하는 병이나 사고 또는 부상(자신 또는 사랑하는 사람의 경험)

_____ 군대 전투

_____ (실생활에서)충격적이거나 소름 끼치는 일

_____ 언어적 또는 신체적 학대가 있는 관계

총계:_____

◦ 트라우마와 부정적 아동기 경험이 스트레스 반응에 미치는 영향

트라우마와 부정적 아동기 경험은 스트레스에 대한 뇌의 화학적 반응을 방해할 수 있다. 그런 일이 일어나면 전전두피질이 위협을 제대로 평가하고 정확한 피드백을 제공하여 편도체를 조절하는 일을 할 수 없

게 된다. 그러면 편도체가 민감해지고 예상치 못한 사건, 주로 (큰 소음과 같은) 감각적인 일들을 위협으로 인식해서 스트레스 반응이 너무 자주 일어난다. 간혹 과거 트라우마를 불러일으키는 트리거가 되기도 한다. 알 수 없는 이유로 신체적 불편함이 느껴지거나 상황에 비해 너무 큰 분노나 불안을 경험하기도 한다. 이러한 사람은 심리치료를 받거나 이 책에 나오는 마음챙김과 다른 기법들을 연습하면 뇌가 일상적인 스트레스에 좀 더 침착하게 반응하도록 훈련할 수 있다.

스트레스나 중대한 인생 사건을 마주할 때 압도당하거나 감정이 쓰나미처럼 몰려오거나 명료하게 생각할 수 없거나 행동하기가 겁난다면 먼저 당신에게 잘못이 있거나 문제가 있다는 뜻이 아님을 알아야 한다. 트라우마나 여러 부정적 아동기 경험이 뇌의 스트레스 반응에 영향을 끼쳤을 가능성이 크다. 계속해서 당신 잘못이 아니라는 사실을 되새겨야 한다. 또한 더 큰 회복탄력성으로 스트레스에 반응하도록 뇌를 훈련할 수 있다는 사실도 기억한다.

다음 연습법은 과거의 트라우마나 중대한 인생 사건이 현재의 스트레스에 대한 반응에 어떤 영향을 주고 있는지 보여준다.

연습: 스트레스 요인들이 연결되어 있다는 사실 알기

일기나 종이에 현재 마주하고 있는 스트레스 요인에 관해 설명한다.
그러고 나서 다음 질문을 읽고 답을 적는다.

• 과거 스트레스 요인이나 트라우마가 현재 상황에 대한 평가나 반응에 영향을 줄 수 있을까? 그런 사건들 사이에 비슷한 점 혹은 차이점이 보이는가? 그때는

불가능했지만 지금은 가능한 선택권이 있는가?

- 현재 상황이 오랜 부정적인 믿음(이를테면, '나에게는 항상 나쁜 일만 생긴다'는 생각)을 활성화하는가? 그렇다면 현재 그 믿음이 사실이거나 사실이 아니라는 증거가 있는가?

- 과거에 겪은 스트레스의 결과에 따른 행동이나 규칙을 사용하고 있는가? ("절대 도와달라고 하지 마라"나 "절대로 감정을 드러내지 마라" 등) 그것은 현재 스트레스 요인에 반응하는 방법으로 얼마나 효과적인가? 만약 도움이 되지 않는다면 다른 전략을 시도할 수 있는가?

- 일련의 스트레스 요인들에 대처해야만 했는가? 그것이 현재 상황에 대한 당신의 반응에 영향을 미치고 있는가?

- 과거의 사건이 현재의 스트레스 반응에 영향을 끼치고 있다는 사실에 대해서 얻은 새로운 통찰에 관해 설명해보자. 스트레스에 덜 반응하거나 더 효과적으로 대처할 수 있도록 지금 당장 시도해볼 수 있는 변화가 있는가?

이 장에서 다양한 스트레스 요인에 대해 배웠다. 다음은 앞으로 다른 장에서 살펴볼 전략 중에서 당신에게 가장 도움이 될 만한 것이 무엇인지 알게 해줄 것이다.

⚘ 스트레스 요인에 따라 대처법이 다르다

스트레스 요인의 유형에 따라 다른 대처 전략이 필요하다. 트라우마나 부정적 아동기를 경험했다면 2부 '마음챙김으로 편도체 달래기'가 유용하다. 마음챙김, 감정 받아들이기, 자기 연민, 통제할 수 있는 상황이해하기는 트라우마와 부정적 아동기 경험의 정서적 후유증을 다루는 데 도움이 된다. 만약 (이혼이나 사랑하는 사람의 죽음 같은) 중대한 인생 사건이나 만성적인 스트레스 상황, 계속 쌓이는 일상의 골칫거리가 원인이라면 2부와 3부 '마음의 친구, 전전두피질과 함께 전진하기'가 모두 도움이 될 것이다.

감정을 이해하고 진정시키는 것뿐만 아니라 재건도 필요하다. 스트레스 요인을 도전과제로 바라보고 부정적인 생각을 극복하고 긍정적인 정신 상태를 만들고 그릿을 키운다면 앞으로 나아갈 수 있을 것이다. 건강한 루틴을 만들면 스트레스 회복력의 토대가 세워진다.

만약 스트레스 요인이 발달상 변화라면 운이 좋은 편이다. 일시적이고 통제 가능하고 긍정적인 측면이 더 많기 때문이다. 인간에게는 새로운 상황에 적응하는 놀라운 능력이 있고 지금은 스트레스일지라도 새로운 기술을 익히거나 시간이 지나서 뉴노멀(새로운 정상)에 익숙해지면 더 이상 스트레스를 느끼지 않을 수 있다. 2부와 3부의 전략은 방금 열거한 이유로 큰 도움이 될 것이다.

현재 마주한 사건뿐만 아니라 상황에 대한 당신의 인식과 판단도 생리적 스트레스 반응에 영향을 미친다. 다음의 연습법은 스트레스의 종류와 상관없이 당신의 스트레스 반응을 더 잘 이해하도록 도와줄 것이다. 당신이 왜 그렇게 스트레스를 받고 있는지에 대해 통찰을 얻고 상황을 개선하기 위해 생각을 바꾸거나 행동하도록 이끌어줄 것이다. 스트레스 요인과 자신의 반응을 좀 더 객관적으로 바라보고 스트레스의 감정을 피하기보다는 주도적으로 다룰 수 있게 될 것이다.

현재 마주하고 있는 발달상 변화나 중대한 인생 사건,
만성적인 스트레스, 일상의 골칫거리, 트라우마에 대해 생각해본다.
일기나 종이에 그 사건을 한 문단으로 설명한다(또는 이전 연습에서 적은 설명을 참고).
그 사건에서 가장 스트레스를 주는 측면이 무엇인지 생각해보고
그 이유를 적는다. 그러고 나서 다음의 질문을 읽고 답을 적어보자.

- 이 상황에 대해 어떤 느낌이 드는가? 예를 들어 분노, 슬픔, 혼란, 놀라움, 두려움, 수치심, 죄책감, 행복을 느낄 수 있다. 당신이 느끼는 특정한 감정에 이름을 붙여본다. 서로 충돌하는 감정이 있는가?

- 이 상황과 관련된 실질적 또는 잠재적 손실은 무엇인가? 관계, 지위, 안정, 물질적인 것, 희망과 꿈, 또는 다른 유형의 손실이 될 수도 있다. 당신이 두려워하는 부정적 결과는 무엇인가? 그 손실이나 부정적 결과가 실제로 일어날 가능성은 얼마나 되며 그중에서 당신이 통제할 수 있는 것은 무엇인가?

- 이 상황은 어느 정도 당신의 선택에 따른 것인가? 선택한 것이 아니라도 이 상황을 받아들이는 방법이 있을까? 이 상황에서 당신이 통제할 수 없는 측면만큼은 받아들이려고 노력할 수 있을까? 통제할 수 있는 것들은 어떻게 대처할 수 있을까?

- 스트레스 상황에 따르는 요구를 얼마나 잘 충족하고 있는가? 필요한 일을 끝내고 있는가? 감정을 효과적으로 관리하고 건강한 선택을 하고 있는가? 효과적으로 소통하고 관계를 관리하고 있는가? 대처하는 데 도움이 될 만한 기술(자기표현 기술 또는 시간 관리 기술 등)은 뭐가 있을까? 이 기술들을 배우고 연습하려면 어떻게 해야 할까?

- 당신의 에너지를 고갈시키고 불안을 더하거나 상황을 더 복잡하게 만드는 다른 스트레스 요인이 있는가? 한 번에 하나씩 집중하려면 어떻게 해야 할까?

- 스트레스 요인이나 그것의 정서적 영향에 대처하기 위해 어떤 도움 또는 지원이 필요한가? 예를 들어 실질적인 도움이나 정보, 자원이 필요한가, 아니면 정

서적 지지가 필요한가? 그런 도움을 줄 만한 사람은 누구인가?

• 이 상황에서 발견할 수 있는 의미나 긍정적인 도전은 무엇인가? 한 사람으로서 성장하거나 자신의 가치관에 따라 살아가거나 중요한 개인적 목표를 달성할 기회가 들어 있는가?

이러한 질문에 답하다 보면 당신이 특정 스트레스 요인에 대해 어떻게 느끼는지, 왜 그것 때문에 스트레스를 받는지, 그 스트레스에 대처하려면 어떤 기술과 지원, 자원이 필요한지를 아는 데 도움이 된다.

스트레스 요인을 논리적이고 단계적인 방식으로 분석하면, 감당할 수 없을 것 같던 불안감을 느끼는 대신 전전두피질로 편도체의 위협 반응을 조절할 수 있다.

2부

마음챙김으로
편도체 달래기

마음챙김은 스트레스에 더 잘 대처하도록 도
와주는 기술이자 삶의 방식이다. 마음챙김은
지금 이 순간의 경험을 개방성과 수용, 연민의
태도로 대한다는 뜻이다. 자신의 내면 경험을
밀어내지 않고 받아들이는 것을 의미한다. 끊
임없이 걱정하거나 조급해하지 않고 지금 이
순간, 현재에 머무른다는 뜻이다.

정신 건강 전문가들은 마음챙김 기반의 개입
을 우울증, 불안, 약물 남용 치료에 활용한다.
또한 마음챙김은 편도체(뇌의 경보 센터)의 실
제 크기를 줄여주고 해마를 스트레스로 인한
손상에서 지켜주는 효과도 있다.

3장

스트레스 해독제,
마음챙김 마인드셋

1장과 2장에서 배웠듯이 편도체는 불안한 생각과 뇌의 화학물질, 스트레스 호르몬, 감정의 파도가 따르는 스트레스에 대한 반응으로 뇌를 납치해 '투쟁-도피-경직' 반응이 자동으로 일어나게 한다. 스트레스를 효과적으로 관리하려면 편도체의 공포를 진정시켜야 한다. 마음챙김의 마인드셋과 기술은 스트레스에 휩쓸리거나 경직되는 것을 막는 해독제다. 마음챙김은 내면 경험에 대한 개방적이고 자비로운 태도로 당신과 스트레스를 일으키는 생각과 감정 사이에 건강한 거리를 두게 하여 어떻게 반응할지를 선택할 수 있는 여유를 제공한다. 마음챙김을 통해 현재의 생각과 감정이 평화롭게 함께할 수 있으며 내면에 고요함이 찾아와 스트레스를 가라앉힌다.

만약 스트레스를 다루는 도구를 딱 하나만 고르라면 나는 마음챙김을 선택할 것이다. 마음챙김의 효과는 신경과학 연구로도 입증되고 있다. 마음챙김을 연습하면 실제로 편도체의 뉴런이 변하는 것으로 나타났다. 마음챙김은 치료사와 교육자, 코치, 심지어 정치인과 기업 리더들의 관심을 끌었다. 이 두뇌 기술은 뇌의 뉴런을 바꿀 뿐만 아니라 면역력과 건강, 삶, 인간관계 만족도까지 개선해주는 광범위한 혜택을 가져다줄 수 있다. 마음챙김에는 개인을 넘어 기업과 기관, 사회까지도 스트레스에 강하게 만들어줄 수 있다.

이 장에서는 마음챙김을 다룬다. 고대 불교 철학의 뿌리이면서, 현재 서양에서 몸과 마음을 위한 효과적인 연습법으로 널리 사용되고 있는 점을 살펴볼 것이다. 마음챙김 마인드셋의 특징은 물론이고 명상 연습과 마인드셋의 변화를 통해 마음챙김을 실천하는 방법을 배운다. 《타임》지가 명명한 이른바 '마음챙김의 혁명'이 스트레스를 관리하는 열쇠인 이유를 알 수 있다!

⚬ 마음챙김 혁명의 탄생

마음챙김은 수천 년 전에 불교 철학의 일부로 시작된 하나의 기술이자 삶에 대한 태도를 말한다. 부처에 따르면 정신적 고통은 긍정적인 경험에 집착하고 그것이 계속되기를 바라며 고통과 슬픔 같은 부정적인 경험을 피하려는 데서 일어난다. 정신적·신체적 경험을 통제하려는 것은 잘못된 일이고 삶의 현실에서 멀어지게 한다. 상실과 고통은 삶의 자연스러운 일부여서 그 누구도 피할 수 없다. 우리의 경험은 항상 바꾄다. 생명체는 시들어 죽고 새로운 생명체가 그 자리를 대신한다. 인간은 자연의 힘을 통제할 수 없다.

부처는 비록 고통은 피할 수 없지만 괴로움은 그렇지 않다고 믿었다. 괴로움은 쾌락에 집착하고 고통을 밀어내려는 시도에서 나온다. 불교에서는 괴로움을 두 가지 화살에 맞는 것에 비유한다. 첫 번째 화살은 인간의 피할 수 없는 고통과 스트레스이다. 노화와 질병, 죽음 같은 이런 종류의 스트레스 요인은 우리가 통제할 수 없다. 두 번째 화살은 인간의 고통(또는 스트레스)이라는 자연스러운 경험에 회피 aversion 와 저항으로 반응할 때 스스로 발에 쏘는 것이다. 자신의 감정을 외면하고 회피하는 것이나 다름없다!

스트레스를 받기 시작하면 마음속으로 걱정과 후회가 가득 차서 정신적 고통이 심해진다. 자신에 대한 부정적인 믿음, 과거에 대한 후회나 미래에 대한 걱정에 사로잡혀 지금 바로 여기에서 멀어진다. 중독과 회피를 통해 스트레스 감정을 밀어내려고 할 수도 있다. 그러나 이런 전략들은 상황을 더 악화할 뿐이다. 내가 만난 가장 현명한 상사는 말했다.

"은폐는 범죄보다 더 나빠!"

또한 부처는 우리가 괴로움의 본질을 이해하고 고통과 상실을 연민으로 받아들이는 법을 배운다면(그것들로부터 도망치는 것이 아니라) 정신적 고통이 줄어들 것이라고 믿었다. 피할 수 없는 고통과 슬픔인 첫 번째 화살은 없애지 못할 수도 있지만 스스로 만들어낸 정신적·감정적 괴로움인 두 번째 화살은 없앨 수 있다. 평가하지 않고 호기심을 가지고 환영하는 태도로 내면 경험을 바라본다면 (스트레스를 느끼는 것과 비슷한) 부정적인 마음 상태를 더 잘 견디고 그런 경험을 좀 더 친절하고 수용적으로 연결할 수 있다.

부처가 이해한 고통에 대한 또 다른 진실이 있다. 우리의 생각과 감정, 육체적 감각은 삶의 다른 모든 측면과 마찬가지로 일시적이며 끊임없이 변화한다는 것이다. 우리가 직접 마주하고 받아들이면 부정적 경험은 우리 안에서 멈추지 않고 움직인다. 또한 부처는 평화와 자기 규율, 봉사, 자비가 있는 삶을 살면 더 높은 차원에서 고통이 끝날 수 있다고 믿었다.

매사추세츠 대학교 의과대학 명예교수 존 카밧진Jon Kabat-Zinn은 처음으로 서양 의학계에 마음챙김을 도입한 선구자다. 그는 과학 용어를 사용해 불교의 개념을 재구성하고 약간의 명상 연습과 요가 스트레칭을 추가해 하루 40분의 명상이 포함된 집중적인 8~10주 마음챙김 기반 스트레스 감소(MBSR) 프로그램을 고안했다. 그는 일반 의학적 치료에 효과를 보지 못하는 만성 통증 환자 그룹을 모집해 그 프로그램을 실천하게 했다. 놀랍게도 참가자들에게서 통증 감소, 기분 향상, 정신 건강 개선이 나타났고(Kabat-Zinn, 1982; Kabat-Zinn, Lipworth, Burney, 1985) 클리닉에서 정상적인 치료를 받는 환자 그룹과 비교했을 때도 그러했다(Kabat-Zinn, Lipworth, Burney, 1985). 그렇게 마음챙김 혁명이 탄생했다.

오늘날 고통, 스트레스, 우울증, 불안, 암, 중독, 만성 질환에 대한 마음챙김 기반의 개입은 세계적으로 널리 허용되고 있다. 스트레스와 스트레스 관련 질환에 대한 개입으로서 마음챙김에 대한 신뢰는 탄탄한 신경과학적 토대 덕분에 더욱 강화되었다. 위스콘신 대학교의 심리학 및 정신의학 교수 리치 데이비드슨Richie Davidson은 마음챙김이 뇌에서 어떻게 작용하는지를 보여주고, 뇌 구조와 기능을 스트레스 회복력과 정신 건강을 촉진하는 쪽으로 바꿔줄 수 있다는 것을 증명했다. 데이비드슨 박사가 이끄는 연구팀은 뇌 영상 기술을 이용해 불교 승려와 초보 명상가들의 마음챙김을 연구했다(Davidson 외, 2003; Lutz 외, 2004). 그들의 연구 결과는 명상이나 마음챙김 같은 '사색 실천'이 뇌에서 자비와 공감, 친절, 주의력을 향상시킬 수 있음을 시사했다. 이 연구들은 새로운 습관을 반복해서 실천하면 성인의 뇌라도 구조와 경로가 바뀔 수 있다는 신경가소성을 강력하게 입증한다. 마음챙김을 연습하면 스트레스에 대한 반응을 좀 더 차분하고 평화롭고 세심한 방향으로 바꿀 수 있다.

⦿ 편도체를 진정시키는 마음챙김

스트레스의 감정은 편도체가 외부의 경험이나 심지어 자신의 감정까지도 위협으로 인식하는 데서 생긴다. 스트레스 경험은 대부분 피할 수 없고, 관련된 감정이 일어나는 것을 멈출 수도 없다는 점에서 문제가 된다.

뇌에서 편도체의 위치는 피질 아래 뇌의 중간이다. 이러한 위치상 편도체는 위협에 대한 정보를 받고 스트레스 반응을 매우 빠르게 시작한다. 심지어 뇌에서 생각하는 영역이 미처 상황을 파악하기도 전에 그럴 수 있다. 다시 말하자면 편도체가 위험이나 상실 또는 고통으로 이어질 수 있는 상황의 변화를 감지하고 스트레스 반응을 빠르게 촉발함으로써 당신을 보호하려는 것을 막을 수 없다. 당연히 막지 않는 편이 좋다! 편도체가 없으면 차들이 쌩쌩 달리는 도로로 당당하게 걸어가거나 뜨거운 가스레인지에 손을 대거나 위험한 사람들과 어울릴 테니까. 그러나 편도체가 당신의 스트레스를 악화시키거나 불필요한 고통을 만들어내지 않도록 관리할 필요도 있다. 편도체가 과잉 반응할 때 전전두피질을 이용해서 편도체를 진정시키면 부처의 두 번째 화살(불필요한 괴로움)을 피할 수 있다.

마음챙김 기술은 편도체의 빠른 반응성에 대해 해독제 역할을 한다. 마음챙김은 당신이 너무 서둘러 반응하지 않게 해줌으로써 전전두피질이 나서서 스트레스의 거친 바다를 헤쳐 나갈 시간을 벌어준다. 또한 마음챙김은 차분하고 편안한 마음 상태를 만들어 부교감신경계가 생리적인 '투쟁-도피-경직' 반응을 진정시키고 균형 상태를 회복하도록 도와준다. 마음챙김 상태는 몸에 신호를 보내 호흡과 심박수를 낮춘다. 부교감신경계에 위험이 지나갔으니 몸을 균형 상태로 되돌려도 된다고 말한다. 이제 마음챙김이란 무엇이고 어떻게 연습하면 편도체를 진정시킬 수 있는지 자세히 알아보자.

❂ 마음챙김이란 무엇인가?

마음챙김은 삶에 대한 태도이자, 편도체의 자동적인 반응성을 줄여 우리의 회복력을 높여주는 뇌 기술이다. 존 카밧진은 마음챙김을 의도적으로, 판단하지 않고 수용함으로써 현재의 경험에 집중하는 방법이라고 정의했다(1994). 그 순간 자신의 경험을 마음챙김의 태도로 바라보면 편도체의 지시에 따라 도망치거나 압도당하거나 충동적으로 반응하지 않고 생각과 감정, 신체 감각과 평화롭게 공존하면서 살펴볼 수 있다. 자신의 내면 경험에 대한 두려움을 비판과 자책, 회피가 없는 호기심 많고 부드러운 환영의 태도로 바꾼다. 마음챙김의 기술은 어려운 스트레스 요인을 마주했을 때도 지금 이 순간에 머물게 하여 스트레스 감정에 압도되지 않고 좀 더 관리할 수 있게 해준다.

마음챙김 상태는 현재의 경험을 의도적이고 목적적이며 집중된 방식으로 바라보는 것이다. 자동 조종 모드로 스트레스나 불안을 경험하는 것이 아니라 관찰자의 관점으로 자신의 스트레스 감정을 바라본다. 스트레스와 완전히 합쳐진 느낌이 아니라 스트레스가 몸과 마음 안에서 흐르는 것을 자각한다. 스트레스가 내 안에서 흐르고 움직이는 역동적인 상태이지만 그것이 나 자신은 아니라는 인식을 유지한다. 자신은 그 순간 몸과 마음에서 일어나고 있는 일보다 더 큰 존재이다. 마음챙김 스승들은 우리는 하늘이고, 우리의 생각과 감정은 구름이라는 은유를 자주 사용한다. 구름은 계속 움직이지만 하늘은 항상 그 자리에 있다. 하늘은 구름이 떠다닐 캔버스를 제공한다. 당신은 하늘이고 당신의 스트레스 감정은 구름이다. 폭풍우가 끝나고 하늘이 다시 맑아질 때까지 기다리면 된다!

마음챙김을 가르칠 때 가장 일반적인 방법은 호흡이다. 스트레스를 받으면 교감신경계가 우리 몸에 싸우거나 도망칠 준비를 시키면서 호흡이 가빠지고 얕아진다. 스트레스 상황이 끝나면 부교감신경계는 호흡과 심박수를 늦춰 스트레스 반응에 브레이크를 건다. 마음챙김은 의도적으로 호흡에 집중하면서 호흡을 느리게 해준다. 비록 그것이 명시적인 목표는 아니고 단지 호흡을 지켜보는 것이지만. 마음챙김을 연습하면 호흡이 느려지고 좀 더 주기적이 되므로 심박수가 느려진다. 움직임과 호흡을 감지하는 뇌 영역이 편도체에 위협이 끝났다는 신호를 보내고 시스템 전체가 진정되기 시작한다.

몸이 마음챙김에 어떻게 반응하는지 이해하는 좋은 방법은 직접 마음챙김을 경험하는 것이다. 다음 연습을 통해 호흡에 집중해보자. 이 연습을 자주 할수록 마음챙김의 태도를 더 빨리 단련할 수 있다. 이 연습을 2주 동안 계속하면서 마음이 '난 끝까지 해내지 못할거야'나

연습: 간단한 호흡 알아차림 명상

기본적인 호흡 알아차림 명상을 위한 지침이다.
2주 동안 하루에 한두 번씩 실천하면서 무슨 일이 일어나는지 관찰한다.
이 연습을 하는 데 옳고 그른 방법은 없다.
어떤 경험을 하게 되든 자신의 경험을 온전히 받아들이려고 하자.
목표는 호흡에 완벽하게 집중하는 것이 아니라 마음이 어떻게 움직이는지를 알아보는 것이다! 마음이 이리저리 헤매는 것은 정상이다.
방황하는 마음을 발견하면 그저 다시 데려온다.
알아차림으로 주의 집중을 다스리는 법을 배운다.

---

1. 아무런 방해도 받지 않을 수 있는 편안하고 조용한 장소를 선택한다.

2. 바닥이나 의자의 쿠션 위에 등을 똑바로 펴고 앉는다. 의자를 사용할 때는 발이 바닥에 닿도록 한다. 눈을 감거나 초점 없이 부드러운 시선을 유지한다.

3. 호흡을 알아차리기 시작한다. 호기심과 열린 태도를 유지하려고 한다. 숨이 몸

으로 들어오고 나갈 때 어디로 가는지 알아차린다.
4. 어떤 식으로든 호흡을 강요하거나 바꾸려고 하지 않는다. 관찰하면서 자연스럽게 변화가 일어날 수 있다.
5. 주의가 흐트러지면 마음이 무엇을 하는지 알아차린 후 부드럽게 다시 호흡에 집중한다.
6. 8~10분 동안 호흡을 계속 관찰한다. 연습이 끝났을 때 몸과 마음의 느낌에 주의를 기울이고 천천히 다시 주변 공간으로 주의를 되돌린다.

'아무 소용도 없을 거야' 하는 판단으로 변화에 저항하는지 살펴본다.
판단하는 생각을 사실이라고 믿지 말고 단순히 알아차리기만 한다. 판단하는 태도를 호기심으로 바꾸고 열린 마음을 유지해본다. 그래야 경험이 너무 이르게 제한되지 않는다. 마음챙김에는 판단하지 않는 열린 마음으로 주의를 기울이는 것 외에도 뇌 기능의 강력한 변화를 이끄는 다른 특징들이 있다.

마음챙김 상태의 특징

마음챙김은 단순히 명상이나 호흡에 집중하는 것이 아니다. 그것은 마음의 상태이며 다음과 같은 특징이 있다.

관찰자가 된다

마음챙김은 스트레스를 일으키는 생각과 감정을 없애주지는 않지만 그것들과의 관계를 바꿔준다. 당신은 감정에 사로잡히거나 밀어내지 않고서 그저 바라보는 관찰자가 된다. 따라서 마음챙김은 더 많은 정신적 공간과 자유를 제공한다. 스트레스 반응의 통제를 받지 않아도 된다. 초점의 방향을 바꿀 수 있으므로 스트레스를 받을 때 자신의 행동을 잘 통제할 수 있다.

속도를 늦춘다

편도체는 스트레스 요인을 감지하면 재빨리 뇌를 '납치'해 비상조치를 취하려고 한다. 하지만 모든 스트레스 요인이 비상사태인 것은 아닌 데다가 대부분의 스트레스 요인을 성공적으로 다루려면 해결책을 생각하고 불안과 불확실성을 견디고 새로운 상황에 적응할 필요가 있다. 이것들은 모두 편도체보다 정보를 받아 처리하는 것이 느린 전전두피질의 기능이다. 따라서 마음챙김의 첫 번째 단계는 반응하기 전에 상황을 더 넓게 볼 수 있도록 속도를 늦추는 것이다. 마음챙김은 당신의 마음을 '행동' 모드에서 '관찰' 모드로 이동시켜 긴급감을 없애고 몸과 마음이 다시 동기화되는 시간을 허락한다.

현재에 초점을 맞춘다

마음챙김을 연습할 때는 의도적이고 열린 태도로 지금 이 순간에 자신의 내면과 주변에서 일어나는 일에 주의를 집중하게 된다. 지금 이 순간에 보고, 듣고, 느끼고, 냄새 맡는 감각적 경험을 알아차리고 묘사할 수 있다. 호흡에 집중해 안에서 무슨 일이 일어나는지 바라보고 중심을 잡을 수도 있다. 현재를 알아차리는 것은 과거를 곱씹거나 미래를 걱정하는 것을 멈추게 한다.

두려움을 호기심으로 바꾼다

마음챙김은 두려움과 감정적 반응을 크고 열린 호기심으로 대체한다. 지금 드는 생각이나 감정이 무엇인가? 그것은 어떤 모습이고 어떤 느낌을 주는가? 도움이 되거나 중요해서 집중하고 싶은가, 아니면 자동으로 떠오르는 것이고 그저 스쳐 지나가는 것을 지켜볼 수 있는가? 이 감정이나 경험이 시간이 지남에 따라 어떻게 변화하고 펼쳐지는가?

열린 마음으로 관찰한다

판단하지 않는 것은 마음챙김의 중요한 부분이다. 편도체가 스트레스 반응을 촉발하면 당신은 상황이나 반응을 자동적으로 피해야 할 위협으로 인식한다. 이것이 바로 부처가 두 번째 화살이라고 지칭한 혐오다. 판단하려는 마음을 관찰하면 부정적인 판단을 자동으로 믿는 것을 피할 수 있다. 그러면 열린 마음으로 생각과 감정을 관찰하는 것으로 다시 마음의 주의를 돌릴 수 있다. 이렇게 하면 공포와 불안이 제거되어 스트레스에 대한 경험이 바뀐다.

평정심

마음챙김의 태도는 즐거움이나 고통에 집착하지 말라는 불교의 가르침을 바탕으로 하는 평화와 균형, 평정의 태도이다. 평정심은 무언가가 꼭 이래야만 한다는 '필요성'을 내려놓는다는 뜻이다. 평정심은 중독적인 갈망이나 공포와 절망 같은 감정의 화살에 맞지 않게 해준다. 모든 것은 영원하지 않고 늘 변한다. 삶에서 중요한 결과는 대부분, 적어도 부분적으로는 우리가 통제할 수 없다. 따라서 우리는 스트레스에 균형을 잃지 않고 굳건히 서 있어야 한다.

'행위'가 아닌 '존재'

스트레스를 받으면 편도체는 당신이 안전할 수 있도록 위협을 제거하기 위해 행동을 촉구한다. 스트레스가 많은 상황에서 해결책을 찾거나 새로운 기술을 배우려면 목표 지향적인 마음가짐이 필요하다. 하지만 몸과 마음이 너무 많은 '행위'로 지치지 않도록 휴식과 조용한 시간도 있어야 한다. 마음챙김은 특정한 목표나 결과 없이, 경험을 판단하거나 없애고 싶어 하는 마음 없이 그저 이 순간에 '존재'하는 방법을 가르쳐준다.

⚬ 마음챙김을 하는 방법

마음챙김이 무엇인지 진정으로 이해하려면 몇 주나 몇 달의 연습이 필요할 수도 있다. 다음은 다양한 마음챙김 연습법이다. 모두 시도해도 좋고 자신에게 효과적인 것을 찾아서 해도 좋다. 연구에 따르면 하루에 적어도 30분 동안 마음챙김을 연습하면 실제로 편도체가 줄어드는 효과가 있다(Hölzel 외, 2011).

마음챙김을 연습하는 환경을 최적화하라. 집 안에 푹신한 베개와 집중이 잘 되도록 기분이 좋아지는 물건들이 있는 '명상 코너'를 꾸밀 수도 있다. 이 장의 뒷부분에서 살펴보겠지만 향초, 꽃, 매끄러운 돌이 주의를 붙잡아주는 닻이 되어줄 수 있다. 매일 마음챙김을 연습할 시간을 따로 떼어두고 일정에 넣는다. 앞으로 살펴보겠지만 마음챙김은 침대에 누워서나 책상다리하고 앉아서, 의자에 앉아서, 심지어 걸으면서도 연습할 수 있다. 자신에게 맞는 방법을 찾기만 하면 된다. 늘 30분간 연습할 필요도 없다. 연구에 따르면 5주 동안 하루에 5~20분씩 명상해도 더 길게 명상할 때와 똑같은 뇌의 변화가 일어날 수 있다(Moyer 외. 2011). 하루에 정식으로 8~10분 정도 연습하는 것으로 시작해 명상 시간을 점차 늘려나가는 것을 추천한다. 자, 이제 마음챙김의 여정을 시작해보자.

연습: 마음챙김 호흡

이 연습은 내가 내담자들에게 가장 자주 사용하는 방법이다.
감정을 있는 그대로 느끼고 호흡과 이어지게 해줄 뿐만 아니라
몸이 탄탄하게 중심을 잡은 기분을 느끼게 하기 때문이다.
이것은 마음챙김과 뇌에 관해 많은 책을 쓰고 수업을 만든
대니얼 시겔Daniel Siegel의 마음챙김 연습을 (허락받아) 각색한 것이다.
아래 설명은 소파에 똑바로 앉아서 하는 경우이다.
바닥이나 침대에 누워서 할 때는 적절하게 바꾸면 된다.

1. 똑바르면서도 편안한 자세로 소파에 편안하게 앉는다. 눈을 감거나 시선을 부드럽게 풀어준다. 몸의 느낌을 알아차리면서 서서히 이 연습을 시작할 준비를 한다.

2. 발에 집중한다. 바닥에 닿은 발의 모든 부분에 주의를 기울인다. 발가락을 의식하라. 발과 발가락이 이어진 곳, 발 가운데, 발뒤꿈치, 발목, 발바닥 전체, 안쪽과 바깥쪽을 의식한다.

3. 바닥에 발을 내려놓아 바닥이 발을 탄탄하게 받쳐주는 것을 느낀다.

4. 소파에 닿는 몸의 모든 부분을 알아차리기 시작한다. 허벅지 뒤쪽, 앉은 자리, 등, 팔, 손이 소파와 바닥에 밀착되고 떠받쳐주는 힘을 느껴본다. 소파와 바닥이 떠받쳐주는 상태로 앉아 있는 몸이 어떤 느낌인지 알아차린다.

5. 호흡을 알아차리기 시작한다. 들이마실 때와 내쉴 때 숨이 어디로 가는지 알아차리면서 몇 번 가볍게 호흡한다. 들숨과 날숨 사이의 일시적 멈춤을 알아차린다. 헤매는 것이 마음의 일이니 만약 주의가 흐트러진다면 순간 마음이 어디로 가는지 알아차린 후 천천히, 부드럽게, 주의를 다시 호흡으로 돌린다. 이것을 계속하면서 코와 가슴, 배의 숨결을 알아차리기 시작한다.

6. 천천히 콧구멍으로 들어가는 숨에 주의를 기울인다. 숨결이 뜨거운지 차가운지 가벼운지 무거운지 느린지 빠른지 알아차린다. 어떤 느낌인가? 숨을 들이마실 때와 숨을 내쉴 때 숨이 콧구멍의 어디에 닿는지 알아차린다. 콧구멍 안에서 숨을 알아차리는 것을 몇 분 동안 계속한다.

7. 가슴속의 숨을 알아차리기 시작한다. 숨을 내쉬고 들이마실 때 가슴이 파도처럼 위아래로 움직이는 것을 알아차린다. 호흡과 함께 팽창하고 수축하는 가슴에 주의를 기울인다. 숨을 들이마실 때와 숨을 내쉴 때 가슴에서 일어나는 율동적인 파도를 지켜본다. 몇 분 동안 계속 가슴에 주의를 기울인다.

8. 주의를 아래로, 배 쪽으로 향하게 한다. 한 손을 배 위에 올려 배꼽 바로 아래와 연결되는 것을 돕는다. 이 지점은 몸의 중심이고 한가운데이다. 숨을 들이마실 때 배가 바깥쪽으로 움직이고 숨을 내쉴 때는 배가 안쪽으로 움직이는 것을 본다. 어떤 식으로든 호흡을 강요하거나 바꿀 필요가 전혀 없다. 마음이 방황하면 친절하고 부드럽게 다시 배로 주의를 돌린다. 배의 호흡에 주의를 기울이면서 호흡이 변하거나 그대로인지 알아차린다. 배에서 호흡의 리듬에 주의를 기울인다.

9. 호흡하는 동안 배에 주의를 기울이면서 주의를 좀 더 바깥으로 넓히기 시작해 몸 전체로 향하게 한다. 느리고 일정한 리듬으로 숨을 들이마시고 내쉬면서 몸 전체를 하나의 단위로 알아차리기 시작한다. 호흡의 파도가 몸으로 들어왔다가 나가면서 코와 목구멍 뒤쪽, 가슴, 갈비뼈, 배, 그리고 몸 전체를 신선하고 깨끗한 공기로 채워주는 것을 알아차린다. 호흡이 몸에서 어떻게 이동하는지 주의를 기울이고 숨이 닿는 곳마다 공간을 열어주는 것처럼 느껴지는지 살펴본다. 온몸이 하나로 숨 쉬는 리듬에 집중한다. 숨을 들이마시고 잠시 멈추었다가 내쉰다. 들이마시고 내쉬고……

10. 천천히 소파와 손과 발로 주의를 돌린다. 천천히 눈을 뜨고 주변 공간을 알아차리기 시작한다. 서두르지 말고 천천히 몸에서 느껴지는 것을 알아차린다. 연습을 시작했을 때와 달라진 점이 있는가?

많은 내담자가 이 연습을 할 때 평화와 편안함, 차분함을 느낀다고 말한다. 스트레스를 받으면 특히 가슴과 배에 긴장과 수축이 일어나는데, 이 연습은 그 부위의 공간을 넓혀준다. 주의 깊은 집중은 스트레스의 느낌에서 거리를 두어 평화와 행복한 감정이 차오르게 한다.

호흡은 당신의 주의를 끄는 강력한 닻이지만 마음챙김을 연습하는 유일한 방법은 아니다. 다음 연습에서 살펴보겠지만 감각을 이용해서도 현재에 머물며 내면의 평화에 이를 수 있다.

감각의 마음챙김

편도체가 경보를 울리면 비상 반응이 시작되어 현재와의 연결이 끊어진다. 스트레스 요인에 대해 '무언가를 해야만' 하거나 압도적인 감정으로부터 도망쳐야 한다고 느낀다. 이때 의도적으로 감각에 주의를 집중하면 '해야 하고', '얻어야 하고', '피해야 하는' 마인드셋에서 주변을 '알아차리고 설명하는' 마인드셋으로 옮겨갈 수 있다. 그러면 현재와 좀 더 강하게 연결될 수 있다. 우리는 감각을 통해 외부 세계와 연결된다. 주변에 무엇이 있는지 주의를 기울일수록 우리가 생물과 무생물이라는 더 큰 세계의 일부라는 인식이 생긴다. 자신의 감각과 이어지는 것도 심리학자 릭 핸슨Rick Hanson이 말하는 '좋은 것을 취하는' 방법이 될 수 있다(2009). 의도적으로 편안하거나 즐거운 것에 뇌를 집중시킴으로써 스트레스 반응을 진정시키는 방법이다.

자연 속을 걷는 것도 감각의 마음챙김을 연습하는 훌륭한 방법이다. 자연과 가까이 있으면 뇌와 몸이 진정되는 효과가 있다. 자연으로 나갈 수 없어도 다음의 연습법을 상황에 맞게 조정함으로써 감각의 마음챙김을 연습할 수 있다. 베란다나 정원에 앉거나 창밖을 바라보거나 자연의 사진을 봐도 된다.

흥미로운 최신 연구에서는 바깥의 초록 공간에서 걷거나 자연의 이미지를 바라보는 것만으로도 몸과 마음의 스트레스 회복력이 개선된다는 결과가 나왔다. 대학생을 대상으로 한 연구(Bratman 외, 2015)에 따르면 녹색 캠퍼스 공원을 걷는 것이 번화한 거리를 걷는 것보다 불안과 걱정을 줄여주는 효과가 더 크고, 인지 기능을 개선하는 효과도 있다. 또 다른 연구에서는(Van den Berg 외, 2015) 학생들을 두 그룹으로 나누어 나무와 텅 빈 길이 있는 자연 풍경과 차와 사람들로 붐비는 도시 풍경을 각각 보여주었다. 그런 다음 학생들은 스트레스가 심한 수학 시험을 보았다. 나무 사진을 본 학생들이 도시 사진을 본 학생들보다 심장혈관 회복이 더 빨랐다(예를 들어, 시험이 끝난 후 심박수가 더 빨리 정상으로 돌아옴). 미주신경 긴장도를 측정한 결과, 그들의 부교감신경계가 '투쟁 도피 반응'에 더 효과적으로 제동을 걸 수 있었던 것으로 나타났다.

연습: 자연에서의 감각 마음챙김

자연에서 걷거나 앉아 있으면서 주변을 전체적으로 알아차리기 시작한다.
이런 환경에서 어떤 기분이 느껴지는지도 알아차린다.
내가 혼자가 아니고 자연의 리듬과 속도의 일부분이라는 사실을 알아차린다.

---

1. 보이는 것에 천천히 주의를 기울인다. 색깔을 알아차린다. 땅의 풍부한 갈색, 나무의 녹색, 물이나 하늘의 푸르른 색. 주변의 색깔들이 밝은가, 밝지 않은가? 어떤 색깔이 주의를 끄는지 보라. 빛과 그림자, 모양과 질감을 알아차린다. 어떤 표면이 매끄럽고 어떤 표면이 고르지 않은가? 광택이 나거나 칙칙한 것은? 각지거나 둥근 것은? 그저 눈에 보이는 모든 것을 알아차린다. 그다음에는 나무 한 그루나 꽃 한 포기 등 하나의 대상에 집중하면서 색깔, 모양, 질감에 주의를 기울인다.

2. 들리는 소리에 주의를 기울인다. 새들의 지저귐, 바람 소리, 졸졸 흐르는 시냇물 소리가 들릴 수도 있다. 내 발소리에도 귀 기울여본다. 자갈 위를 걷는 소리, 신발 바닥이 땅에 꾹 닿는 소리. 사람들의 목소리가 들리는가? 개 짖는 소리는? 소리의 높이와 리듬에도 주의를 기울여본다. 어떤 소리가 관심을 잡아끄는가? 어떤 소리가 들렸다가 희미해지는 것, 소리 사이의 고요함을 알아차린다. 하나의 소리를 골라서 집중해본다. 그 소리의 음조와 높이, 리듬을 알아차린다. 소리가 계속 똑같은지, 변화하는지도 살핀다.

3. 냄새에 주의를 기울인다. 주변에서 달콤하거나 톡 쏘는 냄새가 날 수도 있고 흙냄새가 날 수도 있다. 냄새가 신선하거나 희미하거나 강렬할 수도 있다. 바람, 땅, 꽃 등 냄새를 하나 골라서 그 냄새의 모든 것을 알아차린다.

4. 느낌에 주의를 기울인다. 공기의 온도를 알아차린다. 피부에 닿는 햇살이나 신선한 바람의 느낌에 집중한다. 공기가 빠르거나 느린지도 살펴본다. 발아래 땅의 느낌에도 주의를 기울여본다.

5. 몸 안에서 어떤 느낌이 드는지 주의를 기울여본다. 가슴과 등, 배 안쪽은 어떤 느낌인가? 이 연습을 시작했을 때보다 넓고 차분해진 느낌이 드는가? 긴장을 내려놓는 게 느껴지는 부위가 있는가?

6. 걸을 때 발의 느낌에 주의를 기울인다. 걷는 속도를 늦추고 내디디는 모든 걸음을 알아차린다. 오른발이 올라가고 앞으로 뻗어지고 아래로 내려간다. 왼발이 올라가고 앞으로 뻗어지고 아래로 내려간다.

이 연습법을 좀 더 간소화해서 한 가지 감각에만 주의를 기울여보자. 예를 들어, 보거나 듣거나 냄새를 맡거나 느껴지는 것 중에서 하나에만 집중한다. 아니면 걷는 동안 주변 환경에 초점을 맞추지 않고 모든 발걸음에만 주의를 집중할 수도 있다. 이 연습은 자연에서뿐만 아니라 언제 어디에서나 할 수 있다.

물건 마음챙김

스트레스 받은 뇌를 진정시키는 또 다른 방법은 주변 물건에 집중하는 것이다. 발표할 때나 취업 면접을 볼 때, 시험을 볼 때, 중요한 저녁 모임을 준비할 때 스트레스를 받는다면 속으로 방에 있는 물건 세 가지의 이름을 말하고 그것들의 색깔, 모양, 질감을 설명해보자. 이것은 '투쟁-도피-경직' 모드에서 '알아차리고 설명하기' 모드로 옮겨가는 빠르고 쉬운 방법이다.

집에 흥미로운 색깔과 질감, 냄새 또는 소리를 가진 물건을 놓아두는 '마음챙김 코너'를 만든다. 스트레스를 받을 때나 매일 마음챙김을 연습할 때 찾는 성역이다. '마음챙김 코너'를 찾을 때마다 몇 분 동안 그곳에 있는 물건의 감각적 특성에 주의를 기울인다. 만져보고 냄새를 맡고 가능하면 맛도 본다. 이 목적에 잘 어울리는 물건으로는 조개껍데기, 매끄러운 돌, 향초, 민트, 생라벤더나 생로즈메리, 꽃이나 잎, 레몬, 작은 유리병, 나무 구슬, 부드러운 천, 핸드크림 등이 있다. 명상 종 또는 티베트의 노래하는 그릇 singing bowl, 작은 불상, 히말라야 소금 캔들 홀더 등 전통적인 명상 도구를 구매할 수도 있다. 주머니 사정을 제외하면 선택권은 무궁무진하다!

여기서 소개한 연습법은 마음챙김을 배우는 좋은 방법이다. 하지만 앞에서 언급했듯이 마음챙김은 하나의 수행법에 불과한 것이 아니라 마음 상태이자 삶의 방식이다. 마음챙김을 연습하면 스트레스에 강한 태도가 길러지고 그 태도를 일상생활과 통합할 수 있다. 마음챙김이 삶의 일부가 될수록 편도체가 뇌를 납치하려고 할 때 그것을 진정시킬 기회도 많아진다.

✻ 언제 어디서나 마음챙김이 가능하다

할 일은 너무 많은데 시간이 부족하거나 감정적으로 힘든 상황에 놓였을 때 우리는 스트레스를 받는다. 스트레스는 지금 이 순간에서 멀어지게 한다. 문제를 해결하거나 작업을 완료하지 않으면 앞으로 무슨 일이 일어날지에만 편도체가 집중하기 때문이다. 그러면 가장 중요한 것에 집중하지 않고 산만해지거나 멍해지는 자신을 발견할 것이다. 자동 모드로 이리저리 바쁘게 뛰어다닐 것이다. 심장이 빠르게 뛰고 호흡이 가빠지는 '투쟁-도피-경직 반응' 상태로 말이다.

다음 연습법은 엘리샤 골드스타인Elisha Goldstein 박사의 방법을 응용한 것이다(Goldstein, 2010). 이 방법을 사용하면 잠에서 깨는 순간부터 잠자리에 들 때까지 좀 더 의식적이게 될 수 있다. 계속 뇌의 관심을 현재로 돌려서 편도체가 당신의 평온함과 세상과의 연결감을 빼앗아 가지 못하게 한다.

연습: 마음챙김을 일상으로 만들기

아침에 눈을 떴을 때 침대에서 곧바로 일어나지 말고 아래 설명하는 것처럼 '멈추기Stop'를 한다. 마음챙김 상태로 하루를 시작하는 데 도움이 될 것이다. 하루를 보내면서 스트레스가 슬금슬금 다가오기 시작할 때마다 이 방법을 실행에 옮겨 중심을 잡는다.

1. 멈추기: 하던 일을 멈추고 현재에 주의를 집중한다.

2. 숨쉬기: 심호흡을 몇 번 하면서 '투쟁-도피-경직' 반응의 속도를 늦춘다.

3. 관찰하기: 지금 느끼고 생각하는 것을 알아차린다. 몸에서 무슨 일이 일어나고 있는가? 알아차린 몸의 감각을 설명해본다(목이 칼칼하다거나 어깨가 뻣뻣하다거나). 이 감정을 표현할 수 있는 단어가 있는가?('화가 난다' 또는 '무섭다' 등) 감정과 함께 지금 이 순간에 머무르면서 호흡과 함께 '감정을 들이마시려고' 해보라. 이 감정 때문에 뻣뻣하거나 뻐근함이 느껴지는 부위가 있다면 그곳으로 숨을 보내보자.

4. 계속하기: 현재에 머무르면서 지금 이 순간을 알아차렸을 때 해야 할 일을 의도적으로 시작해보라. 하던 일을 계속하되 좀 더 신중한 태도로 하고 싶어질 것이다.

다음은 마음챙김을 일상에서 실천할 수 있도록 아침에 일어나 하루 일과를 시작하면서부터 활용하는 방법이다.

- 아침 일과를 관찰하면서 당신의 마음이 이미 직장이나 학교에 있고 그날의 과제나 도전에 어떻게 대처해야 할지 고민하거나 계획하고 있지 않은지 살펴본다. 편도체가 생각을 가로챈 것을 알아차릴 때마다 다시 지금 이 순간으로 주의를 돌린다. 샤워할 때는 물의 흐름이나 온도, 소리, 거품, 비누 냄새를 알아차린다. 모닝커피를 마실 때는 커피콩의 냄새, 컵의 따뜻함, 첫 모금의 맛을 알아차린다. 아침을 먹으면서 천천히 음식의 생김새와 냄새, 맛, 씹고 삼키는 느낌에 주의를 기울인다.

- 가족이나 반려동물에게 아침 인사를 할 때도 의식적으로 한다. 속도를 늦추고 그들이 하는 말과 비언어적 표현에 집중한다. 그들을 사랑하는 당신의 감정에 집중하라. 집을 나설 때도 서두르지 말고 의식적으로 인사한다.

- 목적지로 가는 길에 당신의 마음이 향하는 곳을 알아차린다. 평소보다 일찍 출발해 좀 더 천천히 걷거나 운전한다. 평소에는 방해 또는 장애물로 인식했던 것들을(예: 빨간불, 길 막힘) 마음챙김을 상기해주는 신호로 받아들이자. 빨간불이나 길 막힘에 화가 나거나 조급해지면 주의를 호흡으로 돌리거나 자동차, 지나가는 사람들, 나무, 하늘 등 주변에 보이는 것들에 집중한다.

직장이나 학교에 가거나 아이들을 학교에 내려주거나 볼일을 처리할 때 몸에서 긴장이 느껴지는 곳이 있는지 주의를 기울인다. 속도를 늦추고 호흡과 주변에 보이는 것들, 걸을 때 발에 닿는 느낌에 집중함으로써 다시 현재로 돌아가라. 몸에서 긴장감이 느껴지거나 부정적인 감정이 솟아나는 것이 감지되면 '멈추기'를 한다.

- 핸드폰이나 이메일, 소셜 미디어를 확인하기 전에 '멈추기'를 한다. 가장 중요한 것에 소홀해지지 않도록 이런 일들에 시간 제한을 설정해둔다.

- 하루를 보내는 동안 계속 멈추기 또는 호흡 인식법을 사용한다. 근육이 뻣뻣하거나 호흡이 얕거나 마음이 방황하고 있는지 알아차린다. 무의식적으로 반응하거나 멍한 상태인지, 맑은 정신으로 집중하는 상태인지 알아차린다. 몇 분간 몸을 움직이거나 스트레칭이나 마음챙김 호흡을 하거나 신선한 공기를 마시면서 집중력을 가다듬는다.

마음챙김은 꾸준한 연습을 통해 익히는 기술이다. 스트레스 요인과 편도체가 주도하는 반응성에서 벗어나 관점을 바꾼다는 뜻이다. 마음챙김은 당신의 마음과 몸이 평화롭게 쉬고 스트레스 속에서도 그 순간을 즐길 수 있게 해준다. 스트레스를 받더라도 몸과 마음이 전부 휩쓸리고 사랑하는 사람들과 멀어지고 할 일을 끝내지 못하고 건강을 돌보지 않는 등 삶에 충실하지 못하는 일이 없도록 한다. 그러나 마음챙김은 태도의 변화 그 이상이다. 다음에서 살펴보겠지만 규칙적으로 마음챙김을 연습하고 의식적인 태도로 삶을 살아가면 실제로 뇌의 구조가 바뀔 수 있다.

○ 마음챙김은 어떻게 편도체를 진정시킬까?

연구자들은 약 25년 전부터 뇌를 실시간으로 스캔하는 기능적 자기 공명 영상(fMRI)을 비롯한 첨단 기술을 이용해 뇌와 신체에 미치는 마음챙김의 영향을 연구해왔다. 그들은 우울증과 불안, 생리적 반응, 혈압, 면역력에 대한 마음챙김의 효과를 측정했다. 현재 마음챙김이 몸과 뇌의 스트레스 반응을 줄여주는 효과가 있다는 광범위한 증거가 있다. 이는 편도체가 당신을 경로 이탈하게 만드는 힘을 일부 제거함으로써 가능하다. 마음챙김 기반의 개입은 기분 전환, 불안 감소, 스트레스에 대한 대처 능력 향상, 감정 조절 강화, 스트레스 요인에 대한 (땀분비나 빠른 심장박동 같은) 생리적 반응을 약화하는 효과가 있는 것으로 확인되었다. 20개의 마음챙김 연구 결과를 종합한 메타 분석은 이런 결론에 도달했다.

"서로 크게 다른 표본 유형에서 일관되고 상대적으로 강력한 수준의 효과가 나타난다는 것은 마음챙김 훈련이 심각한 장애나 스트레스 같은 특수 조건뿐만 아니라 일상생활의 고통과 장애를 대처하는 능력도 개선해줄 수 있음을 나타낸다."(Grossman 외, 2003)

이 메타 분석은 마음챙김 훈련이(암, 만성 통증, 심장질환 등) 다양한 신체적 질병과 정신 건강 질환이 있는 사람들에게 장애를 줄이고 기분과 삶의 질을 개선해주는 효과가 있음을 보여주었다. 마음챙김 개입은 건강한 사람들의 불안, 우울증, 스트레스를 줄여주는 효과도 확실히 있는 것으로 확인되었다(Chiesa, Serretti, 2009; Khoury 외, 2013).

연구에 따르면 마음챙김 훈련을 통해 편도체가 스트레스 요인에 덜 반응하도록 만들 수 있다. 취리히 대학병원 연구진은 피실험자들이 특별히 감정을 일으키도록 설계된 사진을 볼 때 마음챙김 훈련이 뇌에 영향을 미칠 수 있는지를 연구(Lutz 외, 2014)했다. 한 집단은 마음챙김 훈련을 받았고 다른 집단(대조군)은 받지 않았다. 연구진은 두 집단이 사진을 볼 때 그들의 뇌를 스캔했다. 피실험자들에게 다음 사진이 긍정적인지, 부정적인지, 중립적인지 또는 알 수 없는지에 대한 단서가 주어졌다(즉 긍정적이거나 부정적일 확률이 50:50이었다). 마음챙김 집단은 다음에 불쾌하거나 알 수 없는 사진이 나올 것이라는 단서를 받을 때 마음챙김 기술을 사용하도록 지시받았다(예를 들어, 판단 없이 자신의 반응을 알아차리는 것). 뇌 스캔 결과, 마음챙김 집단은 부정적이거나 모르는 사진을 예상했을 때 편도체나 부정적인 감정에 관여하는 뇌 영역의 활동이 대조군보다 적게 나타났다.

몇 주 또는 몇 달 동안 반복적으로 마음챙김을 연습하면 편도체의 구조가 바뀔 수도 있다. 하버드 의대 연구진의 연구(Hölzel 외. 2011)에서 8주 마음챙김 프로그램은 스트레스와 불안 감소뿐만 아니라 뇌의 변화로까지 이어졌다. 편도체의 신경세포와 신경 연결의 양은 줄어든 반면, 해마에서는 오히려 증가했다. 대조군에서는 이 두 가지 뇌의 변화가 발견되지 않았다.

과학자들은 20개 이상의 연구를 분석한 결과(Fox 외, 2014), 마음챙김이 자기조절, 기억력, 집중력, 동기부여, 연민, 회복탄력성과 관련 있는 적어도 8개의 뇌 영역에 영향을 미친다는 사실을 확인했다. 특히 마음챙김은 코르티솔 수용체가 많아서 만성 스트레스로 인해 손상될 수 있는 해마를 강화할 수 있다. 해마는 스트레스가 많은 기억을 정신적으로 처리하고 정리하여 나중에 스트레스가 덜 유발되도록 도와준다. 이는 마음챙김이 뇌의 스트레스에 대한 회복탄력성을 높일 수 있음을 뜻한다.

이는 무척 흥미로운 연구 결과다. 편도체를 진정시키고 마음챙김으로 해마를 강화하기 위해 수도원이나 산꼭대기에서 살 필요가 없다는 증거이기 때문이다. 언제 어디서든 꾸준히 마음챙김을 연습하면 편도체가 부정적인 사건이나 환경의 불확실성에 덜 민감하게 반응하고, 해마가 스트레스 사건을 더 효과적으로 처리하게 된다.

스트레스 상황에서는 감정을 억누르는 것이 전혀 도움 되지 않는다. 의도와 달리 역효과가 나타날 수 있다. 감정을 억누를 때 필요한 의지와 에너지를 스트레스 요인을 관리하는 데 사용하는 것이 낫다.

감정은 당신의 반응에 대한 귀중한 정보를 포함한다. 자신을 보호하기 위한 행동을 취하고 에너지를 아끼고 경험에서 배움을 얻도록 도와줄 수도 있다. 감정을 일기로 표현하면 그것을 일으킨 사건과 상황에 대한 당신의 생각을 연결해줄 수 있다. 그러면 좀 더 차분함을 느낄 수 있다. 또한 스트레스 요인을 더 효과적으로 관리하게 해주는 새로운 통찰이나 대처 전략이 생길 수도 있다.

4장

감정에 휘둘리지 말고
마주하라

스트레스를 받으면 편도체가 '투쟁-도피-경직' 모드를 작동시켜 두려움, 공포, 분노를 느끼게 된다. 이런 감정은 불편하고 다루기가 어렵다. 당신은 균형과 중심을 잃을 수도 있다. 움직일 수 없거나 집중하기 어렵고 제때 결정을 못 내릴 수도 있다. 실질적인 진전이 없는데도 그저 성급하게 움직이려고 할 수도 있다. 파트너나 아이들, 반려동물에게 화풀이할지도 모른다. 상황을 통제하지 못하는 자신에게 화를 내고 비난할 수도 있다. 스트레스 관련 감정은 불편할 수 있지만 당신의 목표에 대한 중요한 정보나 꼭 주의해야 하는 것들이 담겨 있다. 이 장에서는 스트레스 관련 감정을 받아들이고 편도체를 진정시킴으로써 감정에 휘둘리지 않고 스트레스 요인을 관리하는 방법을 배운다.

⦿ 감정은 억누른다고 사라지지 않는다

학교에서 감정을 어떻게 다뤄야 하는지는 가르쳐주지 않는다(그런 과목이 꼭 필요하다!). 우리는 부모나 형제자매, 또래들을 본보기로 삼아 최선을 다한다. 어렸을 때부터 부정적인 감정은(아마도 분노는 제외하고) 드러내거나 표현하거나 느끼지도 말고 '강해지라고' 배운 사람이 많다. 그래서 감정이 느껴지면 알아차리거나 행동에 미치는 영향을 의식하지 않은 채 곧바로 억눌러 의식에서 사라지게 한다. 상황에 대한 정보가 턱없이 부족한데도 즉시 문제를 바로잡으려고 할지도 모른다. 감정을 무시하면 스트레스를 다루지 않고 그냥 받아들인 뒤 나중에 후회할 수도 있다.

감정은 억누른다고 사라지는 것이 아니다. 감정은 결국 다시 나타나기 마련이고 보통은 더 강해져서 처음보다 관리하기가 더 어려워진다. 편도체는 부정적이거나 감정적으로 중요한 결과를 가져올 수 있는 상황에 경보를 울려서 일깨워주도록 만들어졌다. 당신이 귀 기울일 때까지 계속 경보를 울릴 것이다! 많은 내담자가 감정을 느끼는 것이 무섭다고 말한다. 감정이 '멈추지 않거나' 자기 통제력을 잃게 할까 봐. 하지만 대부분 이런 두려움은 근거가 없다. 감정은 스쳐 지나가는 정신적·신체적 사건이다. 억누르거나 완전히 휩쓸리지 않고 그저 알아차리기만 하면 지나간다.

하지만 어떻게 감정을 자신과 동일시하지 않고 느낄 수 있을까? 마음챙김 기반 연습은 매우 유연하게 감정으로 주의를 집중하거나 멀어지게 하는 방법을 가르쳐준다. 닻을 내려 중심이 잘 잡힌 자신의 모습을 상상하는 것도 강한 부정적인 감정을 이겨내거나 패닉 상태를 진정시키는 데 도움이 된다. 스트레스 경험에 대한 일기를 쓰면 당신이 느끼는 감정에 목소리를 더해 일정한 구조 안에서 감정을 통제할 수 있다. 이 원칙에 기초한 전략들을 한번 살펴보자.

⚫ 편도체를 진정시키는 그라운딩 기법

그라운딩Grounding 기법은 주변 환경과 이어져 있다는 사실을 확인하고 안정감을 느끼기 위해서 할 수 있는 일을 말한다. 현재 경험에서 위협적이지 않은 측면으로 주의를 옮기는 것이다. 예를 들어 의도적으로 몸을 움직이거나 신체의 위치에 집중한다. 촉각, 미각, 후각 또는 소리에 주의를 기울이거나 논리적인 사고를 하거나 자기표현을 도와주는 활동을 한다. 다른 전략으로는 내 뿌리가 땅에 단단하게 박혀 있거나 닻이 내려진 이미지를 생각해보는 것이 있다. 그라운딩은 '투쟁-도피-경직' 모드에서 벗어나 편도체가 진정할 시간을 준다. 이 기법은 마음챙김이 어려울 때 활용하면 좋다.

그라운딩 기법에는 또 다른 이점이 있다. 부정적인 감정에는 주로 우뇌와 관련이 있다. 몸을 움직이거나 언어적·논리적·조직적 작업을 수행해 의도적으로 좌뇌를 개입시킨다. 우리는 뇌 전체를 사용해야 가장 잘 생각할 수 있다. 뇌의 한 부분만 사용하면 상황이나 감정에 대한 핵심 정보를 놓칠 수 있다.

연습: 스트레스 받을 때 사용하는 그라운딩 기법

다음 그라운딩 기법은 스트레스에 압도당할 때 안정감을 주고
몸과 마음을 사로잡은 '투쟁-도피-경직' 모드에서 벗어나게 해준다.
실험을 통해 자신에게 가장 효과적인 방법을 찾는다. 계속 연습하면
더 효과적이고 수월해진다. 스트레스의 감정과 압도당하는 느낌을
그라운딩이 필요하다는 신호라고 생각하자. 머지않아 마음이 차분해지고
'지금 이 순간에 머무르기'가 쉬워져 힘든 감정도 받아들일 수 있게 된다.

- 척추에서 아래쪽으로 자라는 황금색 줄(또는 빛줄기)이 있다고 상상해보자. 바닥을 지나 땅을 뚫고 지구의 중심까지 이어져 있다. 그 줄이 커다란 닻으로 지구의 중심과 연결된 모습을 상상한다. 당신이 숨을 들이마시거나 내쉴 때 그 숨이 당신과 지구를 연결하는 줄을 타고 올라갔다 내려갔다 하는 모습을 떠올린다.

- 신발을 벗고 방 안을 천천히 걷는다. 한 걸음 내디딜 때마다 발과 카펫이 닿아 연결되는 것을 느낀다. 발가락과 발바닥, 발뒤꿈치가 카펫과 연결되는 것을 느낀다.

- 자신이 큰 나무라고 상상하라. 두 팔을 위로 뻗고 나뭇가지와 나뭇잎을 상상한다. 발을 바닥에 밀착하고 뿌리가 자라는 상상을 한다.

- 두 발로 서서 몸을 좌우로 흔든다. 흔들면서 발가락, 발바닥, 발 가운데, 옆쪽, 발등, 발뒤꿈치, 발목, 종아리, 아랫다리, 윗다리로 주의를 옮긴다.

- 방에 있는 세 가지 물건의 감각적인 특징을 묘사한다(색깔, 모양, 질감, 크기, 냄새 등).

- 몸을 흔든다. 발가락을 꼼지락거리는 것으로 시작해 그다음에는 발목, 아랫다리, 윗다리로 옮겨간다. 팔, 손, 손가락도 똑같이 한다.

- 숫자 4까지 세면서 숨을 들이마시고 다시 4까지 셀 동안 숨을 참고 4까지 세면서 숨을 내쉬고 4까지 셀 동안 멈춘다. 매번 천천히 호흡하려고 해본다. 숨을 들이마실 때는 배를 앞으로 내밀고 숨을 내쉴 때는 배를 안으로 밀어 넣는다.

- 자연과 가까운 평화로운 장소에 있다고 상상한다. 해변, 숲, 등산로, 공원이나 정원에 있는 상상을 한다.

- 천천히 차를 마신다. 먼저 찻잔의 따뜻함을 느끼고 그다음에는 향을 맡아본다. 차의 색깔과 질감에 주의를 기울인다. 한 모금 마시고 입 안에서 빙글빙글 돌려본다. 그다음에 천천히 삼킨다. 차의 맛과 목구멍을 타고 내려가는 느낌에 주목한다.
- 라벤더 냄새를 맡거나 페퍼민트를 씹는다.
- 패턴(만다라, 꽃, 추상미술)을 그리거나 칠한다. (서점에서 판매하는 어른들을 위한 컬러링 북을 이용해도 된다.)
- 동물을 쓰다듬거나 껴안거나 강아지나 고양이를 무릎에 올려놓는다. 동물의 얼굴을 보고 호흡에 주의를 기울이고 온기를 느껴본다.
- 간단한 정리 과제를 수행한다.
- 따뜻한 물로 목욕 혹은 샤워를 하거나 담요를 껴안거나 따뜻한 양말을 신는다.
- 마음을 차분하게 해주는 음악을 듣거나 시를 읽는다.
- 목 아래에 얼음 팩을 놓아두거나 이마에 차가운 천을 올려놓는다.
- 조각 그림 맞추기를 한다.
- 동네 또는 자연과 가까운 곳으로 산책하러 간다.
- 맨발로 해변이나 잔디밭을 걷는다.

그라운딩 기법으로 일단 마음이 차분해지면 스트레스 상황과 그로 인한 자신의 감정을 객관적으로 바라볼 수 있다. 중립적이거나 위안이 되는 것에 집중하면 스트레스 관련 감정을 다루는 데 도움이 된다는 사실을 깨달았을 것이다. 정신적인 이미지나 감각을 이용해 자신을 진정시키면 뇌와 몸이 이완되고 견고하게 자리 잡은 느낌이 든다. 그라운딩 기법은 편도체에 지금 이 순간 내가 안전하다는 신호를 보내 편도체의 '투쟁-도피-경직' 반응에 브레이크를 건다. 교감신경계가 비활성화되거나 경직 반응이 약해진다. 부교감신경계가 당신을 이완시키면서 호흡이 길어지고 심장박동은 느려진다.

🌸 스트레스 감정을 허용하고 받아들이기

그라운딩 기법은 스트레스에 압도당했을 때 안전감과 정상감을 되찾아준다. 감정 자체가 아니라 감각과 상상, 또는 논리적인 마음에 중점을 둔다. 그라운딩과 마음챙김 모두 연구자 제임스 그로스 James Gross가 '주의 할당 전략'이라고 부르는 것이다(Gross, Thompson, 2007). 이 기술들은 강한 감정을 느낄 때 의도적으로 주의의 초점을 바꿈으로써 감정에 휘말리지 않게 해준다.

다음에 살펴볼 전략은 약간 다른 방식으로 감정에 접근한다. 감정을 받아들여 부드럽고 느리게 만들어서 뇌의 나머지 부분, 특히 전전두피질이 끼어들 시간을 벌어준다. 편도체가 중뇌에 위치하기 때문에 스트레스 요인을 감지하는 순간 전전두피질이 그 정보를 처리하기도 전에 몸을 '투쟁-도피-경직' 모드로 보낸다는 사실을 기억하자. 하지만 속도가 좀 느려지면 스트레스로 인한 두려움이나 분노가 순식간에 충동적인 행동을 촉발하거나 마음과 몸을 공포로 가득 채울 가능성이 줄어든다.

스트레스 감정을 허용하고 받아들이는 것은 주의 깊은 알아차림과 탐구심, 호기심, 자기 연민이 합쳐져야 하는 과정이다. 감정을 허용하려면 감정에 대한 저항을 인식하고 서서히 내려놓는 일이 필요하다. 그리고 감정을 받아들인다는 것은 밀어내거나 바꾸려고 하지 않는다는 뜻이다. 감정을 알아차리고 설명하는 동안 감정에 자동으로 반응하는 것이 아니라 있는 그대로 존재하도록 내버려 두는 것이다. 수용의 또 다른 말은 '기꺼이 하고자 함'이다. 감정을 받아들인다는 것은 아무리 불편하거나 원하지 않는 감정이라도 있는 그대로 느낀다는 의미다. 당신은 지금 이 순간과 그에 따르는 모든 것을 기꺼이 받아들이는가? 세계적으로 유명한 영적 스승 에크하르트 톨레 Eckhart Tolle 는 이렇게 말했다(2004).

"받아들임은 행동이다. 지금 이 순간이 무엇을 포함하든 마치 당신이 선택한 것처럼 받아들여라. 반대편에 서지 말고 한편에 서라. 그것을 적이 아니라 친구와 조력자로 만들어라. 그러면 기적적으로 당신의 삶 전체가 바뀔 것이다."

당신은 이렇게 물을지도 모른다.

"왜 두려움이나 분노 같은 부정적인 감정을 받아들여야 하나요?"

왜 불편해져야 하지? 충동적으로 행동하게 만들고 부정적인 결과를 불러오는 감정을 왜 받아들여야 하지? 스트레스를 받으면 편도체가 부정적인 감정의 쓰나미를 일으키고 이는 나중에 후회할 일을 만들기도 한다. 상사에게 소리를 지르거나 홧김에 쓴 이메일이나 문자 메시지의 '보내기' 버튼을 누르거나. 만약 이런 감정을 받아들였다가 도저히 멈추지 않아서 공포와 고통 속에서 쓰러지면 어떡할 것인가?

이러한 질문에 대한 답은 간단하다. 받아들이든 말든 감정은 존재한다. 스트레스 상황은 뇌의 나머지 부분이 무슨 일이 일어나는지 모르는 상태에서 편도체가 화학적인 연쇄작용을 일으키게 한다. 뇌 연구자들은 감정에서 논리적인 영역으로 이어지는 뇌의 신경 연결이 그 반대보다 더 많다는 것을 발견했다. 감정은 일차적이고 생각은 이차적이다. 감정은 진화로 인해 뇌와 연결되어 있으며 이렇게 미리 배선된 회로는 쉽게 바꿀 수가 없다.

둘째, 감정을 허용하는 것은 감정이 고정된 실체가 아니라 계속 변화하는 경험의 한 측면임을 알려준다. 감정은 영원히 지속되는 것이 아니라 커지고 정점에 도달하고 점차 가라앉는다. 스트레스 감정을 기꺼이 경험하면 감정에 익숙해지고 경로를 알 수 있다. 그러면 뇌는 그것이 덜 위험하거나 덜 무섭고 더 다루기 쉽고 일시적이라고 인식한다. 감정에 대한 회피가 줄어들기 시작하므로 공포와 분노 반응의 하강 소용돌이에 빠질 일도 줄어든다.

감정을 받아들여야 하는 세 번째 이유는 감정과 자신의 부정적인 판단을 분리하는 법을 배울 수 있기 때문이다. '투쟁-도피-경직' 모드와 관련된 감정이 꼭 패닉 상태를 일으키는 것은 아니다. 감정에 대한 당신의 판단이 원인일 수 있다. 편도체가 활성화되어 아드레날린이 치솟으면 부정적인 판단과 회피 반응이 나올 수 있다. 만약 "이 감정을 정말 못 견디겠어!", "진정이 안 돼. 미칠 것 같아", "감당할 수 없어. 제대로 생각할 수가 없어. 난 완전히 무력해!"라고 생각한다면 감정을 견디기가 힘들 수밖에 없다.

당신이 감정을 허용하고 받아들여야 하는 네 번째 이유는 감정을 억압하는 것이 스트레스가 심한 상황에서 거의 효과가 없기 때문이다. 스트레스를 심하게 받을 때 스트레스와 관련된 감정을 밀어내거나 억누르려고 하면 오히려 스트레스를 관리하는 데 방해가 된다. 기분이 더 나빠지고 스트레스 반응의 강도가 높아진다.

이 분야의 고전적인 연구에서 연구진은 첫 번째 그룹의 참가자들에게 인생의 부정적인 사건을 이야기하면서 속상한 기분을 느끼지 않도록 노력하라고 요청했다. 두 번째 그룹(대조군)에게는 감정을 억제하지 않고 사건을 이야기하게 했다. 그다음에 연구진은 참가자들에게 그 사건에 대해 이야기하면서 아홉 자리 숫자를 기억하라는 스트레스 요인을 추가했다. 이런 심리적 스트레스의 조건에서 실제로 감정 억압은 참가자들이 묘사한 부정적인 사건에 대한 부정적인 감정의 양을 증가시켰다. 복잡한 문제나 어려운 상황을 다룰 때 감정을 억제하면 뇌에 과부하가 생겨 오히려 역효과가 나타난다(Wegner, Erber, Zanakos 1993).

다른 연구에서 케이스웨스턴리저브 대학교의 심리학 교수 로이 바우마이스터Roy Baumeister가 이끄는 연구진은(1998) 감정을 자극하는 영화를 볼 때 피실험자들에게 의도적으로 감정을 억누르게 한 결과, 나중에 자기통제가 요구되는 작업을 수행할 때 좋지 않은 결과로 이어지는 것을 발견했다. 또한 더 수동적으로 행동했다. 연구진은 자기통제를 과도하게 사용하여 고갈된 듯하다고 설명했다. 자연스럽게 발생하는 감정을 억누르는 정신적인 노력이 스트레스 상황에 대처하는 데 쓰일 에너지와 의지를 빼앗은 것이다. 만성적으로 감정을 억누르면 진정성이 없고 가식적으로 느껴져서 다른 사람들을 불편하게 만들므로 인간관계에도 피해를 줄 수 있다.

술, 담배, 마약, 과식, 쇼핑이나 섹스 같은 중독 행위의 다수가 본질적으로 스트레스와 관련된 불편한 감정을 느끼지 않으려는 시도에서 비롯된다. 예를 들어, 폭식증이 있는 사람들은 섭식 장애가 없는 사람들보다 감정에 대한 인식이 약하다. 감정을 회피하면 약물중독에서 회복하는 데 방해가 된다. 두려움, 슬픔, 분노를 받아들이는 법을 배우면 그런 감정이 느껴질 때 무감각해지려고 애쓰지 않아도 될 것이다. 감정에 어떻게 반응할 것인지 선택의 폭이 넓어지고 건강한 선택을 할 가능성이 커진다.

스트레스 상황에서 불편한 감정을 주의 깊게 받아들이면 침착해지고 현재에 머무를 수 있어서 도망치거나 무감각해지고 싶은 욕구가 줄어든다. 진정성이 느껴지고 중심이 잡힌 느낌이 들고 긍정적인 감정과 부정적인 감정의 전체 스펙트럼을 볼 수 있다. 그러면 스트레스 상황에 대처하는 것과 관련된 목표에 모든 에너지를 쓸 수 있게 된다. 하지만 불편한 감정을 거부하면 수동적이고 회피적이 된다. 합리적인 위험을 감수하거나 불편함을 참지 않으려 하고 안 좋은 감정이 느껴질 수도 있는 일은 아예 피하려고 한다는 뜻이다. 감정을 제대로 고려하지 않아서 효과적이지 못한 결정을 내릴 수도 있다. 생각과 감정을 모두 지침으로 삼으면 실직, 외로움, 해로운 관계 끊기 같은 스트레스 요인에 더 효과적으로 대처할 수 있다.

⚬ 감정의 기능적 측면

진화론자들은 모든 감정이 우리 조상들에게 기능적인 측면이 있었다고 믿는다. 우리의 뇌가 감정을 느끼도록 체화된 것도 그런 이유에서라고 말이다. 두려움은 위협을 경고하고 도망칠 수 있는 에너지와 충동을 제공한다. 분노는 신체적·정신적 경계를 보호하고 자신을 방어하는 데 도움이 된다. 수치심과 후회는 다른 선택을 하거나 부정적인 패턴을 반복하지 않도록 동기를 부여하고 격려한다. 슬픔은 애도를 위한 에너지를 보존해준다. 스트레스를 받으면 전부는 아니더라도 이러한 감정의 대부분을 경험하게 되는데, 제거해야 하는 위협이 아니라 뇌가 (때로는 잘못된 판단이기도 하지만) 당신을 안전하게 보호하려는 시도라고 생각하는 게 좋다. 우리 조상들은 싸우거나 도망쳐서 덤불 뒤의 호랑이에 더 빨리 반응하는 사람이 살아남아 자손들에게 그 이야기를 전해줄 가능성이 더 컸다. 야생동물과 기근이 스트레스의 주원인이었던 세상에서 편도체가 활성화되는 것은 진화적 우위를 차지하게 해주었다. 시간이 지나면서 '투쟁-도피-경직' 모드는 인간의 뇌에 스트레스 환경에 대한 자동 반응으로 저장되었다.

그런데 편도체가 우리를 보호하기 위해 존재한다면 무조건 편도체가 보내는 경고 메시지를 듣고 충동적으로 행동하면 되는 것 아닐까? 극단적인 상황에서는 효과적일지 모른다. 즉, 한밤중 어두운 골목에서 누군가가 따라올 때나 숲에서 갑자기 방울뱀을 만났을 때처럼 말이다. 그러나 그 밖의 상황에서는 맹목적으로 편도체를 따르면 장기적인 목표에서 멀어질 수 있다. 문제는 편도체가 점진적인 방식이 아닌 '켜짐'과 '꺼짐' 스위치가 있다는 것이다. 그래서 편도체는 '전부 아니면 무無' 방식으로 반응한다. 하지만 현대인이 받는 스트레스는 매우 복잡하다. 외로움, 실업, 생활고, 어려운 협상 같은 스트레스 요인과 마주했을 때 달아나거나, 싸우거나, 얼어붙는 것은 도움이 되지 않는다. 그러나 충동적으로 행동하거나 밀어내지 않고 감정을 받아들이면 주의해야 할 위협이나 중요한 요소를 경고해줄 수 있다.

1. 조용한 곳에 앉아서 호흡을 가다듬는다. 몸 안에서 호흡의 움직임을 따라가면서 몇 번 숨을 들이마시고 내쉰다. 이제 현재 마주한 스트레스 상황에 대해 생각해본다. 그 상황의 가장 최악이거나 가장 중요한 측면을 나타내는 이미지를 떠올린다. 예를 들어, 미납된 청구서 더미나 분노한 상사의 얼굴을 떠올린다. 그 이미지가 선명해질 때까지 집중한다. 이제 그 이미지가 몸에 어떤 느낌을 주는지 주의를 기울여본다.

2. 불편하거나 당기거나 따끔거리는 곳이 있는지 몸에 집중한다. 머리, 목, 어깨, 가슴, 명치, 배, 발, 기타 부위에서 그런 감각들이 느껴질 수 있다. 불안이나 공포가 느껴지거나 '속도가 빨라지는' 느낌(심장이 빠르게 뛰거나 호흡이 얕아지는 등)이 있는지 살펴본다. 이것은 편도체가 교감신경계를 '투쟁-도피-경직' 모드로 보냈다는 신호이다. 이제 이 감각들에 이름을 붙인다. 예를 들어, '가슴이 답답하다'거나 '뱃속이 울렁거린다'라고 속으로(또는 소리 내어) 말한다.

3. 이제 신체 감각에 감정을 연결한다. 당신이 느끼는 것은 두려움, 분노, 슬픔, 죄책감, 수치심인가? 아니면 몇 가지가 섞인 감정인가? 예를 들어, 속으로(또는 소리 내어) '나는 두려움을 느끼고 있다' 또는 '나는 화가 났다'라고 말한다. 동시에 이 감정에 대한 혐오나 저항이 있는지 살펴본다. '이 감정을 참을 수가 없다' 또는 '왜 그냥 이겨내지 못하는 거야?' 등 당신이 이 감정에 연결한 부정적인 이름표나 판단이 있는지 알아차린다. 이런 판단이 존재한다는 것을 인정한 후에는 무게를 살짝 덜어보고 몸의 감각에 다시 주의를 가져간다. 감정 자체와 감정에 대한 저항의 차이에 주의를 기울인 뒤 자신에게 말한다.
"이런 감정을 느껴도 괜찮아."

4. 다시 몸 안의 감정에 집중하고 그 감정이 변했거나 그대로인지 살펴본다. 이 연습을 시작한 후 강도에 변화가 생겼는가? 잠시 감정을 더 느끼고 천천히 주변 환경으로 주의를 돌린다. 스트레스 상황이 다르게 보이는가?

감정을 허용하는 것은 마음챙김 연습이다. 열린 마음과 호기심 어린 태도로 감정에 주의를 집중한다는 점에서 그렇다. 또한 감정 그 자체와 그것에 대한 회피나 판단이 엄연히 별개라는 사실을 알아차리고 판단의 무게를 덜려고 한다. 일주일 동안 이 연습을 여러 번 하면 일상의 스트레스 관련 감정과 그에 따르는 신체의 감각에 더 익숙해지고 편안해질 것이다. 마음챙김의 태도는 속도를 늦추고 안정감을 가져와 충동적으로 행동하거나 패닉 상태에 빠지지 않도록 도와준다.

감정을 허용하면 당신이 스트레스 상황을 알아차리고 이해하고 묘사하도록 도와준다. 만약 감정이 영원히 계속되어 미쳐버릴까 봐 두렵다면 다음 연습을 통해 감정이 일시적일 뿐임을 깨달을 수 있다. 어떤 감정이든 정점에 도달한 다음에는 약해진다.

연습: 감정의 파도 서핑하기

마음챙김의 선구자 존 카밧진은 저서 《왜 마음챙김 명상인가?》(불광출판사, 2019)에서 마음챙김은 감정의 파도를 타는 것과 같다고 했다. 파도를 막을 수는 없지만 서핑하는 법을 배워 파도에 쓰러지지 않을 수는 있다.

1. 의자, 소파, 바닥에 똑바르고 편안한 자세로 앉는다. 호흡에 집중하기 시작해 들숨과 날숨을 관찰한다. 호흡 사이의 잠시 멈춤도 확인한다. 몇 차례 호흡하면서 이렇게 관찰한다.

2. 당신의 스트레스 상황에 대해 생각한다. 그 스트레스 요인의 최악 또는 가장 중요한 측면을 나타내는 이미지를 떠올린다.

3. 몸에서 무엇이 느껴지는지, 어디에서 느껴지는지 살펴보고 '분노' 또는 '슬픔' 등 감정에 이름을 붙인다. 하나 이상의 감정을 느껴도 괜찮다.

4. 감정의 강도를 중립(0)에서 극도로 강함(10)으로 평가한다. 숫자를 떠올린 후에 계속 호흡하면서 몸의 감각을 관찰한다. 그저 열리고 수용적이고 호기심 많은 태도를 보이려고 한다. 당기거나 조이는 느낌이 드는 부위가 있으면 그곳으로 호흡을 보낸다. 감정을 판단하는 생각을 알아차리면 힘을 약간 풀거나 그 감정이 떠내려는 상상을 해본다.

5. 시간이 지남에 따라 감정의 강도에 변화가 있는지 계속 관찰한다. 5분 정도에 한 번씩 강도에 주의를 기울이면서 15~20분 동안 계속한다.

감정이 점점 강렬해져서 정점에 이르고 조금씩 사라졌는가?

'감정 서핑' 기술을 익히면 힘든 감정이 느껴지거나 불편하게 하는 일을 해야 할 때 이를 사용할 수 있다. 누군가와 정면으로 부딪치거나 세금 신고서를 작성하거나 많은 사람 앞에서 발표를 하거나 소개팅을 앞두고 있거나 시험을 보거나 취업 면접을 볼 때, 몸 안에서 일어나는 감정을 느끼고 이름을 붙인다. 감정을 말로 표현하면 뇌의 우반구(공간 인식 및 전체론적 사고 담당)와 좌반구(언어와 디테일 지향적인 사고 담당)가 함께 일하게 만들 수 있다. 따라서 뇌 전체를 이용해서 스트레스 요인에 더욱 균형 잡힌 반응을 할 수 있다. 판단하거나 바꾸려 하지 않고 감정을 허용하면 감정을 더 편안하게 대할 수 있다.

● 감정을 부드럽게 달래는 법

뇌가 스트레스에 강해지면 '투쟁-도피-경직' 모드에 장악당해 균형을 잃고 현명하지 못한 행동을 하는 대신 감정을 좀 더 균형 있게 경험할 수 있다. 스트레스와 관련된 감정을 부드럽게 다루며 달래는 방법을 알며 감정이 보내는 메시지를 차분하게 들을 수 있어서 큰 도움이 된다. 당신은 스트레스 관련 감정이 마음과 몸을 압도하지 않도록 수용하는 방법도 궁금할 것이다. 다음은 정신적 이미지를 이용해 편도체의 '투쟁-도피-경직' 반응과 그것이 만들어내는 분노와 두려움 같은 감정을 진정시키는 연습이다.

연습: 몸속의 감정 부드럽게 달래기

1. 조용한 곳에 앉아서 호흡을 가다듬는다. 몸 안에서 호흡의 움직임을 따라가면서 몇 번 숨을 들이마시고 내쉰다. 스트레스 상황에 대해 생각해본다. 그 상황에서 가장 최악이거나 중요한 측면을 나타내는 이미지를 떠올린다. 예를 들어, 미납된 청구서 더미나 분노한 상사의 얼굴을 떠올린다. 그 이미지가 선명해질 때까지 집중한다.

2. 이제 그 이미지가 몸에 어떤 느낌을 주는지 주의를 기울인다. 몸에서 감각이 느껴지는 부위를 찾고 그저 알아차린다. 말로 표현해본다. '목의 덩어리', '머리의 열' 등. 그것이 어떤 감정을 전달하는가? 그 감정에 대해 생각해본다. 어떤 모습인가? 만약 색깔이 있다면 무슨 색깔일까? 크기는 큰가, 중간인가, 작은가? 무거운가, 가벼운가? 어떤 모양인가? 가장자리가 있는가? 가장자리는 매끄러운가, 들쭉날쭉한가? 촉감은 어떤가? 따뜻한가, 차가운가? 거친가, 매끄러운가? 마지막으로 감정은 정지해 있는가, 아니면 움직이는가? 만약 움직인다면, 움직임이 빠른가, 느린가?

3. 이러한 질문에 답하고 난 후 그 특징에 따라 감정을 시각화한다. 무거운 회색 덩어리, 녹색의 끈적한 물질이 가득한 웅덩이, 깨진 하트, 빛줄기 같은 이미지일 수 있다. 이렇게 정신적 이미지와 직관적인 감각을 이용해서 감정에 형태와 감각적인 특성을 부여하면 감정을 다룰 수 있게 된다.

4. 이제 이 감정을 부드럽게 만드는 방법을 찾아본다. 가장자리가 들쭉날쭉하다면 조금 다듬을 수 있을까? 감정이 무겁다면 좀 더 가볍게 무게를 덜 수 있을까? 크기가 크다면 조금만 줄일 수 있을까? 너무 빡빡하다면 공기가 통하게 만들 수 있을까? 가장자리를 부드럽게 하거나 구름처럼 부드러운 소재로 감싸는 상상을 해볼 수도 있다. 그 감정에 무엇이 필요한지 물어보고 답이 나오는지 볼 수도 있다. 감정을 부드럽게 만드는 방법을 계속 찾는 동안 감정이 어떻게 변하는지도 관찰한다. 더 이상 부드러워지지 않으면 멈추고 천천히 주변 환경으로 주의를 돌린다. 이 연습을 시작했을 때보다 몸속의 감정이 덜 치밀고 덜 강렬하고 덜 위협적으로 변한 것을 발견할지도 모른다.

다음 연습에서는 감정을 부드럽게 만드는 또 다른 방법을 배운다. 자연 이미지를 사용해 감정을 움직이고 흘러가는 물체로 생각해볼 것이다. 그렇게 하면 감정으로부터 약간의 거리가 생기면서 감정이 곧 나는 아니라는 것을 깨달을 수 있다. 마음챙김 훈련에서 자주 사용되는 것과 비슷한 이미지들을 선택했다.

연습: 자연 이미지를 사용해 감정을 외부화하기

이 연습은 상상력과 열린 호기심으로 마음챙김의 태도와
스트레스 관련 감정을 알아보는 과정이다.
가장 마음에 드는 이미지를 고르거나 모두 시도해보자.

연못: 당신의 마음이 숲 한가운데 있는 연못이라고 상상한다. 표면적으로 연못은 갈색의 흙탕물이고 나뭇가지와 잔해, 낙엽이 가득하다. 스트레스 상황에 대한 당신의 감정을 수면에서 물을 마구 휘저어 탁하게 만든 물체라고 생각해보자. 그것들이 진정되어서 물이 고요해지고 맑아져 바닥이 훤히 보이는

모습을 상상한다. 스트레스의 감정이 진정되면 마음이 평화로워지고 상황이 분명하게 보인다! (마음챙김 명상에서 연못이나 호수 이미지는 존 카밧진의 《왜 마음챙김 명상인가?》에 나오는 '호수 명상'에서 사용되었다.)

바다: 당신의 마음이 시원하고 푸른 바다이고 스트레스 감정은 파도라고 생각해보자. 파도가 일어나 점점 커지다가 하얀 거품을 내며 부서지고 그다음에는 천천히 약해지고 고요해지는 모습을 상상한다. 파도가 커졌다 작아지는 모습을 지켜본다.

하늘: 당신의 마음이 하늘이고 감정은 하늘에 흘러가는 구름이라고 상상한다. 감정의 유형과 강도에 따라 구름에 다른 특성을 부여한다. 분노의 구름은 폭풍우를 몰고 올 불길한 회색 구름, 행복의 구름은 작은 뭉게구름일 수 있다. 어떤 감정이 당신을 끌어당기고 어떤 감정을 밀어내고 싶은지 주의를 기울인다. 그 감정에 집착하게 되더라도 다른 감정이 들어올 공간이 생기도록 내려놓고 그냥 흘러가게 둔다.

폭풍우: 감정이 당신에게 쏟아지는 세찬 비바람이라고 상상한다. 굵은 빗줄기와 세찬 바람과 폭풍우가 점점 거세지고 정점에 도달했다가 점차 진정되어서 작고 가벼운 빗방울만 남게 되는 모습을 관찰한다. 원한다면 끝에서 무지개를 상상해도 된다.

불: 감정이 불이고 그것을 안전한 거리에서 지켜보고 있다고 상상한다. 불길이 점점 더 거세고 요란하게 타오르다가 서서히 약해져서 깜빡이는 불씨만 남은 모습을 떠올린다.

⚘ 감정 표현하기

스트레스 상황일 때 생기는 감정을 다루는 또 다른 방법은 감정을 표현하는 것이다. 그림을 그리거나 일기를 쓰거나 믿을 수 있는 친구나 가족에게 털어놓는 방법으로 자신의 감정을 표현할 수 있다. 텍사스 대학교 심리학 교수 제임스 페니베이커James Pennebaker는 감정 표현 분야의 선구자이다. 그는 해결되지 않았거나 진행 중인 스트레스 사건에 관한 가장 깊은 생각과 감정을 글로 적는 간단한 자기 치유 방법을 고안했다(Pennebaker, Chung, 2011). 또한 한 연구에서 피실험자들에게 '시작과 중간, 끝이 있는 서사를 쓰고' 사건에 관한 사실과 그에 따른 생각과 감정을 연결해보라고 요구했다. 피실험자들은 3~4일 동안 20~30분씩 글을 썼다.

글쓰기의 치료적 효용에 관한 이 연구는 다양한 스트레스 상황을 겪는 사람들을 대상으로 실시되었다(Frattaroli, 2006), 그 결과 사람들이 건강해지고 기분이 나아지고 긍정적인 행동을 했다. 그러나 어떤 연구에서는 이로운 효과가 발견되지 않았고 또 어떤 연구에서는 다른 이들보다 더 효과를 본 사람들도 있었다.

한 연구에서는 최근에 해고당한 기술자와 관리자들이 실직에 대해 글로 표현하자 그렇게 하지 않은 사람들보다 몇 달 후 새로운 직장을 찾는 비율이 더 높게 나타났다(Spera, Buhrfeind, Pennebaker, 1994). 연구진은 실직에 대한 부정적인 감정과 분노가 '새어 나오면' 새로운 직장을 찾으려는 긍정적인 동기부여와 취업 면접의 성과를 방해할 수 있는데, 글쓰기가 이러한 감정을 해소하는 데 도움이 되었다고 설명했다.

내가 컬럼비아 대학교 보건 및 행동학 교수 스티븐 르포어Stephen J. Lepore와 함께 대학생들을 대상으로 실시한 연구에서는(Lepore, Greenberg, 2002) 최근 연인과의 이별에 관한 생각과 감정을 글로 표현한 사람일수록 감정과 관련 없는 사건(대학 시절의 연애에 대한 태도 등)에 대한 글을 쓴 사람보다 헤어진 연인과 재회할 가능성이 높게 나타났다. 헤어진 연인과 다시 만난 사람들의 표본 숫자는 전체적으로 적었지만 감정을 표현하는 글쓰기가 그들을 재회에 좀 더 주도적으로 나서게 도와주었을지도 모른다. 그리고 이별에 대한 감정을 글로 표현한 사람들은 그 이후의 몇 주 동안 긴장과 피로, 호흡기 증상(기침, 재채기 등)이 적게 나타났다. 글쓰기를 통해 이별이 불가피하거나 최선이었다는 사실을 깨달은 덕분에 스트레스를 덜 느꼈을 수 있다.

표현적 글쓰기는 학생들이 대학 생활에 적응하고 기말시험의 스트레스에 대처하는 것을 도와주었다. 천식 환자들은 스트레스 사건에 관한 표현적 글쓰기에 참여하고 4개월 후에 폐 기능이 향상되었고, 류머티즘 관절염 환자들은 의사들로부터 더 나은 건강 등급을 받았다 (Smyth 외, 1999). 마찬가지로 암 환자들은 암의 스트레스에 대한 글을 쓴 후에 신체적 증상이 완화되었고 암 관련 문제로 의사를 방문하는 횟수도 줄어들었다(Stanton 외, 2002).

스트레스에 직면했을 때 표현적 글쓰기가 건강을 유지하는 데 도움이 되는 이유는 무엇일까? 글쓰기는 회피와 미루기를 이겨내고 감정을 정면으로 마주하게 도와줄 뿐만 아니라 스트레스 상황에서 자신이 무엇을 원하고 필요로 하는지 더 잘 이해할 수 있게 해주기 때문이다. 그러면 생각이 명료해지고 주도적으로 스트레스 요인과 관련된 목표를 세우고 추구하는 힘을 얻는다. 스트레스 상황에 관한 이야기를 쓰는 것에는 그라운딩 효과도 있을 수 있다. 쓰다 보면 편도체가 진정되어 더 효과적으로 행동할 수 있다. 그런 이야기가 새로운 통찰과 관점을 제공해 상황에 대한 고통을 줄여줄 수 있다. 20~30분 단위로 시간

제한을 두고 글을 쓰면 스트레스 요인에 대한 감정에 집중하고 외부화할 수 있다. '할 일' 목록을 작성하면 한 번에 하나의 과제를 해결하는 데 도움이 되는 것처럼, 스트레스 요인에 대해 글을 쓰면 상황에 대한 감정을 한꺼번에 전부가 아니라 '한 번에 조금씩' 마주할 수 있다.

다만 성적 학대 같은 심각한 트라우마를 경험했고 그 일에 대한 감정이 아주 강렬하거나 아예 마주하지 않으려고 회피하고 있다면 표현적 글쓰기 같은 방법보다 정신 건강 전문가와 상담하는 것이 더 좋다.

자, 글쓰기를 시도해볼 준비가 되었는가?

연습: 생각과 감정을 글로 표현하기

펜과 종이를 준비하거나 멋진 일기장을 구매한다. 방해받지 않는 조용한 곳에 앉는다. 휴대전화와 기타 전자기기의 전원을 끈다. 20~30분 동안 당신이 직면한 스트레스 사건에 관해 쓴다.

사건의 사실과 함께 그것에 대한 생각과 감정이 반드시 들어가야 한다. 시작, 중간, 끝이 분명한 이야기를 쓰려고 해본다. 맞춤법이나 글씨, 문법은 신경 쓰지 않는다. 중요한 것은 당신의 가장 깊은 생각과 감정에 관해 쓰는 것이다. (만약 글쓰기가 너무 괴롭다면 잠깐 쉬거나 멈추어도 괜찮다.) 다음 날과 그다음 날에도 똑같이 글을 쓰거나 매일 꾸준히 일기를 쓰기 시작한다.

The
Stress-Proof
Brain

통제할 수 없는 스트레스가 아닌 통제할 수 있
는 스트레스는 건강과 행복에 기여하는 바가
있다. 스트레스 상황을 극복하거나 매끄럽게
관리하면 미래의 스트레스를 다루는 능력에
대한 자신감이 생기고 스트레스를 압도적인
상황으로 인식할 가능성이 줄어든다. 스트레
스 요인 중에서 통제 가능한 측면으로 주의를
집중하거나 현재의 스트레스에서 성취감을 느
낄 수 있는 영역을 찾아야 한다. 과거에 스스
로 스트레스와 역경을 극복한 적이 있거나 상
황을 관리하는 기술을 갖추었다는 사실을 되
새기는 것도 스트레스를 통제하는 방법이다.

5장

통제감을
느낄수록 좋다

장기적인 스트레스 요인이나 일련의 스트레스 문제를 마주하면 삶에 대한 통제력을 잃은 것처럼 느껴진다. 이겨내려고 최선을 다하지만 전혀 달라지는 게 없는 것 같기도 하다. 삶에서 중요한 사건들을 통제하지 못하면 스트레스와 우울감이 악화할 수 있다. 아무것도 할 수 없는 문제는 통제 가능한 문제보다 '투쟁-도피-경직' 모드를 유발할 가능성이 크다. 다행히도 아무리 괴로운 상황이더라도 스트레스 요인에 대해 어느 정도의 통제력을 인식하는 방법이 있다. 이 장에서는 삶의 스트레스 요인에 어느 정도 통제감을 느끼는 방법을 배울 것이다. 스트레스 요인을 전부 다 통제할 수는 없지만 통제할 수 있는 부분에 집중하는 법을 배운다. 전전두피질을 이용해 스트레스 상황이나 자신의 대처 능력을 다시 평가하고 편도체에 정보를 피드백해서 진정시킨다.

통제감이 중요한 이유

인간은 통제 가능한 조건을 선호하는 경향이 강하다. 우리 조상들에게 예측 불가능성, 불확실성, 통제력의 부재는 매우 위험했다. 그들은 음식과 물을 안전하게 얻기 위해 포식자가 자거나 멀리 떨어져 있는 시기를 알아야 했다. 겨울을 지낼 충분한 식량을 저장하기 위해서는 농작물을 심고 수확하기에 가장 좋은 시기를 알아야 했다. 모든 것이 예상과 어긋나는 상황이 벌어지면 중대한 위험이 닥쳤다. 수천 년 동안 통제감을 느껴야 하는 필요성이 인간의 뇌에 체화되었다. 우리의 편도체는 통제감의 부재와 예측 불가능성을 생존에 대한 위협으로 인식하고 스트레스 반응을 일으켜 반응하도록 만들어졌다. 하지만 현대사회에서 변화와 불확실성은 피할 수 없는 현실이다. 테러, 경제 붕괴, 지진, 살인 사건이 TV 화면에 끊임없이 나오면서 편도체를 강력한 경계 태세에 돌입하게 만든다.

통제감을 못 느낄 때 스트레스를 더 많이 받는 생물체는 인간만이 아니다. 이 장에서 알게 되겠지만 설치류, 개, 원숭이 등을 대상으로 한 연구에서는 통제할 수 없는 스트레스가 많은 종이 그렇지 않은 종보다 뇌, 몸, 행동 면에서 더 안 좋다는 것이 확인되었다. 오래전 '학습된 무기력' 연구에서(Seligman, Maier, 1967) 개들은 레버를 눌러 종료할 수 있는 전기 충격(통제 가능한 충격 조건)과 개들의 행동과 별개로 시작되고 끝나는 전기 충격(통제 불가능한 충격 조건) 중 하나에 노출되었다. 두 그룹은 같은 양의 전기 충격을 받았지만 통제할 수 없는 충격에 노출된 개들이 훨씬 더 고통스러워했다. 더 큰 문제는 나중에 개들이 셔틀 박스(장애물에 의해 두 칸으로 구분된 실험 장치-옮긴이 주)에 들어갔을 때 드러났다. 그 셔틀 박스는 가운데의 허들만 넘는다면 전기 충격을 피할 수 있는 구조인데 이전에 통제 가능한 충격에 노출된 개들만 성공적으로 탈출 반응을 배웠다는 것이다. 이전에 통제할 수 없는 충격에 노출된 개들은 충격에서 벗어나는 법을 배우지 못했다. 연구자들은 통제할 수 없는 충격 상태에 놓인 개들은 그들의 행동이 불쾌한 결과를 막을 수 없다는 것을 배웠기 때문에 탈출 시도 자체를 포기했다는 이론을 세웠다. 그래서 그들은 상황 조건이 변해서 탈출이 가능해졌다는 사실을 결코 학습하지 못했다. 마틴 셀리그만 교수는 학습과 동기부여에 관한 이러한 문제들이 우울증이 있는 사람들에게서 발견된 것과 비슷하다고 확신했다. 그는 우울증이 어린 시절의 통제할 수 없는 스트레스로 초래된 '학습된 무기력'의 한 형태라고 제안했다.

설치류 연구 결과도 통제할 수 없는 스트레스가 통제할 수 있는 스트레스보다 더 많은 스트레스를 유발하고 더 해로운 후유증을 남긴다는 것을 강력하게 시사했다. 통제할 수 없는 충격에 노출된 설치류는 레버와 제어 장치를 밀어서 충격을 끝낼 기회가 주어진 설치류보다 학습의 부재가 더 크고 스트레스 관련 신경전달물질의 변화도 더 크게 나타났다(Altenor, Kay, Richter, 1977; Weiss, Stone, Harrell, 1970; Weiss 외, 1975). 또한 무작위로 충격을 받은 설치류가 예측 가능한 규칙적인 간격으로 충격을 받은 설치류보다 스트레스를 더 많이 받았고 더 해로운 영향을 보였다(Mineka, Kihlstrom, 1978). 충격이 언제 올지 알면 충격 사이에 회복할 수 있는 상대적으로 안전한 시간이 허용되었다.

통제할 수 없는 스트레스는 새롭고 흥미로운 경험을 찾으려는 자연스러운 동기부여를 방해하는 것 같다. 음식과 물, 특별 선물에 대한 접근성을 통제할 수 있는 환경에서 자란 아기 원숭이는 낯선 상황에 놓였을 때 통제할 수 없는 환경에서 자란 원숭이보다 두려움이 덜하고 더 탐구적인 행동을 보여주었다(Mineka, Gunnar, Champoux, 1986). 앞에서 살펴본 것처럼 인간도 어린 시절의 통제할 수 없는 스트레스가 편도체의 스트레스 반응을 조절하는 전전두피질의 능력에 손상을 줄 수 있다. 어린 시절에 만성적이고 통제할 수 없는 스트레스에 노출된 사람은 더 수동적이고, 새로운 생각과 행동을 시도하려는 동기도 약하다.

통제할 수 없는 스트레스를 주는 곳으로 직장이 있다. 대부분 근로자는 직무 요구와 급여, 상사가 그들을 대하는 태도, 주어진 과제, 업무를 처리해야 하는 시간 등을 통제할 수 없다. 앞서 언급했던 영국의 화이트홀 연구(Marmot 외, 1991)는 만 명 이상의 영국 공무원들을 대상으로 직업 등급, 인지된 통제감, 장기적 건강의 관계를 조사했다. 직급이 높은 사람일수록(관리자 또는 임원) 직급이 낮은 사람보다 전반적인 사망률과 심장질환의 유병률이 훨씬 낮게 나타났다. 또한 그들은 일에 대한 통제감을 더 많이 느꼈고 통제감을 느낄수록 더 건강했다. 대개 스트레스가 많은 직업은 책임감은 큰 반면 통제력은 적은 일이 대부분이다. 보통 임원들보다 프런트 데스크의 행정 보조가 스트레스를 더 많이 받는다.

연구에 따르면 스트레스 상황에 대해 어느 정도 통제감을 느끼는 방법을 찾으면 스트레스의 부정적 영향을 받을 가능성은 작아지고 더 효과적으로 대처할 가능성은 커진다(Rodinm, 1986; Thompson 외, 1993).

스트레스가 당신의 건강과 행복에 장기적으로 미치는 영향은 실제 상황만큼이나 스트레스 요인을 바라보는 태도에 달려 있다!

인지된 통제감(상황이나 일상에서 자신이 통제하고 있다고 느끼는 정도-옮긴이 주)을 찾으려는 노력은 처음에는 마음챙김과 상반된 것처럼 느껴질 수 있다. 이전 장에서 감정을 의도적으로 바꾸려고 하지 말고 있는 그대로 마주하고 받아들이라고 배웠기 때문이다. 하지만 마음챙김과 통제감 강화는 공존할 수 있다. 지금 이 순간 일어나고 있는 일을 주의 깊게 받아들이되 적극적으로 스트레스 요인을 마주하고 그것을 해결하는 신중한 행동을 취하라는 것이다. 당신이 영향력을 끼칠 수 있는 것과 그럴 수 없는 것을 구분하려는 노력도 필요하다. 마음챙김을 이용해 바꿀 수 없는 것을 받아들여라. 마음챙김은 수동적인 받아들임을 뜻하지 않는다. 통제할 수 없다는 느낌과 무력감을 악화하는 회피와 판단을 내려놓기 위해 적극적으로 노력해야 한다는 뜻이다.

⚬ 스트레스를 대하는 태도가 중요하다

스트레스를 주는 사건 자체뿐만 아니라 스트레스에 대한 태도도 기분과 건강에 영향을 준다. 사람들 앞에서 발표할 때 심장이 빠르게 뛰고 뱃속이 뒤틀리는 기분이 들면 심한 스트레스가 밀려오고 온통 부정적으로만 생각이 향하게 된다. 하지만 만약 이런 감정을 흥분의 표시로 해석한다면 스트레스가 줄어들고 발표 주제나 지식 공유에 대한 기대감으로 초점이 전환될 것이다.

셸던 코헨Sheldon Cohen 박사가 이끄는 카네기멜론 대학교 연구진이 개발한 지각된 스트레스 척도perceived stress scale, PSS(Cohen, Kamarck, Mermelstein, 1983)는 자신의 상황에 대해 통제 불가능하고 압도당한다고 느끼는 정도를 측정하는 도구이다. 이 도구는 "최근 1개월 동안 당신이 꼭 해야 하는 일들을 처리할 수 없다고 생각한 적이 얼마나 있습니까?", "최근 1개월 동안 신경이 예민해지고 스트레스를 받고 있다는 느낌을 얼마나 경험했습니까?" 같은 질문으로 구성되어 있다. 지각된 스트레스 정도가 심할수록 심장질환, 우울증, 불안, 그리고 면역력 저하를 비롯한 다수의 만성 스트레스와 관련된 부정적인 건강 이상의 위험이 커지는 것으로 나타났다. 반면 상대적으로 통제할 수 없는 상황에서도 스트레스를 덜 받을 수 있는 방법을 찾으면 뇌와 몸을 보호할 수 있다.

스트레스를 대하는 태도가 왜 그렇게 큰 차이를 만드는 걸까? 스트레스를 받을 때 세상이 끝나는 것처럼 느끼면 만성적인 걱정에 빠져서 스트레스 요인을 마주하지 않았을 때도 '투쟁-도피-경직' 모드의 스위치를 끄는 부교감신경계 기능에 이상이 생긴다. 스트레스 요인에 대한 당신의 생각과 감정이 삶의 다른 측면을 방해한다. 우리의 뇌와 몸은 활성화되는 기간과 휴식을 통한 에너지 충전의 기간을 번갈아 왔다 갔다 하도록 만들어졌다는 사실을 기억하자. 아픈 아기가 드디어 낮잠을 자고 화난 파트너가 마침내 진정되고 기말고사가 끝나고 세금 신고를 마치고 도로의 교통 체증이 해소되어 저녁에 안전하게 집에 도착할 때 당신은 뇌에 그 사실을 알릴 필요가 있다. 이제 안전한 시기에 접어들었으니 더 이상 싸우거나 도망치거나 경직될 필요가 없다고 말이다.

뇌가 스트레스 반응 스위치를 꺼야만 스트레스를 받지 않는 삶의 영역까지 스트레스가 흘러 들어가는 일이 없다!

어린 시절 통제할 수 없는 스트레스를 많이 받았다면 스트레스에 대한 지각은 과거의 사건과 관련된 믿음과 감정에 많이 좌우된다. 그 과정에서 뇌가 무엇을 두려워해야 하는지를 배우기 때문이다. 뇌는 안전하지 않은 것에 대해 강력한 기억을 만들고 조금이라도 비슷한 상황에 부딪히면 계속 그 기억을 끄집어낸다. 예를 들어, 어릴 때 버림받았다면 파트너에게 버림받을까 봐 두려울지도 모른다. 결과적으로 아예 연인 관계를 회피할 수도 있다. 더 흔한 일은, 파트너와 싸우거나 조금이라도 거리를 두는 것처럼 보일 때마다 스트레스가 유발되는 것이다.

당신의 뇌가 어떤 상황을(예: 연인 관계를 맺는 것) 위험하다고 학습하면 그 정보를 잊어버리거나 그런 유형의 상황을 안전하다고 간주하기가 무척 힘들어진다. 학습된 무기력의 패러다임에서 보았듯 회피는 새로운 학습의 기회를 차단한다. 편도체가 작동하는 방식 때문이기도 하다. 편도체에는 다양한 수치가 매겨진 다이얼이 아니라 '켜고 끄는' 스위치만 있다. 그래서 편도체는 과거에 스트레스를 받았던 것과 비슷한 상황이 닥치면 바로 경보를 울린다. 또한 편도체는 지나친 일반화의 경향이 있다. 차이를 알아보는 능력이 탁월하지 못하다. 예를 들어, 당신이 수학 시험에 실패하면 편도체는 역사 에세이를 쓸 때 평소 역사에서 A를 받아도 강력한 스트레스 신호를 보낸다. 당신이 편도체에 전적으로 의지하면 안 되는 이유다. 과민 반응할 때는 의식적으로 휴식을 취하고 속도를 줄여서 전전두피질이 끼어들어 '투쟁-도피-경직' 반응을 끄라는 피드백을 보낼 수 있어야 한다.

스트레스 그 자체에 스트레스를 받으면 상황은 더 나빠질 뿐이다. 스트레스는 피할 수 없으므로 제거하려고 하지 말고 잘 관리해야 한다. 1장에서 배운 것처럼 급성 스트레스는 최선의 능력을 발휘하도록 에너지를 주고 심지어 새로운 뇌 신경세포가 만들어지게 해준다! 한 연구를(Crum, Salovey, Achor, 2013) 통해 스트레스가 건강에 피해를 준다고 느끼는 사람들은 똑같은 수준의 스트레스를 덜 부정적으로 인식하는 사람들보다 건강에 문제가 더 많다는 사실이 밝혀졌다. 비결은 스트레스 상황을 적어도 부분적으로 통제할 수 있다고 보고 자신의 기술과 대처 능력에 더 자신감을 갖는 것이다.

◦ 스트레스에 대한 회복탄력성 키우기

연구 결과에 따르면 회복탄력성은 스트레스와 역경을 극복할수록 길러진다. 캘리포니아 대학교 연구진(Seery, Holman, Silver, 2010)은 전국적인 규모의 연구에서 참가자들의 표본을 몇 년 동안 추적했다. 그들은 매우 높은 스트레스 노출이 일반적으로 부정적인 영향을 끼친다는 사실과 예상 밖의 또 다른 사실도 발견했다. 역경(사랑하는 사람의 죽음 등)을 경험한 사람들이 이전에 역경을 겪지 않은 사람들보다 최근의 일상적인 사건에 스트레스를 덜 받았고 정신 건강 문제도 적게 나타났다. 통제할 수 있거나 숙달할 수 있는 스트레스는 '면역 효과'가 있는 듯하다. '당신을 죽이지 않는 모든 것은 당신을 강하게 만든다'는 말도 있지 않은가. 자신의 대처 능력에 자신감이 커지고 스스로를 인생의 고

난을 극복할 수 있는 사람으로 보는 것이다.

회복탄력성에 관한 초기 연구를 시행한 사람은 캘리포니아 대학교의 아동 심리학자 에미 베르너Emmy Werner였다(Werner, Smith, 2001). 그녀는 동료들과 함께 가난, 피해, 방치를 경험한 아동들을 연구하고 그 아이들을 40세까지 추적했다. 3분의 2가 잘살고 있지 못했다. 하지만 나머지는 행복하고 성공적이고 건강하고 낙관적인 어른으로 성장했다. 연구진은 어른이 되어 잘살고 있는 아이들에게 몇 가지 공통적인 '보호 요인'이 있다는 사실을 발견했다. 그들에게는 좋은 기질 외에도 가족 이외에 자상하고 긍정적인 역할 모델이 되어준 성인이 최소한 한 명은 있었다. 또한 그들에게는 자부심과 성취감을 느끼게 해주고 또래와 교사들이 그들을 긍정적으로 볼 수 있게 해준 기술(스포츠나 음악 또는 학업에서의 기술 등)이 적어도 한 가지는 있었다.

만약 특정 영역에서 어느 정도의 통제를 느끼고 성취를 경험할 수 있다면, 그 경험이 다른 영역에서의 스트레스를 줄여줘 기분이 덜 기진맥진해질 것이다. 성취감을 느낄 수 있는 취미나 봉사 활동, 스포츠를 찾아보라. 기업 임원 중에는 달리기를 많이 하는데 그들은 달리기가 힘든 시간을 극복하게 도와준다고 말한다. 가정과 관련된 일과 책임이 스트레스를 야기한다면, 아이들의 학교에서 자원봉사를 하거나 아이들이 참여하는 스포츠팀에서 코치를 맡거나 지역 사회에서 봉사 활동을 하면 통제감과 성취감을 느낄 수 있어 스트레스를 완화할 수 있다. 자존감과 긍정적인 성취감을 느끼게 하는 데 베이킹, 스크랩북, 그림 그리기, 등산, 운동 또는 블로그 글쓰기도 한몫한다.

자기통제력이 약할수록 스트레스는 커진다

앞서 말했듯이 편도체는 비슷한 상황을 잘 구별하지 못한다. 그저 우리에게 주의를 기울여야 하는 상황이라고 말해주고 '투쟁-도피-경직' 모드를 발동시킬 뿐이다. 반면에 전전두피질은 좀 더 정교하게 상황을 바라보고 편도체에 "내가 알아서 할게. 진정해"라고 말해줄 수 있다. 연구에 따르면 자신의 삶에 어느 정도 통제력이 있다고 생각하면 신체적·심리적 스트레스 반응이 줄어들 수 있다(Neupert, Almeida, Charles 2007; Wallston 외, 1987).

나이가 들수록 자기통제력에 대한 신뢰가 약해지는데, 이는 심각한 질병이나 기능 저하, 사랑하는 사람의 죽음 등을 자주 겪기 때문이다. 예를 들어, 노인 요양원 거주자들은 강한 스트레스 감정을 경험하며 실제로는 자신들의 삶을 거의 통제할 수 없는 상황에 처해 있다. 노인들이 요양원에 들어가면 활동성이 줄어들고 우울감과 무관심이 커진다. 랑거는 요양원 거주자를 대상으로 한 실험에서(Langer, Rodin 1976; Rodin, Langer, 1977) 상황에 대한 지각된 통제감을 높였을 때 그 효과를 훌륭하게 보여주었다. 요양원 거주자들 중 한 그룹에게는 활동과 사교, 일상에서 개인의 책임과 선택을 증가시켜 삶에 대한 지각된 통제감을 높였다. 또한 식물을 주면서 직접 물을 주어 키우라고 했다. 다른 그룹의 참가자들에게는 반대로 직원들이 그들을 잘 돌봐줄 것이라고 말했고 식물을 주면서 요양원 직원이 물을 줄 것이라고 했다.

결과는 놀라웠다! 그 이후 18개월 동안 '높은 통제감' 그룹은 '낮은 통제감' 그룹보다 더 활동적이고 더 건강했고 기분과 사교성이 좋아지고 사망률도 낮았다. 분명히 높은 통제감이 요양원의 노인들을 더 많이 노력하고 더 많이 활동에 참여하도록 이끌었다. 덕분에 그들은 친구와 새로운 지식과 같은 자연스러운 보상을 더 쉽게 찾을 수 있었으며, 이는 참여와 만족이라는 긍정적인 선순환을 만들었다.

나는 이 연구를 좋아한다. 작지만 햇볕이 잘 드는 아파트에 가득한 식물들을 정성으로 보살피던(물론 이 연구 결과에 대해 모르셨지만) 나이든 어머니의 모습이 아직도 눈에 훤하기 때문이다. 어머니는 많은 스트레스 상황을 마주했지만 91세까지 사셨다! 스트레스 상황에 대한 통제감을 지각하는 방법에는 여러 가지가 있다. 이를테면 스트레스의 결과에 이로운 영향을 끼칠 수 있는 무언가를 할 수 있다고 믿는 것이다. 만약 파트너와 갈등이 있을 때 다시 친밀감을 회복할 수 있다고 믿으면 스트레스를 덜 받을 것이다. 만약 어려운 시험을 마주하고 있다면 열심히 공부하면 성공할 수 있다는 믿음이 스트레스를 줄여줄 수 있다. 그리고 새로운 직장과 기회를 찾을 것이고 실업 상태가 일시적이라고 믿는 사람일수록 그런 믿음이 없는 사람보다 정신이 건강하다.

연구자들은 통제감이 환자들에게 끼치는 영향을 살펴본 결과, 자신의 증상이나 질병의 결과에 대한 지각된 통제감이 환자의 회복탄력성을 높여주었다. 관절염과 만성 통증 또는 섬유근육통의 스트레스에 대처하는 환자들은 질병이나 증상을 통제할 수 없다는 무력감을 느낄수록 더 많은 우울증과 장애를 보였다(Hommel 외, 2001; Palomino 외, 2007; Casey 외, 2008). 증상의 강도나 의학적 치료에서도 이러한 효과에 차이가 있었다. 이런 종류의 질병에서 스트레스는 갑작스러운 재발을 일으킬 수 있고 무력감은 스트레스를 높인다. 반면 질병이나 증상에 대한 통제감은 스트레스를 줄여주고 활동성을 높이고 기능을 유지해준다. 자기 스스로 이 상황에 필요한 일을 할 수 있는(또는 배울 수 있는) 사람이라고 생각하는 것은 통제감을 느끼는 방법이다.

⦿ 스트레스를 관리할 수 있다는 자신감 찾기

연구(예를 들어, Curtis, Groarke, Sullivan, 2014)에 따르면 스트레스를 관리할 수 있다는 자신감은 스트레스를 덜 느끼게 한다. 자신과 똑같은 어려움을 성공적으로 이겨낸 롤모델을 찾는 것은 그러한 자신감을 높이는 한 방법이다. 예를 들어, 술을 끊고 싶다면 알코올중독자 모임에 참석하면 오랫동안 술을 마시지 않을 수 있다는 자신감이 커질 수 있다. 술을 끊거나 마시기 시작했다가 다시 도전하는 기존 회원들이 새로운 회원들에게 긍정적인 롤모델이 되어주기 때문이다. 당신은 롤모델이 있거나 비슷한 스트레스 요인을 이겨낸 누군가를 알고 있는가? 그 사람에게 조언을 구하면 자신감과 대처 능력이 향상될 수 있다.

당신의 스트레스 상황과 그 상황에 대처하고 목표를 달성하거나 부정적인 결과를 피하기 위해 스스로 무언가를 할 수 있다는 믿음에 대해 생각해보라. 이때 다음과 같은 질문을 해보면 좋다.

- 전에 이런 상황을 겪은 적이 있는가?
- 힘든 상황을 이기게 해준 것은 무엇인가?
- 내가 가진 기술이나 성격 가운데 이 상황을 관리하는 데 도움이

될 만한 것은 무엇인가?

- 스트레스를 다루기 위해 내가 얻을 수 있는 외부의 자원이나 도움은 무엇인가?

수잔이라는 한 내담자는 이혼을 겪은 후 결혼 생활의 파탄과 경제적 어려움, 혼자 아이를 키우는 현실에 큰 스트레스를 받았다.

나는 그녀가 이 질문들의 답을 하나씩 생각해보도록 했다. 수잔은 그녀가 알코올중독자인 어머니 밑에서 보낸 어린 시절을 무사히 견뎌냈다는 사실을 떠올렸다. 예전에 연인과 헤어졌을 때도 헬스장에 등록하고 교외에서 (새로운 파트너를 만날 기회가 더 많은) 시내로 이사하고 자신이 소중한 사람이라는 사실을 기억하며 성공적으로 이겨낸 일도 생각해냈다. 검소하게 생활했던 대학 시절이 떠오르면서 물질적으로 부족해도 행복할 수 있음을 깨달았다. 수잔은 자신이 좋은 부모였고 남편이 출장으로 집을 비울 때 혼자서 아들을 잘 보살폈다는 것도 깨달았다. 그녀에게는 정서적인 지지를 해주고 필요할 때 아이를 봐줄 수도 있는 자매와 친구들도 있었다. 무엇보다도 그녀는 생존자였다!

과거에 스트레스를 이겨낸 경험과 현재 이용할 수 있는 자원을 의식적으로 떠올림으로써 수잔은 자신감과 삶에 대한 통제감이 커졌다. 덕분에 스트레스를 덜 받고 좀 더 낙관적으로 바뀔 수 있었다.

연습: 스트레스 관리에 자신감 찾기

일기나 종이에 다음 질문의 답을 적는다.

1. 당신이 현재 마주한 스트레스 상황은 무엇인가?

2. 그 상황을 관리하는 능력에 대한 자신감의 정도를 0(자신감 없음)~10(절대적인 자신감)으로 평가한다.

3. 평가한 점수에 대해 설명한다. 당신은 자신이 이 상황을 왜 성공적으로 관리할 수 있다고 혹은 관리할 수 없다고 생각하는가?

4. 지금까지 큰 스트레스나 트라우마 또는 역경을 경험한 적이 있는가? 만약 있다면 그 일을 이겨내는 데 도움이 된 기술이나 노력, 개인적인 자질은 무엇이었는가?

5. 그 자질이나 노력 또는 기술을 현재 상황에 어떻게 적용할 수 있는가?

6. 비슷한 상황을 겪고 성공적으로 이겨낸 사람을 알고 있는가?

7. 과거에 비슷한 상황을 겪은 적이 있는가? (이별, 힘든 업무 등) 만약 있다면 그때 어떻게 이겨냈는가?

8. 이전의 스트레스 경험에서 배운 것 중에 지금 상황에 도움 되는 것이 있는가? 마지막으로 비슷한 사건을 경험한 이후로 지식과 기술이 향상되었는가?

9. 이 상황을 관리하는 데 사용할 수 있는 다른 자원이나 지원 또는 도구는 무엇인가? (예를 들어, 친구나 가족에게 도움을 받을 수 있는가? 인터넷 검색을 할 수 있는가? 자신의 용기에 기댈 수 있는가?)

질문에 답한 후에 상황을 관리할 수 있는 능력에 대한 자신감을 평가해본다. 처음에 평가한 것과 달라졌는가? 설명해보자.

상황에 대처할 수 있다는 자신감은 유익하다. 하지만 통제력이 낮은 상황에서 비현실적으로 통제감을 인식하는 것은 양날의 검이 될 수 있다. 다른 방법을 시도하는 것이 더 생산적인데도 너무 고집을 부리면 좌절과 번아웃으로 이어질 수 있다. 상황의 모든 측면을 통제할 수는 없다. 하지만 완전히 통제 불능이라고 느끼면 스트레스 호르몬을 더 많이 분비해 포기할 가능성이 커진다. 통제할 수 있는 것과 통제할 수 없는 것에 대해 현실적으로 판단하는 것이 최선이다.

◦ 통제할 수 있는 것과 없는 것 판단하기

스트레스 요인에 대해 통제감을 느끼는 것은 중요하다. 그런데 어떻게 해야 통제감을 느낄 수 있을까? 그것이 쉬울 때도 있다. 마라톤을 한다면 어떤 경주에 참여하고 싶은지 결정하고 훈련 일정을 세우고 실행하면 된다. 하지만 갈등이 심한 이혼을 앞두고 있거나 암 진단을 받았거나 오랜 실업이나 불임, 사랑하는 사람의 죽음, 가족의 알코올중독 또는 마약중독 같은 문제는 최종적인 결과를 통제하기가 쉽지 않다. 만약 모든 과정을 통제할 수 있다고 믿었는데 실제로는 그렇지 않다면 비현실적인 목표를 세우거나 희망 사항에 불과한 생각을 하게 되고 원하는 대로 되지 않았을 때 크게 좌절한다. 그러면 마음이 지치거나 자기 잘못이 아닌데도 자신을 비난하고 탓할 수 있다.

현실적인 통제감을 자극함으로써 스트레스를 줄여주는 긍정적인 효과를 이용하면서도 통제감을 비현실적으로 자각하는 위험을 피하려면 어떻게 해야 할까? 한 가지 방법은 과정이나 노력의 결과에 대한 통제력을 인식하는 것이다. 예를 들어, 자선 단체나 학교 행사를 조직

할 때 자신이 체계적인 사람이고 스스로 자신에게 충분한 시간을 주었고 충분한 도움을 받았으니 사소한 차질이 발생해도 그 행사가 성공적일 것이라는 사실을 안다. 그 감정이 끊임없는 전화와 이메일, 각종 업체들과의 협상을 무사히 헤쳐 나가게 해준다. 나는 임상 심리클리닉을 열기 위해 캘리포니아주 샌디에이고에서 마린 카운티로 이사했다. 나는 그 지역을 잘 알지 못했고 아는 사람도 없었다. 하지만 내 능력과 자격증, 클리닉을 홍보할 수 있는 능력에 자신이 있었다. 사업체를 키우려면 끈기가 필요하다는 사실도 잘 알고 있었다. 내 능력에 대한 현실적인 기대와 자신감은 스트레스를 줄여주었다. 다음 연습에서 스트레스 요인의 어떤 부분을 통제할 수 있는지 판단하고 행동 계획을 세우는 방법을 알아보자.

연습: 통제할 수 있는 것과 통제할 수 없는 것 판단하기

지금 마주하고 있는 스트레스 상황에 대해 생각해본다.
그 상황의 여러 측면을 고려해보고 일기나 종이에 열거한다.
대부분 통제할 수 있다면 '내가 통제할 수 있는 것들' 아래에 넣는다.
만약 대부분 통제할 수 없다면 '내가 통제할 수 없는 것들' 아래에 적는다.
잘 모르겠다면 '확실하지 않은 것들' 아래에 적는다.
예를 들어, 까다로운 상사 때문에 직장에서 스트레스를 받고 있다면
다음과 같은 목록이 나올 수 있다.

내가 통제할 수 있는 것들

• 총 근무 시간
• 업무의 질

- 제시간에 일을 끝내는 것
- 일부 과제 위임
- 필요할 때 도움을 요청하는 것
- 집중력을 높이기 위해 충분한 휴식과 운동을 하는 것
- 프레젠테이션 준비

내가 통제할 수 없는 것들
- 상사의 요구와 우선순위
- 마감 기한
- 나의 직무 할당
- 현재의 인원수
- 고객의 만족도

확실하지 않은 것들
- 팀의 실력: 시간이 충분하다면 개선을 위해 노력할 수 있다.
- 여분의 자원: 상사에게 더 많은 자원을 요청할 수 있지만 얻을 수 있을지는 모른다.

어떤 부분을 통제할 수 있고 어떤 부분을 통제할 수 없는지 파악한 후 통제 가능한 측면을 해결하기 위한 계획을 세운다. 과제를 작게 나누고 언제 수행할지 구체적인 시간을 정한다. 시간표를 사실적으로 세우고 책임을 다한다. 장애물과 방해물을 예상하고 그것들을 처리할 계획을 세운다. 만약 통제할 수 없는 측면에 대해 계속 생각하게 된다면 의도적으로 통제 가능한 것들로 주의를 다시 옮기거나 일어나서 다른 일을 한다.

통제할 수 없는 것은 포기한다

자신이 쏟는 노력이나 기술이 쌓이는 정도는 통제할 수 있다고 느낄지

모르지만 최종 결과는 늘 알 수 없고 제어할 수 없다. 우리는 다른 사람들의 감정이나 행동, 경제 상황, 정치, 날씨, 경쟁, 현재 유행하는 기술이나 제품 등을 통제할 수 없다. 그래서 목표를 정하고 결과가 아닌 과정 면에서 진전을 평가하는 것이 중요하다. A를 받는 데 집중하지 말고 그 과목을 꼼꼼하게 준비하고 지식을 쌓는 것에 집중하라. 취업 성공에 집중하지 말고 이력서를 내고 인맥을 쌓고 건강과 긍정적인 태도를 유지하고 필요한 기술과 정보를 얻는 것에 집중하라. 완벽한 파트너를 찾는 데 집중하지 말고 내 능력을 키우고 좋은 사람을 만날 가능성이 높은 곳으로 가는 것에 집중하라.

결과가 불확실할 때 우리 대다수는 곱씹고 걱정하고 자기 자신을 의심하는 데 많은 에너지를 쏟는다. 이것은 시간 낭비일 뿐만 아니라 성공할 가능성도 낮춘다. 실제로 아직 알 수 없는 결과를 곱씹어 생각하는 것은 기분을 다운시키고 뭔가 행동해서 조치를 취할 가능성을 낮춘다. 다음 연습을 통해 통제할 수 없는 것을 마음에 담아 자신의 삶을 침범하게 놔두지 말자.

연습: 통제할 수 없는 것을 마음의 그릇에 담기

스트레스 요인 중에서 통제할 수 없는 부분을 판단한 후 그다음 단계는 의도적으로 그것들로부터 주의를 돌려 통제할 수 있는 부분을 처리하는 데 집중한다.

물론 걱정을 완전히 통제할 수는 없지만 적어도 통제할 수 없는 부분을 그릇에 잘 담아두었다는 사실을 편도체에 알릴 수는 있다. 그러면 뇌가 뭔가 잘못될 수도 있는 사실을 일일이 상기시키려 하지 않을 것이다!

이 연습법은 내 임상 멘토이자 트라우마 치료법인 안구운동 민감소실 및 재

처리 요법eye movement desensitization and reprocessing, EMDR 전문가인 필립 맨필드 Philip Manfield 박사의 훈련 지침을 각색한 것이다. 통제할 수 없는 결과를 걱정하는 자신을 발견할 때마다 이 방법을 활용하면 통제할 수 있는 것들에 시간과 에너지를 온전히 쓸 수 있다.

시작하기 전에 생각해보자. 만약 스트레스 요인에서 통제할 수 없는 부분에 대한 당신의 걱정과 두려움을 그릇에 담을 수 있다면 어떤 그릇을 선택하겠는가? 그릇의 예는 다음과 같다. 큰 오크통, 튼튼한 트렁크, 금속 금고, 큰 꽃병.

1. 그릇을 정했으면 마음속으로 그림을 불러온다. 크기, 모양, 색깔, 질감을 매우 구체적으로 떠올린다. 그릇에 '이혼에 대한 두려움' 같은 설명이 적힌 이름표를 붙이는 상상을 해볼 수도 있다. 그릇에 글을 쓰거나 그림을 그리거나 원하는 대로 장식하는 것을 상상할 수도 있다.

2. 통제할 수 없는 결과에 대한 모든 걱정과 두려움을 그릇에 담는 것을 상상한다. 그것을 직접 그릇에 집어넣거나 연기나 빛, 모래, 물줄기 모양의 걱정이 그릇으로 흘러 들어가는 모습을 상상한다. 적합하다고 여겨지는 형태를 부여하면 된다.

3. 그릇에 모든 걱정이 담긴 후 밀봉하는 상상을 한다. 뚜껑이나 자물쇠, 체인, 비닐 랩 등을 사용할 수 있고 이 모든 것을 다 쓸 수도 있다. 각자의 선택이다. 단단하게 밀폐된 그릇을 어딘가에 보관하는 상상을 한다. 땅 깊숙이 묻거나 동굴에 넣거나 다락방에 보관하거나 배에 싣거나 로켓에 태워 우주에 보낼 수도 있을 것이다. 당신이 보관하고 싶은 곳이면 어디든 좋다.

4. 그릇을 밀봉하고 보관한 후 그것으로부터 멀어져서 당신의 삶으로 걸어가는 자신을 상상한다. 필요하다면 다시 돌아와 열어볼 수도 있지만 지금은 안전하게 치워두었다.

5. 스트레스 요인에서 통제할 수 있는 부분에 노력과 에너지를 좀 더 집중하기로 결심한다.

스트레스 상황에서 그 결과를 통제하지는 못하더라도 그것의 영향에는 어느 정도 통제력을 행사할 수 있다. 만약 만성 통증이나 만성 불안 또는 통제할 수 없는 질병이 있다면 고통과 증상, 불안에도 활동적으로 생활하거나 계속 앞으로 나아가는 것과 관련된 목표를 세운다. 많은 환자가 만성적이고 관리가 필요한 상태에 대한 '치료법'을 찾으려는 실수를 저지른다. 감정이나 생각을 항상 통제할 수는 없지만 행동은 통제할 수 있다! 파트너가 없어도 충만함으로 가득한 삶을 사는 것에 집중한다. 또는 업무 스트레스가 심하고 하루 대부분을 카풀이나 빨래하느라 보낸다고 해도 할 수 있는 한 최고의 부모나 파트너가 되는 것에 집중한다. 돈이 많지 않더라도 가족과 친구들과 즐겁게 지내는 방법을 찾는다.

통제와 관련된 개념 중 하나가 의미 있는 삶이다. 스트레스를 받거나 모든 일을 다 해결할 수 없어도 삶이 충만하고 의미 있다고 느끼면 상황에 대한 통제감이 더 커질 것이다. 당신의 삶에서 정말로 중요하고 의미 있는 것은 무엇인가? 가까운 사람들과의 관계, 성취, 세상에 변화를 일으키는 것, 다른 사람들을 돕는 것, 좋은 부모가 되는 것, 지역 사회에 보탬이 되는 것, 환경에 도움이 되는 것, 특정한 가치관에 따라 사는 것, 혁신가가 되는 것, 건강하게 사는 것 등. 자신의 인생에서 무엇이 가장 중요한지를 알고 그 영역에서 현실적인 목표를 세우면 뇌는 자신의 삶이 통제되고 있다고 인식한다. 피할 수 없는 스트레스 때문에 지쳐서 쓰러지지 않아도 된다.

마지막으로, 베르너와 스미스의 연구에서 회복탄력성이 강한 아이들이나 식물에 직접 물을 준 요양원 노인들처럼 당신은 스트레스와 별

개이고 통제할 수 있는 기술이나 관심사를 개발하는 것에 집중할 수 있다. 스트레스를 어느 정도 상쇄해주는 성취감이 생길 것이다.

이 연습은 스트레스 요인과 관련이 없는 삶의 측면, 즉 당신이 성장할 수 있는 삶의 영역을 알려줄 것이다. 한 번에 20분에서 한두 시간 동안 집중할 수 있는 스포츠나 취미 활동 또는 인간관계에 대해 생각해보자. 왜 그 활동을 중요하게 생각하는지, 그것이 자부심이나 통제력, 성취감을 느끼게 해주는지 생각해본다. 봉사 활동, 미술, 글쓰기, 베이킹이나 요리, 스크랩북 만들기, 달리기, 등산, 요가 수업, 명상, 파트너와(또는 부모나 자녀와) 시간 보내기 등 자신에게 중요한 일이라면 뭐든지 될 수 있다.

이제 이 활동에 얼마나 많은 시간을 쓸지, 다음 주나 다음 달 등에 이루고자하는 것이 무엇인지 생각해본다. 예를 들어, 나는 한 달 동안 일주일에 세 번, 하루에 30분씩 우리 동네 언덕을 올라서 더 건강해지겠다는 목표를 세웠다. 그 목표를 이룬 다음에는 그다음 한 달 동안 일주일에 네 번으로 늘리겠다는 목표를 세웠다. 한 내담자는 매주 일요일에 새로운 요리법을 시도하겠다는 목표를 세웠고 또 다른 내담자는 달리기 대회 참가 신청을 하고 훈련을 시작했다. 그리고 내 친구는 매주 옷장이나 서랍의 잡동사니를 치우는 것을 목표로 세웠다.

목표를 적고 일주일에 한 번 이상 진행 상황을 확인한다. 현실적으로 성취할 수 있는 것을 골라야 한다. 중간에 목표를 수정해도 괜찮다. 스트레스를 받는 상황에서도 자신에게 개인적으로 중요한 삶의 영역에서 분명한 진전을 이루고 있다는 사실을 매일 되새긴다. 성취한 것에 자부심을 느껴라.

Key Point

죄책감과 완벽주의는 스트레스를 악화시킨다. 자기 연민이 스트레스에 대한 대처 전략이자 건강한 삶의 토대다. 자기 연민은 자신에게 친절하고 인간이기에 완벽하지 않다는 사실을 깨닫는 것이며, 스트레스 행동의 원인을 제공하는 충족되지 않은 욕구를 알아차리는 것이다. 자신에게 친절하게 말하고 휴식을 허락하는 것, 자애 명상과 이미지를 통해 자기 연민을 기를 수 있다.

6장

비난하지 말고
자기 연민

스트레스를 받을 때 편도체가 뇌와 몸에 '투쟁-도피-경직' 모드를 보내면 긴박하게 행동해야만 한다는 압박감이 느껴진다. 더 열심히 하라고, 더 빨리 가라고, 쉬지 말라고 자신을 압박할지도 모른다. '이 정도로는 충분하지 않아!'라는 생각이 떠나지 않고 끈기와 의지가 부족하다고 자신을 몰아세울 수도 있다.

마감일을 맞추고 문제를 해결하기 위해 노력하는 것도 중요하지만 압박감은 자신을 너무 가혹하게 내몬다. 속도를 늦추지 않거나 휴식하지 않으면 급성 스트레스(마감일을 앞두었을 때 등)가 만성 스트레스로 바뀔 수도 있다. 어디를 가든 뇌가 스트레스를 지니고 다닌다. 몸이 계속 스트레스 호르몬의 폭발을 겪으므로 너덜너덜해진다는 뜻이다.

이 장에서는 스트레스를 받을 때 자신에게 동기를 부여하는 또 다른 방법을 배울 것이다. 즉 자신을 비난하거나 혹사시키는 대신 자기 연민으로 반응하는 것이다. 자신에게 인내와 친절, 연민을 보여줌으로써 편도체를 진정시키고 공황 상태를 다스릴 수 있다. 중요한 일을 끝내기 위한 동기부여도 되고 그 일을 하는 동안 더 행복하고 덜 불안할 것이다.

우리는 스트레스를 받으면 자신을 압박한다

중대한 결과가 발생할 수 있는 스트레스에 직면했을 때 편도체는 일을 확실히 해내도록 과도한 활동 모드를 발동한다. 언뜻 좋아 보일 수도 있지만 너무 가혹하게 몰아붙이면 역효과가 날 수 있다. 정글에서 살 때 우리 조상들은 위협을 피한 후에는 식량을 요리하고 야생 열매를 채집하고 휴식을 취하며 짝을 찾았다. 생리학적으로 스트레스가 극심할 때는 코르티솔 수치가 치솟았고 그다음에는 급격하게 떨어졌다. 하지만 현대인이 마주한 현실은 그때와 다르다. 우리가 마주하는 스트레스는 대부분 몇 년 또는 심지어 몇십 년 동안 계속될 수 있는 복잡하고 만성적인 상황이다. 에너지를 재충전할 시간도 없이 끊임없이 일하고 걱정하면 지칠 수밖에 없다. 게다가 충분하지 못하다고 끊임없이 자신을 비난하면 스트레스가 더욱 심해진다. 더 많은 일을 끝낼 수는 있어도 건강과 자존감은 큰 피해를 볼 수 있다.

인생의 스트레스 요인들은 대부분 단거리경주가 아닌 마라톤이다. 만약 출발하자마자 1킬로미터 구간에서 힘을 전부 써버리면 남은 거리를 어떻게 달리겠는가. 오늘날에는 우리가 만성적인 상황을 헤쳐 나가려고 애쓰는 순간에도 새로운 스트레스가 다가온다. 갓난아이를 돌보고 있을 때 직장에서 급한 상황이 발생할 수도 있고 생활비가 부족해서 고민할 때 파트너와 싸울 수도 있고 집을 수리하고 있을 때 사랑하는 사람이 암에 걸렸다는 사실을 알게 될 수도 있다. 그러니 한 가지 스트레스를 다루는 데 모든 에너지를 쏟아부으면 안 된다. 예상치 못한 위기에 대비해 에너지를 아껴두어야 한다. 그런 상황이 분명 닥칠 테니까. 생리학적 측면에서 스트레스 요인이 회복할 시간도 없이 쌓이면 코르티솔 반응이 고장 나서 감기, 독감, 고혈압, 염증 반응에 더 취약해질 수 있다. 그러니 계속해서 자신을 몰아세우지 말고 한 걸음 물러나 휴식을 취할 줄도 알아야 한다. 휴식도 할 일을 끝내는 것만큼이나 중요하다.

☀ 속도를 늦추지 않으면 치러야 하는 비용

'투쟁-도피-경직' 모드는 스트레스 상황에서 자신에게 압박을 가하고 비판하는 가장 큰 이유다. 편도체는 멈추지 않는 화재경보기와 같다. 경보가 울리기 시작하면 아드레날린과 코르티솔의 수치가 치솟아서 집중을 방해하므로 스트레스에 전략적으로 접근할 수 없다. 더 열심히, 더 많이 일해야 한다는 압박감을 느끼고 제대로 된 수면과 식사도 챙기지 않고 가족과 친구들에게도 소홀해지고 운동과 휴식도 등한시한다. 하지만 우리의 몸과 뇌는 그렇게 기계처럼 움직이도록 만들어지지 않았다. 그렇게 쉬지 않고 밀어붙였다가는 결국 건강과 행복, 인간관계의 질에서 치명적인 대가를 치러야 한다. 나를 찾아오는 내담자 중에는 가족이 멀리 살아서 도와줄 사람도 없는 상황에서 업무 강도가 높은 직장과 어린 자녀의 육아를 병행하면서 고군분투하는 부부들이 있다. 심한 스트레스로 관계가 망가져서 부부가 함께 심리치료를 받으러 오는 것이다. 다음은 스트레스 상황에서 자신에게 너무 가혹할 때 무슨 일이 일어나는지를 잘 보여주는 사례다.

그레그와 스테이시는 30대 후반이었다. 결혼한 지 4년 된 부부로 생후 9개월 된 딸과 세 살 된 아들이 있었고 집을 리모델링하는 공사도 바쁘게 진행 중이었다. 도움을 청할 만한 가족들이 멀리에 살고 있어서 아이들을 맡길 일이 있으면 베이비시터를 쓰거나 친구들과 품앗이해야만 했다. 주택 대출금이 많아서 경제적으로 빠듯한 상태였다. 그레그는 생명공학 분야의 스타트업에서 일했는데 회사에 인력과 자금이 부족한 상태라 혼자서 세 사람분의 일을 하고 있었고 스트레스가 매우 심했다. 스테이시는 컨설팅 회사를 운영했고 아이들을 돌보았다.

그들은 잦은 부부 싸움과 친밀감 부족 때문에 상담을 받게 되었다. 첫 번째 상담에서 두 사람은 모두 치료사에게 스트레스가 심하다고 말했다. 스테이시는 만성적인 불안으로 진정제를 복용하고 있었고 스트레스를 해소하기 위해 폭식도 했다. 그레그는 직장까지 50분이나 걸렸다. 도로에 사고 난 차량이라도 있으면 더 오래 걸렸다. 그는 숙면하지 못하고 밤중에 스테이시가 수유를 위해 깨면 다시 잠들기 어렵다고 말했다.

상담이 진행됨에 따라 치료사는 그레그와 스테이시가 둘 다 자신에게 가혹하다는 사실을 알 수 있었다. 스테이시는 아이들과 많은 시간을 함께해주지 못한다는 생각에 늘 죄책감을 느꼈다. 하지만 사실 그녀는 업무를 처리하거나 고객을 상대하지 않는 시간을 거의 모두 아이들과 보내고 있었다. 그녀는 양손에 아직 어린 두 아이를 안고 얼굴에 핸드폰을 받친 상태로 끊임없이 멀티태스킹을 했다. 그레그는 자신이 새벽 6시에 나가서 밤 8시나 되어야 집에 돌아오기 때문에 스테이시가 집안일로 인한 스트레스를 홀로 받아야 한다는 데 죄책감을 느꼈다. 그는 헬스장에 운동하러 가고 싶지만 그럴 자격이 없는 것 같다고 말했다. 가족과의 시간이 줄어들 테니까. 그레그가 퇴근하면 다 같이 간단하게 저녁을 먹은 후 그레그와 스테이시는 아이들을 돌보면서 컴퓨터를 붙잡고 있었다. 10시쯤 아이들이 마침내 잠들면 부부는 집안일과 리모델링 공사에 관한 이야기를 나누었지만 상대가 자신을 오해하고 알아주지 않는다는 느낌에 결국은 싸움으로 번졌다. 둘 중 하나는 소파에서 기절하듯 잠들기 일쑤라 신체적·정서적 친밀감은 거의 존재하지 않았다. 스테이시는 더 날씬하고 매력적이고 재미있는 아내가 되지 못하고 매일 저녁 건강한 집밥을 차리지 못해서 스스로 실패자인 것처럼 느껴진다고 말했다. 그레그는 자신이 돈을 더 많이 벌지 못해서 베이비시터를 자주 고용하고 대출금을 빨리 갚지 못하는 사실을 자책했다.

그레그와 스테이시는 완벽주의자였다. 그들은 명문대에 들어가고 기업가로 성공하기 위해 엄청나게 열심히 노력했다. 그들은 모든 것을 올바른 방식으로 하는 데 익숙한 사람들이었다. 건강관리, 깔끔하고 체계적인 습관, 그리고 무엇보다 돈을 모으고 이상적인 관계를 유지하는 것이 그들에게는 중요했다. 하지만 아이들이 태어난 후로 모든 것을 완벽하게 하는 것이 불가능해졌다. 하지만 그들은 기대를 조정하고 스스로에게 휴식을 허용하지 않았고 계속해서 자신과 상대방에게 완벽을 기대했다. 스트레스와 죄책감이 몇 배로 늘어날 수밖에 없었다. 완벽주의와 불필요한 죄책감은 '축복으로 위장한 저주'다. 그것은 편도체를 활성화해서 충분히 잘하지 못하고 있다는 메시지를 뇌에 보낸다. 스트레스에 강한 뇌를 만들려면 완벽주의와 죄책감을 버려야 한다. 다음의 방법을 이용해 죄책감과 완벽주의가 당신에게 문제가 되는지 평가해보자.

연습: 죄책감과 완벽주의 평가하기

각 문항의 내용에 대해 얼마나 강하게 느끼는지 다음의 점수로 평가한다.
1=매우 그렇다, 2=그렇다, 3=그런 편이다, 4=그런 것도 아니고 아닌 것도 아니다, 5=그렇지 않은 편이다, 6=그렇지 않다, 7=전혀 그렇지 않다.

1. 아무리 열심히 일해도 더 할 수 있을 것 같은 생각이 든다.

2. 실수에는 변명의 여지가 없다.

3. 나는 모든 일에 최선을 다한다.

4. 완벽하지 않으면 아예 하지 않은 것이나 다름없다고 생각한다.

5. 내가 한 일을 확인하고 또 확인한다.

6. 집 안이 깨끗하게 정리되어 있지 않으면 마음 놓고 쉴 수가 없다.

7. 나 자신을 우선시하면 기분이 좋지 않다.

8. 할 일이 있는데 피곤하다는 이유로 휴식하는 것은 변명에 지나지 않는다.

9. 업무를 처리하거나 뭔가 생산적인 일을 하지 않으면 게으르다고 느낀다.

10. 내가 주변 사람들에게 최선을 다하고 있다는 생각이 들지 않는다.

11. 나는 나 자신의 욕구를 돌보기 전에 다른 사람들을 먼저 챙겨야만 한다.

12. 외식할 때 돈을 절약하지 않았다는 사실에 죄책감을 느낀다.

13. 대부분의 시간을 일이나 아이들을 돌보는 데 쏟는데도 더 해야만 한다는 생각이 든다.

14. 다른 사람들은 더 힘들 것이라는 생각이 들어서 내 스트레스를 불평하는 데 죄책감을 느낀다.

1~7번 문항은 완벽주의를, 8-14번 문항은 죄책감을 나타낸다. 각 그룹에서 매우 그렇다나 거의 그렇다가 2개 이상 나왔다면 완벽주의나 죄책감 면에서 문제가 있다는 뜻이다.

완벽주의와 죄책감은 가뜩이나 스트레스가 많은 상황에 불필요하게 스트레스를 추가한다. 편도체를 진정시키는 것이 아니라 오히려 더 날뛰게 만든다. 당신은 자신의 가장 냉혹한 비판자인가? 아무리 열심히 노력하고 발버둥 쳐도 자신의 기준을 충족하지 못하는가? 완벽주의는 기대를 상황에 맞게 조정하지 않은 경직된 사고방식에서 나온다. 그레그와 스테이시를 생각해보라. 그들은 완벽한 부모와 완벽한 파트너가 되고 싶었지만 결국 스트레스가 심해져서 죄책감에 시달리게 되었다. 완벽주의자들의 자존감은 조건부다. 자신이 잘해야만 자신을 좋아할 수 있다는 것이다. 하지만 스트레스 상황에서는 기준과 기대를 조정할 필요가 있다. 한꺼번에 여러 힘든 일이 닥쳤을 때는 그저 살아남는 것만 해도 잘하는 것이다. 완벽주의자들은 스스로 가면을 쓴 사기꾼이라고 생각하고 자신의 무능력이 드러날까 봐 두려워하면서 사는 경우가 많다. 그래서 심하게 자신을 비난하고 심하게 몰아세운다. 스트레스 상황에서는 아등바등 안간힘을 쓰게 되므로 완벽주의가 더 악화할 수 있다.

완벽주의는 통제력을 유지해 스트레스를 관리하려고 한다. 하지만 역효과가 날 때가 많다. 완벽주의에 사로잡히면 다른 사람을 탓하거나, 일을 미루거나, 부담감을 느끼거나, 아예 포기하고 시도하지 않는다. 게다가 그것은 몸과 마음에도 위험하다. 《일반 심리학 리뷰Review of General Psychology》에 실린 논문(Flett, Hewitt, Heisel, 2014)을 보면, 완벽주의자들은 우울증이나 불안, 자살 위험이 큰 데다 만성피로증후군이나 만성 통증을 진단받을 가능성이 더 높다.

완벽주의와 마찬가지로 죄책감도 스트레스 상황에서 아무런 도움이 되지 않는다. 죄책감은 우리가 어린 시절에 양육자에게 "음식을 남기지 마라. 인도에는 굶는 사람들이 있어"나 "난 널 먹여 살리려고 갖은 고생을 다 해가면서 일하는데 넌 불평만 해?" 같은 말을 들으면서 배우게 되는 감정이다. 이 메시지는 어른이 된 우리 내면에 흡수되어 자신이 결코 충분하지 못한 존재라고 느끼게 한다. 스트레스는 죄책감을 유발할 수 있는데 모든 일을 끝낼 시간이 충분하지 않기 때문이다. 자신의 목표를 달성하는 것과 타인을 위한 일을 하는 것 중 하나를 선택해야 할 수도 있다. 운동을 하거나 건강하게 생활하는 것이 어려워질 수도 있다. 또 다른 스트레스 요인이 죄책감을 느끼게 하기도 한다. 이를테면 해로운 영향을 끼치는 사람과의 관계를 끝내거나 거리를 둘 때 상대가 그 결정에 기분 상해하면 죄책감이 느껴질 수 있다.

우리의 사회 문화는 이기적이거나 제멋대로 하면 안 된다는 강력한 메시지를 보낸다. 안타깝게도 사람들은 그 메시지를 '이분법적'으로 해석하고 혼란스러워한다. 소중한 사람에게 거짓말을 하거나 이기적이고 상처 주는 행동을 했을 때 생기는 죄책감은 상처 주는 행동을 멈추고 문제를 바로잡으려는 동기를 제공할 수 있다(Cryder, Springer, Morewedge 2012). 그러면 그 사람과의 관계는 물론 자존감이 향상될 것이다. 하지만 오히려 역효과를 내고 더 많은 스트레스를 일으키는 죄책감도 많다. 당연한 말이지만 스트레스 상황에서 불필요한 죄책감이 더해지면 좋을 게 전혀 없다!

완벽주의와 불필요한 죄책감을 이겨내려면 새로운 사고와 행동 방식을 배워야 한다.

연습: 죄책감과 완벽주의를 극복하는 10가지 방법

이 방법은 새로운 습관과 뇌 경로를 만드는 데 도움이 된다.
새로운 방식을 배우는 것은 어렵고 시간이 오래 걸릴 수 있다.
그러니 뇌가 정말로 변하기를 바란다면 며칠이 아니라 몇 달간
인내심을 가지고 그 과정을 실천한다.

---

1. 자녀와 파트너 또는 가족에게 최선을 다하지 못하는 것 같아서 죄책감을 느낀다면 당신이 정기적으로 그들을 위해 하는 일을 전부 나열해본다. 그다음에는 스트레스를 받을 때 자신을 돌보기 위해서 하는 일을 적는다. 둘 중에 어떤 목록이 더 긴가? 만약 '다른 사람을 위해서 하는 일' 목록이 '나를 위해서 하는 일' 목록과 비슷하거나 더 길다면 당신이 다른 사람들에게 충분히 잘하고 있

으니 죄책감을 느낄 이유가 없다는 객관적 증거로 받아들여라. 그리고 '나를 위해서 하는 일' 목록이 더 길면 자신을 돌보는 그 행동들이 더 나은 부모, 파트너 또는 가족 구성원이 되도록 도와주는지 생각해본다. 만약 그렇다면 죄책감을 느낄 필요가 없다.

2. 죄책감을 느끼는 대신 문제에 직접 접근한다. 당신이 소홀히 하고 있다고 생각하는 사람들에게 정말로 그렇게 느끼는지 물어본다. 그들이 너무 많은 것을 스스로는 책임을 지려고 하지 않는지 생각해본다. 그다음에는 외부의 관찰자는 이 상황을 어떻게 볼지 생각해본다. 만약 당신이 정말로 그들에게 최선을 다하지 않는다는 결론에 이르렀다면 그 사람과 상의해서 모두의 요구에 균형을 맞추는 해결책이나 타협안을 찾아본다.

3. 매일 자기 전에 '자기 감사' 일기를 쓴다. 당신의 목표를 진전시키고 소중한 사람을 도와준 일을 최소한 세 가지 적는다. 매주 주말에 일주일 동안 적은 것을 읽어본다. 죄책감과 완벽주의는 부정적인 편향을 가지고 있다. 그것은 당신이 잘못하고 있는 것에 집중하게 만든다. 당신이 실제로 한 일을 적으면 그 편향을 극복하고 당신의 성취로 주의를 돌릴 수 있다.

4. 죄책감을 물리치려면 상황을 뒤집어서 한번 생각해본다. 상대방의 입장이 되어보자. 그 사람이 수많은 할 일에 둘러싸인 상황에서 당신에게 소홀하다고 생각할 것 같은가? 우리는 남에게 연민과 이해를 보이기는 쉬우면서도 정작 자신에게는 너무 가혹할 때가 많다. 이렇게 의도적으로 '관찰자'의 관점을 취하면 당신의 상황을 새로운 시각으로 볼 수 있다.

5. 당신이 완벽주의자라면 자신의 한계를 설정하라. 모든 과제(집 청소, 파티 계획, 논문 쓰기, 업무 처리 등)에 사용할 시간을 정한다. 45분 정도 일한 다음에는 10분 동안 휴식을 취하면서 자리에 앉거나 스트레칭을 한다. 미리 계획한 시간 범위가 끝나기 10분 전에 알람을 맞춰둔다. 다 끝내지 못했어도 일어나서 다음 일로 넘어간다. 하루가 끝난 후에는 끝내지 못한 우선순위 높은 과제를 위해 '따라잡을 시간'을 정할 수도 있다. 시간 제한을 두지 않았을 때보다 얼마나 효율성이 높아졌는지에 주목한다.

6. 일을 끝낸 후 한 번 이상 확인하거나 교정하지 않는다. 완벽하게 회신하려고

이메일을 계속 읽는 것도 그만둔다. 그럴 가치가 없다! 청소도 마찬가지다. 한 두 번 닦은 후에는 다른 공간으로 넘어가야 한다. 시간이 얼마나 절약되었는 지 살펴본다.

7. 완벽주의자들은 실수로 인한 부정적인 결과를 과대평가하는 경향이 있다. 대 재앙이 닥치거나 돈이나 직장, 인간관계를 잃을 것이라고 생각한다. 해결책은 '노출' 행동 전략을 사용하는 것이다. 의도적으로 저지를 실수를 한 가지 생각 한다. 실수하기 전에 그 실수가 가져올 결과를 생각해보고 적는다. 그리고 실수 로 인해 실제로 생긴 일을 그 예측과 비교해본다. 그 결과가 당신이 예상했던 것만큼 끔찍한가? 그렇지 않다면 무엇을 깨달을 수 있는가?

8. 충분히 잘할 것 같지 않아서 미루고 있다면 일단 그냥 시작하라. 책을 쓰고 싶 다면 매일 한 페이지씩 쓰는 것처럼 작은 목표를 세운다. 아니면 일단 철자나 문법을 신경 쓰지 않고 글을 쓴다. 목표를 달성한 후에는 좀 더 하고 싶은지 자 신의 감정을 확인해보고 결정한다. 글을 조금이라도 쓰거나 초고를 작성한 다 음에는 앞으로 계속 나아가기가 훨씬 더 수월해진다. 아니면 내 친구가 박사 논문을 쓸 때 활용한 방법을 써도 된다. 그녀는 평소보다 한 시간 일찍 일어나 커피를 준비하고 잠옷 차림으로 논문을 썼다. 논문을 쓰고 있다는 사실을 깨 닫기도 전에 시작한 것이다!

9. 자신의 작업을 평가할 때는 한 걸음 뒤로 물러나 할머니, 가장 친한 친구, 가장 좋아하는 선생님 등 사랑하는 사람을 상상한다. 그 사람은 당신의 노력에 대 해 뭐라고 말할까? 그다음에는 역할을 바꿔 만약 그 사람이 이 일을 했다면 나는 뭐라고 말할지 상상해본다. 이렇게 '애정'을 담아 자신의 작업을 바라보 면 엄격한 기준과 자기비판을 줄일 수 있다.

10. 자신을 비판하고 싶어질 때는 그 상황에 대해 '흑백'으로 생각하고 있지 않은 지 돌아본다. 완벽주의자들은 최고가 아니라면 최악이라는 이분법적인 관점 으로 상황을 바라볼 때가 많다. 중간 지대를 찾으려고 노력한다. 상황을 다 르게 바라보려고 해보라. 당신이 마주한 제약과 장애물을 고려한다. 그런 시 련 속에서도 당신은 얼마나 잘했는가? 자신의 노력을 판단할 때는 항상 완 벽함을 기대하지 말고 맥락을 고려해야 한다.

자기 연민을 가져라

앞에서 자신에게 휴식을 허하고 자기비판을 물리치는 방법을 배웠다. 이제는 자기 연민 태도를 활용해 편도체의 자동적인 '투쟁-도피-경직' 반응을 진정시키는 법을 배워보자.

자기 연민의 뿌리는 불교의 가르침에 있다(Brach, 2003; Kornfield, 1993; Salzberg, 2002). 최근 텍사스 대학교의 연구자 크리스틴 네프Kristin Neff는 행복 증진과 스트레스 감소를 위해 자기 연민을 활용하는 방법에 관한 연구를 개척했다(Neff 2011). 그녀는 자기 연민과 자존감의 차이를 분명하게 구분한다.

자존감과 달리 자기 연민은 다른 사람들보다 자신을 높이거나 그들과 경쟁하는 것을 요구하지 않는다. 일반적으로 높은 자존감은 우수한 성취를 토대로 하지만 자기 연민은 지속적인 성격적 특징이다. 그저 인간이라는 이유만으로 자신을 소중히 여기고 자신에게 친절한 것이다. 이렇게 자신을 보살피는 태도는 다른 사람들과의 유사성과 연관성을 알아차리게 해준다. 모든 사람에게는 똑같은 열망과 고통이 있다는 것을.

자기 연민은 마음챙김 추가 버전과 같다. 마음챙김은 자동 조종 모드에서 벗어나 내가 지금 무엇을 생각하고 느끼며, 무엇을 하고 있는지 부드럽게 알아차린다는 것을 뜻한다. 여기에는 "이것은 내가 생각하고 싶은 것, 하고 싶은 것인가, 아니면 한 걸음 뒤로 물러설 필요가 있는가?"라는 질문을 던지는 것도 포함한다. 심리학자 크리스토퍼 거머Christopher Germer(2009)에 따르면, 자기 연민은 "나에게 필요한 것은 무엇인가?"라는 질문으로 마음챙김을 확장한다. 휴식, 즐거움, 평화, 우정, 인정, 위안, 의미, 돈, 음식 또는 섹스에 대한 충족되지 않은 욕구는 심리적 고통을 일으키고 그로 인해 우리는 목표에 집중하지 못한다. 자기 연민은 이 욕구를 알아차리고 적극적으로 돌봄으로써 스트레스 관리를 방해하지 않도록 한다.

자기 연민에는 마음챙김 외에도 두 가지 다른 측면이 있다. 바로 자애와 공통의 인간성이다. 자애는 좀 더 친절하고 부드러운 태도로 자신을 대하는 것이다. 스트레스를 받거나 고통을 겪는 모든 사람에게 보여주는 연민의 태도를 자신에게까지 넓힌다. 다른 사람들은 이해하고 용서하면서도 정작 자신은 스트레스를 받는다고, 목표를 이루지 못했다고, 스트레스 상황을 초래한 선택을 내렸다는 이유로 비난하기 쉽다. 무작위적인 사건이나 타인의 나쁜 행동에 대해 자신을 탓할 수도 있다. 자애는 한 걸음 뒤로 물러나 스트레스 상황이나 대처 방법을 연민의 태도로 보게 한다. 누구나 살다 보면 실수할 수 있다. 완벽하지 않아도 된다. 인간다워야 한다. 이런 태도는 스트레스와 걱정, 자기 연민을 해소하는 데 도움이 된다.

우리가 자신에게 자애로울 수 없는 가장 흔한 이유는 제멋대로 굴거나 겁쟁이처럼 행동하고 싶지 않아서다. 하지만 이건 잘못된 가정이다. 자기 연민은 제멋대로 굴게 만드는 것이 아니라 불안을 줄이고 스트레스 회복탄력성을 높여주는 후천적인 대처 전략이다. 경험의 부정적인 측면을 아예 부인하거나 억누르는 극단적인 긍정주의자가 되어야 한다는 뜻이 아니다. 네프 박사가 정의하는 자기 연민에는 마음챙김이 포함된다. 마음챙김은 스트레스와 자기비판을 멈추고 알아차리는 것이고 자기 연민은 자신에 대한 따뜻함과 보살핌의 감정을 샘솟게 하고 나아가 스트레스와 고통을 겪고 있는 다른 사람들에게까지 그런 태도를 확장하는 방법을 가르쳐준다. 최근의 메타 분석(MacBeth, Gumley, 2012)을 보면, 자기 연민과 정신병리학의 관계를 탐구하는 20개의 연구 결과를 통계적으로 종합했다. 그 결과, 자기 연민이 우울증과 불안, 스트레스 감소와 강한 연관성이 있는 것으로 나타났다. 자신에게 연민의 태도를 보이면 취업 면접에서 약점에 대한 질문을 받았을 때와 같은 평가 상황에서 스트레스와 불안감이 줄어든다(Neff, Kirkpatrick, Rude, 2007). 자기 연민은 자존감보다도 더 높고 일관된 행복감과도 연관이 있다(Neff, Vonk 2009).

자존감은 상황에 따라 달라질 때가 많다. 잘하고 있을 때는 기분이 좋지만 실패하거나 실수할 때는 그렇지 않다. 마지막 성취가 기분을 좌우한다. 하지만 자기 연민에서는 끊임없는 성취가 자기평가를 결정하지 않으므로 스트레스가 있어도 더 편안한 마음으로 더 잘할 수 있다. 자기 연민은 호기심과 탐구심도 높여준다. 실패에 대하여 자신을 비난하지 않으면 새로운 것을 시도하는 것이 더 자유로워지고 실수가 성장과 배움의 일부가 된다. 자기 연민은 일이 계획대로 되지 않을 때 기꺼이 책임을 지게 한다. 실수를 자기 결함의 증거로 보지 않으면, 수치심에 숨는 것이 아니라 실수를 인정하고 사과하고 피드백을 얻고 문제를 바로잡으려 한다. 자기 연민은 스트레스에서 배움을 얻게 하는 강력한 도구이다!

자기 연민은 스트레스 반응으로 흔히 나타나는 '감정적 식사'를 이겨내는 데도 도움이 된다. 음식을 절제하거나 먹는 것에 대해 죄책감을 느끼는 사람들에 대한 연구에서(Adams, Leary, 2007) 연구진은 학생들에게 도넛을 주고 먹게 했다. 하지만 그중에서 무작위로 선정된 절반에게 연구진은 "도넛을 먹는다고 자신을 비난하지 마세요. 모든 피실험자가 먹습니다"라는 연민 어린 말을 해줬다. 나머지 절반에겐 아무런 말을 하지 않고 도넛만 주었다.

나중에 사탕을 먹을 기회가 주어졌을 때 연민 어린 말을 들은 사람들은 사탕을 덜 먹었다. 아이러니하게도 가혹한 자기비판은 내면에 반항심을 일으켜 건강 목표를 포기하고 싶게 만드는 듯하다. 자기 연민은 그것이 건강하지 못한 삶이 아니라 건강하지 못한 선택에 불과하고 다음 선택을 스스로 할 수 있다는 사실을 알아차리게 한다. 그리고 자기 연민은 건강하고 연민 어린 선택을 하도록 동기를 부여한다.

연구에 따르면 자기 연민은 중대한 인생 사건, 실망, 만성적인 스트레스 요인에 적응하는 것을 도와준다. 한 연구에서는(Sbarra, Smith, Mehl, 2012) 자기 연민이 이혼 후의 삶에 적응하도록 돕는 데 필수라는 것을 밝혔다. 또 다른 연구에서는 자기 연민이 학업 실패에 따른 회복탄력성을 높이고 회피를 줄이는 효과가 있다는 사실이 확인되었다(Neff, Hsieh, Dejitterat, 2005). 그리고 또 다른 연구에서는 만성적인 통증에 시달리는 사람일수록 자기 연민이 강하면 약한 사람보다 자신의 상황을 재앙으로 보거나 통증이 장애로 이어질 가능성이 작았다(Wren 외, 2012).

스트레스가 심한 상황이나 상실을 마주하면 뭔가 자신이 잘못했는지 돌아보기 쉽다. 하지만 내가 그때 할 수 있는 최선을 다했다고 스스로에게 말하면 기분이 나아진다. 스트레스 요인을 마주할 용기가 생기고 상황이 힘들어져도 끈기 있게 버틸 수 있다.

생리학적인 측면에서 자기 연민은 편도체를 진정시켜주는 진정제와도 같다. 자기 연민은 뇌에 지금 위협이 눈앞에 닥친 상황이 아니므로 긴급 대응을 할 필요가 없다는 메시지를 보낸다. 여유롭게 긴장을 풀어도 된다고 알려서 전전두피질이 반응할 시간을 준다. 결과적으로 편도체가 스트레스 반응과 과도한 코르티솔 분비를 중단하라는 신호를 보낸다. 스트레스 상황에서 완벽하게 수행하는 데 의존하는 자존감에 모든 것을 맡기면 스트레스는 더 심해진다. 그보다는 최선을 다하기 위해 노력하는 것만으로도 자신을 좋게 받아들인다. 극도로 어려운 상황에서는 그저 무사히 버티는 것만으로도 자신을 인정해주어야 한다. 실업, 경제적 스트레스, 이혼, 위기 속에서의 회사 운영, 힘든 사내 정치, 사랑하는 사람이 큰 병에 걸렸다는 사실 등 많은 스트레스 상황에 다 적용되는 말이다.

몇 달 또는 몇 년 동안 자기 연민을 실천하다 보면 뇌에 새로운 회로가 만들어진다. 걱정과 책망, 자기비판으로 스트레스를 가중하지 않고 친절과 이해심으로 자신을 대함으로써 편도체를 진정시켜야 한다. 이렇게 생각해보자. 아이가 울기 시작하면 좋은 부모는 어떻게 할까? 아기를 안아서 달래주고 부드럽게 말을 걸어 아이가 문제를 해결하도록 이끌어줄 것이다. 자기 연민은 자기 자신에게 좋은 부모가 되어주는 것과 같다. 자신이 일을 망치거나 기분이 좋지 않을 때 부드럽게 제자리로 이끌어준다. 이 접근법은 스트레스 관리뿐만 아니라 중독을 이겨내고 건강한 삶의 방식으로 돌아가는 데도 도움이 된다.

자기 연민을 기르는 방법으로 명상이 있다. 자애 명상 또는 메타metta

는 이타적인 사랑을 기르는 불교의 가르침이다. 메타라는 단어는 고대 팔리어(불교 경전에 쓰인 말)인데 자애, 친절, 연민, 비폭력을 뜻한다. 타인의 행복과 안녕에 대한 강한 소망을 나타낸다. 명상 지도자 샤론 샐즈버그Sharon Salzberg는 부처의 가르침을 다른 사람을 사랑하기 위해서는 자신을 사랑하는 법을 배워야 한다는 의미로 해석한다.

"온 우주의 그 누구보다도 당신은 사랑과 애정을 받을 자격이 있다."(Salzberg 2002, 31)

그러므로 메타에는 사랑과 친절을 자기 자신에게로 향하게 하는 요소가 들어 있다. 다음은 내가 샤론 샐즈버그 외 여러 사람의 명상법(2002)을 바탕으로 구성한 메타인데 자신과 다른 사람들이 스트레스에서 해방되기를 바란다. 사랑이 담긴 생각과 선한 바람이 여러 다른 유형의 사람들을 향한 다른 버전의 메타도 있다.

연습: 자애 명상

조용한 곳에서 허리를 펴고 책상다리하고 앉아 편안한 자세를 유지한다. 호흡을 느끼기 시작하면서 몸과 마음을 진정시킨다. 천천히 숨을 몇 번 쉬면서 들숨과 날숨을 알아차린다. 이제 당신이 마주한 스트레스에 대해 생각한다. 스트레스를 받은 자신의 이미지를 떠올린다.

몸에서 무엇이 느껴지는가?

어떤 생각이 마음을 채우는가?

표정은 어떤가?

바쁘게 뛰어다니거나 걱정하는 자신을 떠올린다. 이 이미지를 떠올리면서 스트레스가 당신에게 주는 고통을 인식하고 편안하고 평화롭기를 바라는 깊은 소망을 깨닫는다. 그다음에는 당신을 깊이 사랑하고 아끼는 사람에 대해 생각한다.

현재든 과거든, 실재하든 가상이든 상관없다. 이 사람이 깊은 관심과 연민으로 당신을 보고 있다고 상상한다. 그리고 그 사람이 당신에게 다음과 같이 말하는 것을 상상한다.

친애하는 OOO에게,

네가 얼마나 스트레스를 받고 피곤한지 알아. 네가 스트레스 때문에 얼마나 고통스러운지. 얼마나 불안하고 압도당하는 기분을 느끼는지. 너에게 이런 바람을 보내.

네가 건강하기를.
네가 안전하기를.
네가 자신과 다른 사람들과 평화롭게 지내기를.
네가 편안하고 행복하기를.

이 말을 몇 번 반복한 후에 사랑하는 사람에게 작별 인사를 한다.

그다음에는 자신에게 이 말을 하는 것을 상상한다. 몇 번 말한 다음 자신에게 이런 소망을 표현하는 것을 듣는 것이 어떤 느낌인지 주의를 기울여본다. 자신의 행동이 의식되거나 불편함이 느껴지더라도 그 감정을 그대로 두어라. 자신이 잘되기를 바라는 마음에 대한 저항심을 그저 알아차린다. 메타를 계속 연습하다 보면 저항심이 줄어들 것이다. 이 말이 사실이라고 믿는지는 중요하지 않다. 자신이 잘되기를 바라는 말을 자신에게 해주는 것이 중요하다.

자신에게 자애를 표현하는 것에 익숙해지면 그 대상을 넓힌다.

- 당신의 스트레스에 영향을 받는 가족들
- 당신과 함께 스트레스를 받는 친구들과 동료들
- 당신에게 스트레스를 주는 까다로운 사람들
- 스트레스와 고통을 마주한 세상의 모든 사람

모든 개인과 집단의 시각적 이미지를 먼저 떠올린 후에 이 말을 해야 한다. 이 사람들이 스트레스를 받고 있다는 사실을 알아차리고 자애의 메시지를 보낸다.

스트레스의 원인을 제공하는 사람들에게 자애를 표현하기가 쉽지는 않다. 하지만 그들이 고통받지 않고 더 편안하다면 당신에게도 스트레스를 덜 줄 것이다! 그리고 만약 그들이 그 경험을 통해 성장했다면 좀 더 성숙한 방법으로 대처할 테니 당신이 그들을 대하기가 골치 아프지도 않을 것이다. 아직 그들에게 연민이나 관용을 보이기가 어렵다면 이렇게 '이기적인' 이유로 자애의 메시지를 보내자.

자애 명상은 연습할수록 시간이 지날수록 더 강력해진다. 매일 같은 시간에 규칙적으로 연습하자. 예를 들어 아침에 일어나자마자 또는 잠들기 전에. 연습하면서 스트레스 감정에 변화가 있는지, 마음이 부드러워지는 느낌이 있는지 알아본다.

내가 고안한 다음 연습은 심리 도식 치료(Young, Klosko, Weishaar, 2003)와 연민 연습을 합쳐서 스스로가 자신을 사랑하는 옹호자가 될 수 있도록 도와준다. 내면의 비판자를 옆으로 비키게 하여 연민의 태도가 들어갈 자리를 만든다.

연습: 내면의 비판자에게 자리를 비켜달라고 하기

이 연습법은 (1) 내면의 비판자가 하는 말을 의도적으로 상상해보거나 (2) 실제로 자신을 비판할 때 활용할 수 있다. 이미지에 집중하기 위해 눈을 감고 하는 것이 일반적이다. 내면 비판자의 말을 잠시 들어본다. 어떤 판단과 비판의 말이 들리는가? 당신이 패배자라거나 인생을 망쳤다거나 앞으로 실패할 거라는 말일 수도 있다. 그냥 들으면서 어떤 기분이 느껴지는지 주의를 기울인다. 스트레스가 심한 상황에서 최선을 다하려고 노력하는데 그렇게 불친절한 말을 들으니 어떤 기분이 드는가? 몸에서 느껴지는 감각에 주의를 기울인다.

비판하는 목소리에 얼굴을 만들어준다. 과거에 당신에게 그런 식으로 말한 부모, 선생님, 코치, 예전의 파트너일 수도 있다. 마녀, 늑대나 악어 같은 동물일 수도 있다. 어떤 얼굴인지는 중요하지 않다. 비판자가 저 앞에 서서 당신을 힐뜯는 모습을 상상한다.

이제 현명한 사람이나 당신을 진심으로 생각해주는 사람의 이미지를 떠올린다. 과거나 현재의 누군가일 수도 있고 (예수나 부처 같은) 영적인 인물, 상상의 존재일 수도 있다. 당신이 잘 아는 사람일 수도 있고 잘 모르지만 좋은 사람일 수도 있다. 심지어 책에 나오는 인물이거나 슈퍼맨이나 오프라 윈프리처럼 영화나 TV에 나오는 인물일 수도 있다. 당신에 대한 사랑과 연민으로 가득한 이 사람이 비판자의 말을 듣는 당신의 모습을 지켜본다고 상상한다. 당신에 대한 연민으로 가득한 이 사람이 당신과 비판자 사이로 다가가 한 손을 들고 비판자에게 친절하지만 단호한 목소리로 그만하라고 말한다. 연민 가득한 사람이 비판자에게 말한다. 비판자의 행동 방식이 당신에게 상처와 스트레스를 주고 있으니 친절하게 말하라고. 그러면 비판자가 정말로 해야 하는 말을 하거나 아니면 곧바로 입을 다물고 당신과 연민 가득한 존재를 남겨두고 한쪽으로 물러난다.

이제 연민 가득한 존재가 제스처와 친절한 격려의 말로 당신을 위로하는 모습을 상상한다. 그 존재가 당신을 안아주거나 손을 잡거나 하이파이브를 하는 모습을 떠올린다. 격려의 말이 무슨 내용일지도 상상해본다. 아마도 이런 비슷한 말일 것이다.

"너는 이 일을 이겨내고 성공할 거야. 계속해."

연민과 격려의 말을 느끼면서 마음과 몸에서 무엇이 느껴지는지 주의를 기울인다. 눈물이 나려고 하거나 마음이 누그러지는 것이 느껴질지도 모른다. 지금까지 누군가 이렇게 당신의 편을 들어주고 격려해준 적이 없을 수도 있다. 이제는 이 내면의 연민 어린 존재가 언제나 당신을 보호하고 지지해줄 것이다. 이 존재가 자아의 일부가 되는 모습을 상상해본다. 그리고 준비가 되면 눈을 뜨고 이 공간으로 돌아온다.

The
Stress-Proof
Brain

3부

마음의 친구,
전전두피질과 함께
전진하기

🔑 Key Point

전전두피질과 편도체는 서로 소통을 통해 스트레스 반응을 악화시키거나 진정시킨다. 또한 아동기나 성인기의 안정 애착 경험을 통해 모래나 시멘트가 아닌 점토처럼 스트레스에 좀 더 유연하고 통합적으로 반응하는 뇌를 만들 수 있다. 인지적 유연성은 모순되는 정보를 처리하거나 다양한 관점에서 상황을 바라보게 해주는 정신적 능력이다. 기존의 방법이 효과가 없을 때 새로운 방법을 시도하게 도와준다.

7장

유연한 뇌를
만들어라

앞에서 스트레스 요인에 대한 편도체의 신속하고 자동적인 '투쟁-도피-경직' 반응을 진정시키는 전략을 배웠으니 이제 전전두피질의 논리적 사고 능력에 기반한 스트레스 해소법을 소개하겠다. 전전두피질은 과거의 경험에서 얻은 정보를 통합해 편도체의 위협에 대한 인식을 조정한다. 또한 중독이나 공격 성향 같은 파괴적인 반응을 억제하는 것도 도와준다. 전전두피질은 과거의 경험에서 배움을 얻어 시간이 지남에 따라 스트레스 요인을 더 잘 관리할 수 있도록 해준다.

이 시스템은 과거 경험과 환경이 충분한 지도와 지원을 제공해 스트레스 요인에 효과적으로 대처하는 방법을 가르쳐줄 때 가장 잘 작동한다. 하지만 부모가 당신에게 좋은 모델이 되어주지 않았거나 지나친 걱정과 과로, 과음, 회피, 적대적이고 불신하는 태도 등 스트레스에 반응하는 전혀 이롭지 않은 방법을 가르쳐주었을 수도 있다. 일 때문에 항상 바쁘거나 우울증이 있거나 병이 있어서 또는 부모의 책임을 이해하지 못해서 충분한 지도와 정서적 지원을 해주지 않았을지도 모른다. 아니면 부모가 과잉보호로 당신에게 스스로 결정을 내리거나 문제를 해결할 기회를 주지 않았을 수도 있다. 이러한 경험으로 인해 상황에 따라 다양한 대처 도구가 필요하다는 것을 모른 채, 주변 상황이 어떻게 돌아가는지에 대한 잘못된 혹은 비현실적인 가정을 하거나 한 가지 반응만 고집할 수 있다.

🔋 애착 관계에 따라 뇌의 스트레스 반응이 달라진다

정신과 의사이자 대인관계 신경생물학(뇌와 마음이 우리 자신과 다른 사람들의 관계에서 어떻게 작용하는지를 알아보는 과학) 분야의 선구자인 대니얼 시겔은 뇌 속 뉴런들의 경로가 양육자와 어떤 관계를 맺느냐에 따라 형성된다고 주장한다(Siegel 2010). 양육자에게 제대로 양육과 이해를 받은 아이들은 자신의 감정을 이해하고 그 감정을 전달하는 능력이 길러진다. 또한 그들은 자신의 감정이 타당하다는 것을 암묵적으로 배우고 자신을 끊임없이 의심하는 것이 아니라 자신과 자신의 판단을 신뢰한다. 양육자에게 공감과 지도를 받은 아이들은 원하는 것(사탕일 수도 있고 승진일 수도 있다)을 얻지 못한다고 세상이 끝나지 않는다는 것을 알고 자신의 감정을 달래고 스스로 한계를 설정할 줄 안다.

뇌의 측면에서, 어린 시절 양육자와 안정적인 애착을 경험한 성인일

수록 전전두피질이 발달하고 뇌 네트워크가 더욱 통합적으로 발달한다. 다시 말해서 안정 애착은 뇌 네트워크에서 전전두피질과 편도체, 해마, 기타 영역의 회로가 더 명확하게 연결되어 정보가 자유롭게 이동할 수 있다. 반면 안정 애착을 경험하지 못한 아이들은 뇌의 통합성이 떨어진다. 이 결핍이 나중에 관계를 통해 회복되지 않으면 자신의 생각과 감정, 개인의 이력, 다른 사람들의 반응, 이용 가능한 자원, 상황 전개에 따른 요구를 모두 고려하여 효과적이고 창의적으로 스트레스에 반응하기가 어려워진다.

어린 시절 바람직한 애착 경험이 부족했어도 어른이 되어 친구나 파트너, 심지어 치료사, 코치 등 정서적 지원을 제공하는 사람들과 친밀한 관계를 맺으면 자신을 더 잘 이해할 수 있고 건강한 스트레스 반응을 배움으로써 통합된 뇌로 발달시킬 수 있다. 또한 이 책에서 소개한 연습법을 꾸준히 연습하면 성인이라도 스트레스에 강한 뇌를 만들 수 있다. 마음챙김만으로도 자기제어와 자기조절, 감정 조절과 관련된 뇌의 8개 영역에 이로운 영향을 미칠 수 있다. 이것들은 모두 스트레스에 효과적으로 대처하도록 도와주는 기능을 한다. 뇌가 변하려면 여러 달이 걸릴 수 있으니 꾸준히 해야 한다!

안정 애착이나 성인이 된 이후의 학습을 통해 뇌의 뉴런 네트워크가 통합되면 편도체, 해마, 전두엽 사이에서, 뇌의 두 반구 사이에서 정보가 빠르게 오갈 수 있다. 1장에서 살펴본 것처럼 뇌에는 양쪽에 하나씩 2개의 반구가 있다. 우반구는 전체적으로 정보를 처리하고 공간과 감정, 창조와 관련이 있다. 반면 좌반구는 논리적이고 선형적이고 사실적이고 언어적인 특징이 있다. 일반적으로 긍정적인 감정은 좌반구에서, 부정적인 감정은 우반구에서 더 많이 표현된다. 지나치게 단순화한 설명이기는 하지만 여기에서는 이 정도만 알아도 도움이 된다.

뇌 영역의 연결성이 부족한 사람은 스트레스에 대한 통합적이고 협응적인 반응이 떨어진다. 이를테면 스트레스 상황에서 감정적 반응을 무시하고 좌반구의 논리적인 사고에만 집중할 수 있다. 스트레스를 받을 때 자신이 어떤 감정을 느끼고 무엇이 필요한지 이해하려고 하지 않고 즉각 문제를 해결하려고 할 수도 있다. 결국 대처 방법이 무너지거나 결과가 만족스럽지 못하다. 충족되지 않은 정서적 욕구를 알아차리지 못하기 때문이다. 고집을 심하게 부리는 것도 인지적 경직성의 한 유형이다. 스트레스 상황을 너무 고집스럽게 똑같은 관점으로 바라보고 효과도 고려하지 않은 채 똑같은 전략을 사용하는 것이다. 예를 들어, 스트레스의 원인이 다른 사람에게 있는데 상황을 바로잡으려고 엄청나게 노력하다가 결국 실패한다.

베티는 결혼 생활에서 만성적인 스트레스를 받고 있었다. 그녀에게 항상 불만이 많고 비판하는 남편은 그녀의 자존감에 큰 영향을 미쳤다. 그는 그녀의 몸무게와 외모, 능력, 성격을 비난했다. 비난이 심한 아버지 밑에서 자란 베티는 지금까지 늘 해온 방식대로 결혼 생활의 스트레스에 반응했다. 남편을 만족시키려고 노력하고 강박적으로 다이어트를 하고(사실 그녀는 과체중도 아니었다) 하루 종일 청소와 요리를 하고 집 안을 정리했다. 스스로 즐거움을 느끼는 일은 전혀 하지 않았다. 하지만 최선을 다하는데도 남편의 행동이 바뀌지 않자 우울증이 찾아왔다.

베티는 심리치료를 받으면서 문제가 있는 쪽은 남편이라는 사실을 마침

내 깨달았다. 남편은 비판적이고 참을성이 없었고 아내에게 비현실적인 기대를 강요했다. 그 상황에서 최선의 반응은 더 열심히 노력하는 것이 아니라 남편에게 행동을 바꾸라고 부탁하거나 결혼 생활을 끝내는 것이었다. 어릴 때 자신을 학대하는 아버지의 분노를 피하려고 아버지를 달래는 법을 배운 베티였기에 처음에는 남편의 문제를 자신의 '잘못'으로 보는 법밖에 알지 못했다. 그리고 그녀가 아는 유일한 반응은 확실한 효과가 없더라도 계속 노력하는 것뿐이었다. 그녀는 심리치료를 통해 인지적으로 더 유연해져서 다른 관점으로 문제를 볼 수 있게 되었고 더 기능적인 대처 전략을 쓸 수 있었다. 마침내 그녀는 남편과 헤어지기로 했다.

스트레스에 대한 뇌의 통합되지 않은 또 다른 반응은 감정적 혼란이다. 이것은 뇌가 오직 우반구에서만 반응해 감정적 스트레스와 공황이 나타나는 경우를 말한다. 논리적인 좌뇌의 능력이 오프라인 상태여서 압도당하거나 무력감을 느낄 수 있다. 집중하고 명확하게 생각하거나 문제를 해결하기 위한 행동을 취할 수 없게 된다. 다른 측면에서 전전두피질이 편도체와 효과적으로 소통하지 못해서 '투쟁-도피-경직' 모드가 꺼지지 않는다. 비상시에나 적절한 이러한 반응이 계속된다. 그리고 뇌의 오른쪽 반구가 부정적인 감정과 이어져 있어서 지나치게 비판적으로 상황을 바라보고 우울감과 무력감을 느낄 수 있다. 이런 혼돈 반응은 어린 시절에 학대나 방치를 경험한 사람들에게 흔히 나타난다. 혼돈 반응은 압도당하는 기분을 느끼게 한다. 전전두피질을 사용해 상황을 명확하게 생각하거나 현실적으로 바라보지 못하기 때문이다. 이런 식으로 스트레스에 반응하면 공황 상태에 빠지기 쉬우며 압도당하는 기분을 없애기 위해 회피와 중독에 의존할 가능성이 크다.

페기는 금융 서비스 회사에서 일하는 사무 보조 직원이었다. 업무량이 많은 데다 상사들은 까다롭고 비판적이었다. 30대 후반의 페기는 혼자 살았고 근처에 가족이 한 명도 없었다. 월세는 계속 오르고 차는 낡았고 위기 상황에 기댈 가족도 없이 극심한 경제적 스트레스에 시달려야 했다. 지금 다니는 직장이 너무 싫어서 새로운 직장을 알아봐야 했지만 이력서를 업데이트하고 자기소개서를 쓸 의욕이 생기지 않았다. 그녀는 외로웠지만 스스로 매력이 없고 과체중이라는 생각에 친구나 연인을 사귀려고 노력하지 않았다. 직장에서 마감에 쫓기다가 집에 돌아오면 뭔가를 해볼 엄두조차 나지 않았다. 그저 TV를 켜고 와인 한 병과 쿠키 상자를 열고 내내 소파에 누워 있기만 했다.

결국 페기는 심리치료를 받기로 했다. 그녀는 마음챙김으로 내면의 공포를 진정시키고 집중하는 법을 배웠다. 걱정이 줄어들자 퇴근하고 난 뒤에도 에너지와 의지가 어느 정도 남아 있었다. 페기는 치료를 통해 자신이 무기력하지 않으며 오히려 학대로 얼룩진 어린 시절을 그 누구의 도움도 받지 않고 이겨냈다는 사실을 깨달았다. 그녀는 부정적인 생각에 반박하고 문제를 해결하기 위해 행동하는 법을 배웠다. 결국 그녀는 더 만족스러운 직장을 찾았고 9킬로그램을 감량했으며 연애를 시작했다.

앞에서 소개한 베티와 페기는 둘 다 처음에는 뇌의 스트레스 반응이 통합되지 않았다. 베티는 경직된 반면 페기는 혼란스럽고 회피적인 특징을 보였다. 그들은 치료를 통해 다른 관점에서 스트레스 상황을 바라보았고 더 효과적으로 대처하게 되었다. 습관적이고 비효율적인 대처 반응을 억제하고 새로운 대처 방법을 시도하는 법을 배웠다. 뇌의 측면에서 인지 유연성의 기술을 배운 것이다.

인지적 유연성은 모순되는 정보를 고려하고(예를 들어, 폐기의 직업은 약간의 재정적 안정을 제공했지만 건강에 해로운 스트레스가 따랐다) 상황의 변화에 따라 반응을 조정하는 능력이다. 예를 들어, 남편이 베티의 불만 표현에 애정을 담아 긍정적으로 반응하고 비판을 줄이려고 노력했다면 베티는 남편과 이혼하겠다는 생각을 바꾸었을 수 있다.

🜆 스트레스는 '터널 시야'를 만든다

인지적 유연성은 스트레스를 성공적으로 협상하는 데 필수적인 기술이다. 인지적 유연성을 마음의 점토를 빚는다고 생각하면 쉽다. 뇌를 다양한 방법으로 빚어가며 상황에 가장 잘 맞는 생각법과 대처법을 찾는 것이다. 반대 개념으로 인지적 경직성은 시멘트를 재료로 사용하는 것이고 인지적 혼돈은 모래를 재료로 사용하는 것과 같다.

스트레스는 자동으로 인지적 유연성을 떨어뜨리고 시야를 좁힌다. 스트레스는 오래된 습관에 집착하고 새로운 선택지를 탐구할 가능성을 낮춘다. 심지어 유아들에게도 일어나는 일이다! 한 연구에서 (Seehagen 외, 2015) 생후 15개월 유아 26명을 학습 과제에 참여시켰다. 낯선 사람이 옆에 앉아 있거나 부모가 중간에 방을 나가는 등 스트레스 상황에 노출된 유아들은 과제 수행 도중에 코르티솔 수치가 증가했다. 스트레스에 노출되지 않은 대조군 유아들에게서는 코르티솔 증가가 나타나지 않았다.

이번에는 두 그룹에게 누르면 빨간 불이나 파란불이 켜지는 램프를 주었다. 유아들은 오직 하나의 램프만 원하는 만큼 자주 누를 수 있었다. 실험의 다음 부분에서 유아들은 어떤 램프를 가지고 놀지 선택할 수 있었지만 이때는 두 가지 램프 모두 불이 켜지지 않았다. 스트레스 상태의 유아들은 램프가 더 이상 작동하지 않는데도 전에 받은 램프를 계속 눌렀다. 대조군의 아이들은 다른 램프를 더 자주 누르며 훨씬 유연한 행동을 보였다. 스트레스가 15개월 된 유아조차 기존의 습관을 고수하게 만든다면 어린 시절에 스트레스를 경험한 어른이 스트레스를 받을 때 계속 똑같은 방식으로 반응할 수 있다는 것도 놀라운 일이 아니다. 스트레스와 불안은 우리의 초점을 좁혀서 위협을 실제보다 더 크게 느끼게 한다. 이 '터널 시야'는 상황에 맞지 않는 습관적인 전략을 사용하여 과잉 반응하게 만든다. 다음 연습은 스트레스 상황에서 기존과 다른 인지적으로 유연한 관점으로 반응하는 법을 가르쳐준다.

연습: 인지적 유연성 기르기

현재 마주한 스트레스 상황을 생각해본다. 일기나 별도의 종이에 상황을 간략하게 설명한다(두세 줄). 당신이 이 상황을 어떻게 바라보는지 생각해본다. 당신은 그것을 위협, 도전, 손실, 또는 이 모든 것으로 보는가? 위협이나 손실로 보고 있다면 도전으로 볼 수 있는 방법이 있을까? 잃을 것은 무엇이고 배울 것은 무엇인가? 이 상황에 대처하는 우선순위와 목표는 무엇인가?

상황을 얼마나 통제할 수 있는가? 상황이 계속 변화하거나 결과가 불확실하다면 시간이 지남에 따라 어떻게 바뀔지, 결과의 예측 가능한 부분은 무엇인지 적어본다. 잠재적인 변화를 다루기 위해 상황이나 우선순위, 목표에 대한 당신의 관점을 수정할 필요가 있는가?

이 상황에 그동안 어떻게 대처해왔는가? 이것이 보통 당신이 스트레스에 대처하는 방법인가? 이 방법이 얼마나 효과적인가? 이 접근법의 장점과 단점은 무엇인가? 기분을 나아지게 하는가? 문제를 해결해주는가?

이 전략은 과거에 얼마나 성공적이었는가? 현재 당신이 놓인 상황이 과거의 상황과 비슷한가, 아니면 차이가 있는가? 차이가 있다면 전략을 조정할 필요가 있는가? 과거에 성공하지 못한 전략을 사용하고 있다면 왜 아직도 그 방법을 사용하고 있는지 생각해보라. 무엇이 새로운 방법을 시도하지 못하게 막고 있는가?

이제 현재 상황과 관련된 사람들에 대해 생각해본다(이를테면 당신이 갈등을 겪고 있는 대상). 이 상황에 대한 그들의 관점은 무엇인가? 위협이나 도전, 또는 손실로 보는가? 그들의 가장 긴급한 우선순위와 목표는 무엇인가? 그들과 타협점을 찾거나 협력하는 방법이 있는가? 아니면 새로운 경계(바운더리)를 정해야 하는가?

가장 객관적인 관점을 찾는다. 중립적인 관찰자라면 이 상황을 어떻게 볼까?

그들은 이 스트레스 요인에서 당신의 역할을 어떻게 바라볼까? 이 상황에서 도움이 되거나 해로운 행동이 뭐라고 생각할까? 그들은 다른 사람들의 역할과 책임에 대해서는 어떻게 볼까?

당신이 아는 스트레스에 잘 대처하는 사람이나 존경하는 사람을 떠올려본다. 그 사람이라면 이 상황을 어떻게 볼까? 위협이나 도전, 손실 또는 세 가지 모두로 볼까? 이 사람의 가장 중요한 목표와 우선순위는 무엇일까?

그 사람이라면 이 스트레스 상황에 어떻게 대처할까?

다른 관점을 고려함으로써 배울 수 있는 것이 있는가?

도움이 될 만한 새로운 관점이나 전략이 있는가? 그것을 어떻게 행동에 옮길 수 있을까? 이겨내야 할 내면이나 외부의 장애물이 있는가?

🔅 비생산적인 스트레스 반응

이제 경직된 마음이나 혼돈을 이겨내는 도구가 생겼으니, 일반적이지만 비생산적인 두 가지 스트레스 반응에 대해 살펴보자. 바로 걱정과 반추다.

걱정은 "불확실하지만 하나 이상의 부정적인 결과가 나타날 가능성이 있는 문제의 정신적인 해결 과정에 개입하는 시도를 나타낸다. 결과적으로 걱정은 공포 과정과 밀접한 관련이 있다"(Borkovec 외, 1983).

연구에 따르면 걱정은 우리를 계속 언어 영역에 머무르게 함으로써 생리적인 각성과 부정적인 이미지를 감소시킬 수 있다(Borkovec, Hu, 1990). 걱정은 좌뇌 집중적인 활동이라서 세부 사항에 집중해 큰 그림을 보지 못하게 할 수 있다. 일부 연구자들은(Borkovec, Alcaine, Behar, 2004)은 걱정이 불안과 스트레스에 대한 신체 징후(빠른 심장박동 등)나 스트레스 요인과 관련 있는 부정적인 정신적 이미지(집을 팔고 이사 가야 한다는 것과 관련된 이미지 등)를 회피하는 방법이라고 말한다.

걱정은 점점 더 많은 부정적인 가능성을 가져와 스트레스 요인을 확대한다. 부정적인 생각이 또 다른 부정적인 생각으로 이어져 점점 더 스트레스를 받기 시작하는 것이다. 걱정은 최악의 상황이 이미 일어나고 있는 것처럼 느끼게 한다(우리의 뇌는 상상과 현실을 구별하지 못할 때도 있다). 단기적인 걱정이 계획과 문제 해결을 도와준다면 생산적일 수 있다. 또한 걱정이 새로운 견해로 이어지면 도움이 된다. 하지만 대부분 걱정은 그저 반추로 이어질 뿐이다.

반추는 지속적이고 반복적인 걱정을 말한다. 새로운 답을 전혀 찾지 못한 채 똑같은 정보를 계속 떠올리는 것이다. 반추는 단순히 문제를 해결하거나 스트레스 요인을 다루는 것이 아니다. '어떤 부정적인 결과가 나타날 수 있고 어떻게 하면 막을 수 있을까?'라는 생각에서 '왜 나는 패배자일까? 왜 그렇게 바보 같은 결정을 내려서 이런 상황을 만들었을까? 왜 나는 이 상황을 이겨낼 수 없을까? 계속 이렇게 스트레스를 받으면 어떻게 될까?'라는 생각으로 옮겨간다. '반추'라는 말 자체가 소가 '음식물을 되새김질'하는 것을 뜻한다. 풀을 씹고 삼키고 아까 먹었던 풀을 다시 꺼내서 씹고 삼키기를 반복한다. 마찬가지로 우리는 똑같은 정보를 계속 되새김질한다. 되새김질하면 스트레스에 대한 새로운 관점을 찾지 못한다.

걱정과 반추는 편도체와 전전두피질의 '피드백 고리'의 결과이다. 편도체가 경보 신호를 보내면 전전두피질이 그 경보(걱정)를 분석한 후 편도체를 진정시키지 않고 잘못될 수도 있는 일을 전부 되새겨주는 것이다. 그러면 전전두피질과 편도체 사이의 경보와 걱정이 더 심해지고 계속 반복되는 악순환이 만들어진다. 뇌 스캔을 이용한 연구에 따르면 반추는 감정적 자극을 처리하는 과정에서 편도체 활동을 증가시킨다는 사실을 보여준다(Siegle, Ingram, Matt, 2002).

반추는 시간이 지날수록 우울증과 불안을 심화시킨다(Nolen-Hoeksema, 2000). 기분이 가라앉을 때 문제를 곱씹으면 기분이 더 나빠진다. 반추하는 사람들은 스트레스 요인이 왜 발생하고 그것이 삶에 어떤 의미인지를 이해하려고 하지만 결국 과거에 사로잡혀 전혀 도움 되지 않는 방법으로 자신을 원망하고 비난한다. 반추를 통해 스트레스와 싸우는 방법을 생각해낼 수도 있지만(더 열심히 일하거나 운동을 더 많이 하거나 등)

실제로 해결책을 행동에 옮길 가능성은 적다. 반추는 스트레스 요인에 적극적으로 대처하기보다는 숨거나 도망치고 싶은 수치심을 불러일으키기도 한다. 반추는 수치심과 자기비판을 잊어버리기 위해 술이나 폭식을 부추긴다. 반추는 스트레스 상황을 회피하고 해결책을 찾지 않는 것이나 스트레스 받을 때 일상의 책임(집 청소나 아이들을 돌보는 일 등)을 다하지 않는 것을 정당화하는 생각의 함정이 될 수도 있다.

또한 반추는 관계에 부정적인 영향을 끼치기도 한다. 사별을 당한 성인들을 대상으로 한 연구에서(Nolen-Hoeksema, Davis, 1999) 반추하는 사람일수록 사별 이후 먼저 사회적 지원을 얻으려고 나서지만 오히려 더 많은 갈등을 겪고 친구들과 가족들에게 정서적 지지를 잘 얻지 못했다. 친구들과 가족들은 그들이 몇 달이 지난 후에도 끊임없이 상실감과 그것이 삶에 미치는 부정적 의미에 관해 이야기하는 모습을 보며 큰 좌절감을 느꼈다. 당신이 아무런 행동을 취하지 않은 채 똑같은 스트레스 상황에서 끊임없이 호소만 한다면 사람들은 당신을 부정적으로 바라보고 앞으로 나아가거나 문제를 해결하기 위해 더 노력해야 한다고 생각할 것이다. 한 연구에 따르면(Davis 외, 2000) 배우자나 어린 자녀를 잃은 것에 대한 의미를 찾는 것은 실제로 그 의미(예를 들어 '신의 뜻이었다' 또는 '경각심을 일깨워주는 일이었다')를 찾는 경우에만 도움이 되었다. 의미를 찾지 못하는데 계속 찾으려고 한다면 더 무력해질 뿐이다.

스트레스를 받으면 스트레스의 원인을 계속 생각하게 된다. 당신의 편도체는 해결되지 않은 문제를 다루느라 힘들어하고 있다. 스트레스 요인을 계속 떠올리며 아직 해결책을 찾지 못했다는 사실을 일깨운다.

스트레스에 대한 도움 되는 생각과 그렇지 못한 생각을 구별하는 것은 무척 어렵다. 뇌가 스트레스에 대해 걱정하고 곱씹는 것이 자신을 위한 일이라고 설득하려고 들기 때문이다. 다음 연습은 반추에서 벗어나도록 도와줄 것이다.

1. 스트레스를 걱정하는 자신을 발견하면 그 걱정이 어떤 도움이 되는지 스스로에게 물어본다. 당신은 실제로 새로운 해결책을 찾고 있고 그것을 실행하기 위한 구체적인 계획을 세우고 있는가? 새로운 관점이나 더 긍정적인 방법으로 상황을 바라보고 있는가? 이런 식으로 문제에 대해 생각하면 기분이 나아지는가, 아니면 더 나빠지는가? 해결책과 새로운 관점을 얻지 못하고 기분도 더 나빠진다면 걱정해봤자 도움이 되지 않으므로 다른 것에 집중한다.

2. 생각을 멈추는 연습을 해라. 손목에 고무줄을 감고 걱정이나 반추에 빠지는 자신을 발견할 때마다 고무줄을 세게 당겼다 놓으며 큰 소리로 "멈춰!"라고 말한다(소리 내어 말하기가 곤란한 상황이라면 속으로 외친다). 빨간색의 커다란 정지 표지판을 상상한다. 또는 우회 표지판을 떠올려 마음을 다른 방향으로 유도한다.

3. 집 안에 '걱정 코너'를 만들거나 '걱정 의자'를 정해둔다. 걱정 코너나 걱정 의자에서만 스트레스 요인에 대해 걱정한다. 하루에 15분씩 2~3번 그 자리에 앉아 걱정할 수 있다. 만약 다른 때에 걱정이 떠오른다면 글로 적거나 다음 걱정 시간을 위해 아껴둔다. 머지않아 당신의 뇌는 걱정을 걱정 의자와 연상시키고 나머지 활동들은 걱정이 없는 상태와 연결할 것이다. 이런 식으로 걱정 충동을 제한된 시간 안에서 제어할 수 있다.

4. 걱정이 공기 중에서 터지는 거품이나 시냇물에 떠내려가는 나뭇잎이라고 상상한다. 이것은 걱정과의 사이에 거리를 두는 마음챙김 기술이다.

5. 걱정이 시작될 때마다 대신 집중할 수 있는 흥미로운 이미지를 찾는다. 생각 억제에 관한 고전적 연구에서(Wegner 외, 1987) 흰곰에 대해 생각하지 말라고 지시받은 참가자들은 아이러니하게도 흰곰 생각하기를 멈출 수 없었다. 하지만

다른 이미지가 주어지자 대신 그것에 집중할 수 있었다. 내가 가장 좋아하는 이미지는 롤러스케이트를 타는 밝은 분홍색 코끼리다. 걱정이나 반추가 시작되면 당신의 코끼리를 떠올려라!

6. 일주일 동안 걱정이나 반추를 일으키는 것들을 알아차리고 기록한다(불안해하는 사람과 이야기할 때, 침대에 누웠는데 잠이 오지 않을 때, TV를 볼 때 등). 그다음에는 그런 트리거를 피할 수 있는 긍정적인 대안을 생각해본다. 예를 들어, 부정적인 당신을 더 불안하게 만드는 사람에게 당신의 문제를 이야기하지 않는 방법이 있다. 그리고 밤에 침대에 누웠을 때 15분이 지나도 잠이 오지 않는다면 일어나서 책을 읽거나 음악을 듣거나 TV를 본다. 평소 반추하는 시간에 재미있거나 주의를 딴 데로 돌리는 활동을 계획해놓는다(체육관 가기, 자연에서 산책하기, 그림 맞추기 퍼즐이나 단어 퍼즐, 정리 정돈, 요리, 친구들과 외출, 친구와 전화 통화 등).

7. 걱정의 고리를 중단시키려면 일어나서 산책하거나 마음챙김으로 몸 안에서 일어나는 일에 주의를 기울여본다. 몸에 긴장되거나 뭉친 부분이 있으면 호흡으로 풀어준다. 그 긴장감에 '두려움', '분노', '슬픔' 등 이름표를 붙인다. 이렇게 하면 '머릿속에 있다'는 느낌이나 주변 환경과 몸의 감각이 단절된 상태와 관련한 회피를 이겨낼 수 있다.

탈파국화

많은 사람이 스트레스를 받으면 파국화 사고를 보인다. 이것은 스트레스 요인에 대한 부정적인 생각을 극대화해 자신의 삶을 망쳐버리는 재앙이라고 확대 해석하는 것을 말한다. 또한 재앙적인 사건이 일어날 확률을 과대평가한다. 학교 총기 난사, 아동 유괴, 비행기 추락, 경제 붕괴는 물론 끔찍한 일이지만 매우 드문 일이기도 하다. 뉴스 편집자들은 시청자나 독자들이 더 관심을 기울이도록 이런 사건들을 과장해서 다루는 경향이 있다. 우리가 걱정하는 일은 대부분 일어나지 않는다. 일어나더라도 대처할 방법을 찾거나 도움을 얻을 수 있다. 하지만 뇌는 그 사실을 모른다. 뇌는 생존 지향적이어서 과거에 일어난 나쁜 사건이나 우리가 미디어나 다른 사람들에게 들은 부정적인 일이 반복되는 것을 피하는 데만 집중한다.

만약 자동차 사고나 파트너의 바람, 부모의 갑작스러운 이혼, 아버지의 실직처럼 강렬하고 예상치 못한 스트레스 요인을 겪으면 언제 또 다른 불행이 닥칠지 몰라 항상 초조할 수 있다. 부정적인 사건에 대한 기억이 현재에 침투해 현재의 스트레스에 더 반응하게 만든다.

연습: 탈파국화와 확률 예측하기

이것은 인지 행동 치료로 불안을 낮출 때 사용하는 방법이다.
전전두피질과 (논리적이고 언어적인) 뇌의 오른쪽 부분의 인지 전략을 사용하여 편도체를 진정시키는 법을 배울 수 있다. 현재 스트레스 요인과 관련하여
다음의 질문을 떠올려보고 일기나 별도의 종이에 답을 적는다.

- 이에 대해 나는 무엇을 두려워하고 있는가? (매우 구체적으로 적는다. 예를 들어, "직장을 잃을까 봐", "아내가 나를 떠날까 봐".)
- 이 일은 분명히 일어날 일인가, 일어날 수도 있는 일인가? 내가 (일어날 수도 있는 일에 대한 추측에 불과한) 생각을 사실로 착각하고 있는가?
- 이 일이 일어나리라는 증거가 있는가? 일어나지 않을 거라는 증거가 있는가?
- 이 일과 관련해 일어날 수 있는 최선의 상황은 무엇인가? 반대로 최악의 상황은 무엇인가? 일어날 확률이 가장 큰 일은 무엇인가? 그 이유는 무엇인가?

- 만약 최악의 상황이 발생한다면 얼마나 좋지 않은가? 이 사건을 0~100(사랑하는 사람이 죽는 일이 100)으로 평가한다면?
- 내가 최악의 상황에서 살아남을 수 있을까? 만약 가족이 영향을 받는다면 그들이 잘 견뎌낼 수 있을까? 그 일이 발생해도 나와 내 가족의 삶에서 변하지 않는 것은 무엇인가? (예를 들어, "집을 팔거나 다른 곳으로 이사 가야 했지만 그래도 가까운 동네에서 집을 사거나 세를 얻을 수 있다".)
- 최악의 상황이 정말로 일어난다면 대처하기 위한 전략은 무엇인가?
- 최악의 상황이 발생할 경우 이겨내기 위해 이용할 수 있는 자원이나 도움은 무엇인가? (친구나 가족의 도움, 정부 제도 등)
- 스트레스 상황이 이제는 덜 재앙처럼 느껴지는가? 어떻게, 왜?

⚬ 우리가 흔히 빠지는 생각의 함정

스트레스를 받을 때 빠질 수 있는 생각의 함정은 사건이 얼마나 나쁜지 과대평가하고 자신의 대처 능력을 과소평가하는 것 말고도 또 있다. 스트레스는 인지적으로 덜 유연하게 만들어 '이분법적'으로 상황을 바라보게 한다. 다음은 상황에 대한 기분을 더 나쁘게 만드는 가장 일반적인 생각의 함정이다.

흑백 사고: 회색 지대를 잊은 채 상황을 흑백으로 보고 있는가? 흑백 사고는 모든 것이 완벽하거나 끔찍하거나, 당신이 성공했거나 실패했거나 둘 중 하나라고 말한다. 중간이 없다.

감정적 추론: 사실처럼 느껴진다는 이유로 사실이라고 가정하는가? 예를 들어, 당신은 그냥 그렇게 느껴진다는 이유로 스스로 패배자이거나 사랑받을 자격이 없다고 생각한다. 우울하거나 거절당했을 때 아무런 증거도 없이 자신과 다른 사람들을 부정적으로 볼 수 있다.

터널 시야: 오로지 거기에만 집중할 만큼 스트레스에 대한 감정이 삶을 지배하고 있는가? 스트레스 요인이 영향을 미치지 않는 삶의 영역에 대해서는 잊어버렸는가? 편도체가 경보를 울리면 스트레스 요인으로만 주의가 집중된다. 나쁜 일에 대비해 계획을 세우거나 그 일을 막는 데만 몰두한다. 나쁜 일이 이미 일어나고 있다는 신호를 찾으려고 경계 태세를 갖춘다. 결과적으로 삶의 긍정적인 측면이 뇌에서 우선순위가 낮아지고 부정적인 편견으로 이어진다.

소망적 사고: 일어날 수 있는 일에 대비하는 것이 아니라 단순히 일어나기를 희망하는 일을 중심으로 삶을 꾸려가고 있는가? 플랜 B가 없는가? 예를 들어, 돈을 더 많이 벌기를 바라면서 계속 신용카드 빚을 늘리고 있는가? 공부하지도 않고 시험을 잘 보기를 바라는가? 소망적 사고는 실제로 일어나고 있는 현실을 직시하지 않는 일종의 수동적 대처라고 할 수 있다. 단기적으로는 스트레스가 덜하지만 계획을 세우지 않으면 결국 나중에 스트레스가 더 심해진다. 소망적 사고 이면에 더 큰 불안이 숨어 있다.

개인화: 스트레스 요인을 너무 개인적으로 해석하고 아무런 증거도

없는데 자신의 책임이라고 생각하는가? 스트레스는 당신이 통제할 수 없는 요인들 때문에 발생하는 경우가 많다. 암에 걸렸다고 건강을 돌보지 않았다는 뜻은 아니다. 해고되거나 일자리를 찾지 못하는 이유가 능력 부족 때문이 아니라 경제 상황 때문일 수도 있다. 파트너가 떠난 이유는 당신의 잘못이 아니라 그 사람의 책임감 부족 때문일 수 있다. 개인화는 사실은 전혀 그렇지 않은데도 부정적인 결과가 자기 탓이라고 믿게 만든다.

자신이나 타인을 탓하는 것: 현 상황과 할 수 있는 일에 초점을 맞추는 대신, 좋은 결과를 내지 못한 과거의 선택을 한 자신을 탓하는가? 문제에 대한 자신의 책임을 인정하지 않고 다른 사람만 탓하고 있는가? 대부분의 문제는 다면적이어서 책망은 일반적으로 도움이 되지 않는 사고방식이다. 그리고 책망은 현재가 아니라 과거에 초점이 맞춰져 있어 분노를 비롯한 부정적인 감정에 집착하게 만든다. 그 당시에 최선의 결정을 내렸다면 결과가 안 좋다고 해서 자신을 탓할 필요가 없다.

죄책감과 후회: 죄책감과 후회는 현재 상황이나 행동을 바꾸는 데 도움이 되지 않는다. 자신의 가치관에 어긋나는 행동을 하거나 자신과 사랑하는 사람에게 상처를 주었을 때 죄책감은 상황을 바로잡도록 도와줄 수 있다. 하지만 바로잡고 난 후에는 자신을 용서해야 한다. 그러지 않으면 죄책감이 사랑하는 사람과 함께하는 시간에 집중하지 못하도록 마음을 괴롭힌다. 만약 과거의 결정을 후회하고 있다

면 이전의 상황을 고려한 것인가? 그 당시에는 상황을 완전하게 이해하지 못했던 것이 당연하다. 지금은 그때보다 더 많은 것을 알고 있지만 그 결정을 내릴 때는 지금 아는 것을 몰랐을 것이다.

비관주의: 스트레스 요인을 어떻게 바라보는가? 컵에 물이 절반밖에 없다는 관점으로 바라보는가? 스트레스를 받을 때는 부정적인 기분에 사로잡혀 긍정적이거나 중립적인 측면을 보지 못한다. 비관적인 생각은 모든 것을 다 잃은 것처럼 포기하고 싶게 만들지만 대부분 현실이 그 정도로 최악은 아니다. 스트레스 상황에서 부정적인 면에만 집중하면 우울해지고 전체 그림을 정확히 보지 못할 수 있다.

지나치게 많은 생각과 자기 의심: 결정을 내리거나 행동하려고 할 때마다 자신을 의심하는가? 부정적인 부분이나 잘못될 수 있는 일들이 떠오르는가? 지나치게 많은 생각과 자기 의심은 이도 저도 못 하게 만든다. 완벽한 답을 찾을 때까지 기다렸다가 행동하지 않아도 된다는 사실을 꼭 기억하자.

도움 되지 않는 비교: 당신은 잘 지내거나 스트레스에 잘 대처하고 있는 것처럼 보이는 사람들과 자신을 비교하는가? 다른 사람들이 돈과 에너지, 친구가 더 많고 더 좋은 직장과 집을 가졌을 수도 있다. 운동을 많이 하고 건강한 음식을 먹고 자신을 더 잘 돌볼 수도 있다. 그런 사람들과 자신을 비교하면 자신과 자기 주변 상황에 관한 생각이 나빠질 뿐이다. 남들의 인생이 보이는 것과 다를 수도 있고, 그리

대단하지 않아도 당신에게는 시련으로 단단해진 내면이 있다.

판단하는 마음: 당신은 '해야만' 하는 일을 하지 않는 자신을 판단하고 비판하는가? 더 잘해야 한다고 스스로에게 말하는데 실제로 행동으로 옮기지는 않는가? 만약 그렇다면 문제를 해결하기 위한 '완벽한' 방법을 실행하지 않는 진짜 이유에 대해 생각해보라.

생각의 함정에 빠지면 스트레스가 커지고 불안과 우울로 이어질 수 있다. 힘든 사건을 겪고 있는 데다 그런 일이 왜 일어났는지를 두고 자신을 탓할 수 있다. 부정적인 생각과 불안감이 꼬리에 꼬리를 물고 이어져 삶과 미래를 매우 부정적인 시선으로 볼 수도 있다.

연습: 생각의 함정 진단하기

스트레스를 줄이고 자존감을 지키려면 생각의 함정에 빠지지 말아야 한다.
부정적인 생각을 믿지 말고 이름표를 붙여야 한다.

1. 현재 마주한 스트레스 상황에 대해 생각한다. 그 상황에 대한 사실을 일기나 별도의 종이에 한두 문단으로 적는다. 여기서 사실은 실제로 일어난 일이거나 관찰할 수 있는 일을 말한다. 판단, 의견 또는 예측은 포함되지 않는다.
2. 상황에 대한 개인적인 견해를 적는다. 이 일이 왜 일어났는가? 당신의 삶에 어떤 영향을 주는가? 당신과 당신의 능력에 대해 무엇을 말하는가? 어떻게 하고 싶은가? 무엇이 행동을 막는가? 이 상황이 어떤 결과로 끝날 것 같은가? 자신이나 이 상황과 관련 있는 사람들에 대한 부정적인 생각을 적는다.
3. 지금까지 쓴 글을 읽고 생각의 함정에 해당하는 것에 형광펜으로 표시하거나 밑줄을 긋는다. 어떤 생각의 함정인지 이름표를 붙인다.

생각의 함정을 이겨내려면 상황을 좀 더 긍정적으로 보려고 해야 한다.
이전 연습에서 찾은 생각의 함정에 다음과 같은 질문을 한다.

흑백 사고

- 모 아니면 도라고 생각하는가?
- 어떻게 하면 중간 지대를 찾을 수 있을까?
- 좀 더 균형 잡힌 관점으로 볼 수 있을까?
- 어떻게 하면 덜 부정적이거나 비판적일 수 있을까?
- 내가 '너무 나쁜 상황'이라고 이름 붙인 이 상황에서 긍정적인 부분이 있을까?
- 상황을 좀 더 미묘한 관점으로 바라보는 방법이 있을까?
- '나쁜' 일이 실제로 일어난다면 어떻게 적응할 수 있을까?

터널 시야

- 문제의 한 부분을 너무 강조하고 큰 그림을 무시하고 있는가?
- 부정적인 면에만 집중하면서 삶의 어떤 긍정적인 면을 무시하고 있는가?
- 만약 나의 약점만 보고 있다면 나의 강점은 무엇일까?

소망적 사고

- 실제로 일어날 일이 아니라 일어나기를 바라는 일에 초점을 맞추고 있는가?
- 과거 경험과 현재의 지식을 참고할 때 일어날 가능성이 가장 높은 일은 무엇이고, 어떻게 하면 가장 잘 대비할 수 있을까?
- 플랜 B는 무엇인가?

개인화

- 다른 사람들이나 외부 요인이 문제인데 내가 너무 개인적으로 생각하거나 모든 책임을 지려고 하는가?
- 객관적인 관찰자는 이 상황을 어떻게 볼까?
- 스트레스가 내가 실패했다는 신호가 아니라 보편적인 경험이자 인생의 자연스러운 부분이라는 사실을 기억하고 있는가?

자신이나 타인을 탓하는 것

- 문제의 원인이 여러 가지인데 나는 한 사람만 탓하고 있는가?
- 내가 자신이나 다른 사람들에게 너무 가혹한가?
- 나는 전반적인 상황을 보고 그에 따른 요소를 고려하고 있는가?
- 어떻게 하면 잘못을 탓하기보다 문제를 해결하는 데 집중할 수 있을까?

죄책감과 후회

- 내가 의도적으로 누군가를 다치게 했거나 해야만 하는 일을 하지 않았는가?
- 당시의 내 능력과 지식으로 최선이라고 생각하는 일을 했는가?
- 어떤 외부 요인이 내 결정에 영향을 미쳤는가?
- 얼어붙거나 공황에 빠지거나 압도당하는 기분을 느꼈는가?
- 어떤 과거의 경험이 내가 그런 식으로 행동하게 했는가?
- 지금은 알지만 그때는 몰랐던 것은 무엇인가?
- 어떻게 하면 죄책감을 내려놓고 나를 용서할 수 있을까?
- 어떻게 하면 과거에 집착하지 않고 현재에 집중할 수 있을까?

비관주의

- 컵에 물이 절반밖에 없다고 생각하는가?
- 내 인생에서 그대로 남아 있는 좋은 부분은 무엇인가?
- 부정적인 결과가 발생할 때 극복하기 위해 이용할 수 있는 대처 전략과 지원은 무엇인가?
- 스트레스 상황을 좀 더 긍정적으로 프레이밍할 수 있을까?
- 내가 예상하는 부정적인 결과 말고 일어날 수 있는 긍정적인 결과가 있는가?
- 나 자신과 내 행동, 능력을 좀 더 긍정적으로 볼 수 있는 방법이 있을까?
- 이 상황에서 나에게 의미 있거나 도움이 될 만한 것이 있을까?

지나치게 많은 생각과 자기 의심

- 일이 제대로 될 가능성보다 잘못될 가능성에 초점을 맞추고 있는가?
- 현재 상황을 위한 최고의 해결책이 아닌 완벽한 해결책을 찾고 있지는 않은가?
- 앞으로 나아가기 위해 어느 정도의 위험과 불편함을 기꺼이 받아들일 것인가?

도움 되지 않는 비교

- 다른 사람들이 정말 나보다 훨씬 더 잘하고 있는가?
- 그들이 처음부터 나에게 없는 장점이나 기회를 가지고 출발한 것은 아닌가?
- 내 내면을 다른 사람의 외면과 비교하고 있는가? 예를 들어, 나의 감정과 다른 사람들의 행동을 비교하고 있는가?
- 나는 그들의 삶이 어떤지 정말로 잘 알고 있는가?
- 자신의 성취와 노력을 충분히 인정해주고 있는가?

판단하는 마음

- 판단하는 생각이 이로운가, 해로운가? 만약 해롭다면 다른 데로 관심을 돌릴 수 있을까?
- 더 큰 연민과 이해의 태도로 이 상황을 바라보는 방법이 있을까?

  (판단하는 생각은 생각에 불과하고 들을 필요가 없다는 사실을 기억해야 한다. 그런 생각은 사실이 아니라 의견일 뿐이다. 이 책에서 배운 마음챙김을 이용해 판단하는 생각이 하늘을 떠다니는 구름이라고 생각하라.)

🔑 Key Point

스트레스와 불안은 과도한 경계를 불러일으켜 상황을 더욱 악화시킨다. 또한 스트레스는 장기적인 건강과 행복이 아니라 단기적인 스트레스 완화를 선호하는 결핍의 마인드셋을 만든다. 이런 사고방식을 물리치는 전략으로는 미리 우선순위를 정하고 준비하는 것이 있다. 긍정적인 감정과 긍정적인 마음 상태를 만들어 '투쟁-도피-경직' 반응이 일으키는 생리적인 효과를 없애고 스트레스 요인에 적극적으로 대처하는 동기를 부여하고 스트레스에 대한 생각의 폭을 넓히는 방법도 있다. 스트레스를 관리하는 중요한 도구로 감사 일기를 쓰는 것도 효과적이다.

8장

긍정적인 부분에
집중한다

스트레스를 느끼면 우리의 뇌는 이 상황에서 얻거나 배울 수 있는 것보다 위협과 손실을 피하려는 쪽으로 기울어진다. 뇌가 위협에 집중하므로 터널 시야가 생길 수도 있다. 이 장에서는 스트레스가 결핍의 마인드셋을 만든다는 사실을 알아보고 그것을 극복하는 방법을 배운다. 쉽게 말해 스트레스를 받을 때 긍정적인 부분에 집중함으로써 전전두피질이 편도체에 지금 이 상황이 안전하고 괜찮으니 '투쟁-도피-경직' 모드를 꺼도 된다고 말하게 하는 것이다.

과도한 경계를 이겨내는 방법

불안하거나 스트레스를 받으면 위협적인 상황 또는 무서운 결과에만 주의를 집중한다. 그 일을 예방하거나 고통과 괴로움을 최소화하는 방법을 알아내려고 애쓴다. 진화의 측면에서 우리 조상들은 사자의 움직임을 경계해야만 잡아먹히지 않고 살아남을 가능성이 컸다. 수만 년 동안 위협에 집중하는 것은 스트레스에 대한 반응으로 우리의 뇌에 새겨졌다. 문제는 우리가 오늘날 마주하는 스트레스 요인은 조상들이 마주했던 것보다 훨씬 더 복잡하고 장기적이라는 데 있다. 생활비, 외로움, 실업 등의 상황은 당장 해결되지 않는다.

1장에서 배웠듯이, 끊임없는 걱정과 경계는 급성 스트레스 요인을 만성 스트레스 요인으로 바꾼다. 몸과 마음에 휴식과 회복할 기회를 주지 않으면 당신은 지칠 수밖에 없다.

수의 이야기는 과도한 경계가 스트레스가 많은 상황에 대처하는 데 어떻게 방해가 되는지를 잘 보여준다.

수는 연인과의 관계에서 큰 스트레스를 받고 있었다. 그녀와 남자친구는 자주 싸웠다. 그녀는 남자친구가 바람을 피우고 있을지도 모른다고 의심했다. 그녀는 남자친구에게 하루에 열 번씩 문자를 보내며 어디에 있는지 확인하고 그의 물건을 몰래 뒤지고 이메일을 읽었다. 수는 그가 더이상 자신을 사랑하지 않는다며 싸움을 걸었다. 직장 일에 집중할 수 없게 된 그녀는 자주 실수를 했고 상사와도 갈등이 생겼다. 친구들을 만나거나 가족들에게 전화하는 것도 멈추었고 그들도 그녀에게 짜증을 내기 시작했다. 결국 지쳐버린 남자친구가 이별을 선언했다.

그녀는 남자친구가 바람을 피울지도 모른다는 위협 상황에 끊임없이 주의를 기울였지만(참고로 남자친구는 바람을 피우지 않았다) 의도된 효과가 나타나지 않았다. 결국 과도하게 의심에 집착한 결과 두 사람의 관계는 파국으로 끝났다. 그녀는 불안감이 커졌고 친구, 가족, 직장에서 멀어졌다. 남자친구가 바람을 피울지도 모른다는 의심에만 집중하느라 관계의 긍정적인 측면을 즐기거나 더 사랑 넘치는 유대감을 쌓을 기회를 놓쳤다.

스트레스가 위협이나 거부 상황을 극도로 경계하게 만드는가? 다른 위협이 닥칠지도 모른다는 생각에 한시도 눈을 뗄 수가 없는가? 우리의 뇌는 일과 휴식을 번갈아 하도록 만들어졌다는 사실을 기억하자. 뇌는 오랫동안 '투쟁-도피-경직' 모드를 발동하고 흥분 상태에 있도록 만들어지지 않았다. 주의를 딴 데로 돌리고 모든 것을 통제하려는 충동을 억누르는 방법을 찾아야 한다. 도움이 될 만한 세 가지 대처 기술을 소개한다.

1. 그냥 내버려 두기: 뭔가를 하거나 항상 감시할 필요 없이 상황을 그대로 놔둘 수 있을까? 편도체가 '투쟁-도피-경직' 모드를 발동시키면 그것이 최선의 방법이 아닌데도 당장 행동하려는 충동을 느낀다. 심호흡을 몇 번 하면서 속도를 늦춰야 한다. 상황을 통제하려는 시도가 생산적이지 않다면 한발 물러나 상황이 자연스럽게 전개되도록 내버려 둔다. 무슨 일이 일어나든 필요하다면 대처할 수 있다고 믿는다. 믿을 수 있는 친구나 사랑하는 사람과 이야기를 나눈다.

이렇게 하면 충동적으로 행동하지 않고 말을 통해 행동 욕구를 충족시킬 수 있다.

2. 주의를 딴 데로 돌리기: 스트레스 요인을 항상 감시하는 대신 집중할 만한 것을 찾는다. 재미있는 활동일 수도 있고 단어 게임 같은 도전적인 일일 수도 있고 만들기 같은 취미가 될 수도 있다. 뉴스에 집중하거나 TV 시리즈를 보거나 책을 읽거나 스포츠 경기를 볼 수도 있다. 옷장을 정리할 수도 있다. 반려동물과 놀거나 아이들에게 집중하거나, 재미있거나 섹시한 상상을 할 수도 있다.

3. 충동과 싸우기: 편도체의 '투쟁-도피-경직' 반응과 의도적으로 반대되는 일을 한다. 전전두피질을 이용해서 다른 의도와 행동을 생각해내는 것이다. 만약 당신의 뇌가 남자친구의 페이스북을 염탐하라고 말하면 그 대신 일기를 쓴다. 연락 없는 여자친구에게 술에 취해서 문자를 보내고 싶다면 대신 집에 가서 잠을 잔다. 이렇게 하면 편도체가 아니라 전전두피질을 이용해 상황을 주도할 수 있고 스트레스에 파괴적으로 행동하려는 충동과 싸울 수 있다. 인간관계와 건강을 지키는 데 도움이 된다.

● '아직 부족해'라는 생각을 이겨내는 법

스트레스를 일으키는 상황에는 대부분 결핍감이 따른다. 시간, 돈, 우정, 안정감 등이 충분하지 않아서 걱정하고 앞으로 절대로 충분하게 얻지 못하리라는 생각으로 지레 걱정한다. 사랑, 음식, 돈, 시간 등 중요한 자원이 부족하다는 느낌은 걱정이나 분노로 이어진다. 항상 비상모드를 발동시켜야 할 필요성을 느낄 수도 있다. 예를 들어, 필요 이상으로 돈을 아끼거나 하루의 일분일초를 계획하면서 휴식을 허용하지 않는 것이다.

하버드 대학교 경제학 교수 센딜 멀레이너선 Sendhil Mullainathan은 저서 《결핍의 경제학: 왜 부족할수록 마음은 더 끌리는가》(엘다 샤퍼 공저, 알에이치코리아, 2014)에서 시간 부족과 끊임없이 '일해야' 하는 스트레스가 그의 행동에 어떤 영향을 끼쳤는지 설명한다. 시간을 어떻게 써야 할지에 대해 그는 잘못된 결정을 내렸고, 일정을 겹쳐서 잡고, 지나치게 많은 일을 했을 뿐만 아니라 자주 차량 등록 기간을 놓치고 교통경찰을 피하려고 시간을 낭비하기 일쑤였다.

결핍 마인드셋은 시간의 틀을 좁혀서 충동적인 결정을 하게 만든다. 장기적으로는 어려움이 더 커지는 결과를 초래한다. 희소성과 제한된 자원의 스트레스는 문제와 장벽을 악화시켜 정신적 피로와 인지적 과부하를 가져온다. 전전두피질이 제대로 작동하지 않고 두려움에 기반한 편도체가 결정을 주도하게 된다. 편도체는 항상 장기적인 해결책보다 단기적으로 스트레스를 없애는 것을 더 선호한다. 그래서 우리는 스트레스를 받으면 술을 더 많이 마시고 신체적·정신적 건강을 소홀히 하고 친밀감과 동지애의 욕구를 무시하며 사랑하는 사람들에 대한 책임을 다하지 않는다. 신용카드 청구서 처리를 미루고 최소한의 금액만 내거나 청구서를 아예 열어보지 않을지도 모른다.

연구에 따르면 경제적인 어려움과 외로움, 식량 부족은 가지지 못한 것에 대한 해로운 집착을 초래한다(Kalm, Semba, 2005; Shah, Mullainathan, Shafir, 2012; Zawadzki, Graham, Gerin, 2013). 게다가 결핍과 관련된 스트레스와 불안은 동기부여와 의지에도 해로워서 온갖 유혹에 더 취약하게 만든다. 경제적 결핍감은 사업 성장을 위한 투자를 가로막는다. 시간이 부족하다고 생각하면 건강을 소홀히 하거나 휴식을 취하지 않아 피로와 번아웃을 일으킨다. 사랑의 결핍은 건강하지 못한 관계를 끝내지 못하고 질질 끌고 가게 한다.

결핍의 스트레스와 그로 인한 동기부여 상실로 인해 문제를 해결하거나 더 큰 피해로부터 보호할 수 있는 행동이나 상황을 피하는 경향이 있을 수 있다. 외로운 사람들은 자신과 타인을 더 부정적으로 바라보고 거절당할 것이 두려워서 모임이나 활동에 참여하지 않으려고 한다. 2015년 '미국인의 스트레스Stress in America' 조사에 따르면 미국인의 32퍼센트가 돈이 부족해서 건강하게 살 수 없고, 미국인 5명 중 1명은 경제적 스트레스 때문에 병원에 가지 않거나 실제로 가지 않은 적이 있다(미국심리학협회, 2015). 이런 결정은 단기적으론 재정적인 불안을 완화해주지만 장기적으로는 건강을 해친다.

스트레스를 받는 상태에서 결핍 마인드셋을 물리치려면 한 걸음 뒤로 물러나 행동의 장기적인 결과와 큰 그림에 대해 신중하게 생각해야 한다. 편도체는 단기적 이익만 지나치게 강조해 눈앞의 문제를 해결해야 하고 기존의 방식에서 벗어난 새로운 시도는 위험하다고 생각하게 한다는 사실을 기억하자. 스트레스 요인을 다루는 가장 효과적인 방법이 상황이나 기존의 방식을 바꾸는 것일 때도 뇌는 자연스럽게 변화에 저항하고 '투쟁-도피-경직' 반응을 보인다. 우리 조상들에게 불확실성과 변화는 위험이 도사리고 있을지 모른다는 뜻이었기 때문이다. 하지만 현대인에게는 그 의미가 다르다. 변화와 불확실성은 삶의 일부이므로 빠르게 움직이는 세상에서 우리가 꼭 익숙해져야 할 부분이다. 두려움으로 움직이는 편도체가 아니라 전전두피질과 높은 수준의 사고 영역을 허용해야 한다. 충동 행동을 피하고 이성적인 행동을 선호해야 한다. 다음은 몇 가지 유용한 전략이다.

부족한 것이 아니라 가진 것에 집중하라: 이미 가지고 있는 좋은 것들에 집중하면서 풍요로움의 감각을 만든다. 사랑, 성취, 가족, 영성 등. 대개 스트레스 요인은 삶의 작은 부분일 뿐이다.

우선순위를 명확히 하라: 스트레스를 받을 때는 자신에게 가장 중요한 것이 무엇인지 확실히 알수록 좋은 결정을 내리기가 더 쉬워진다. 미리 알고 있어야 한다. 예를 들어, 가족, 안정, 시간의 자유, 의미 있는 일, 공동체 의식, 균형 잡힌 삶일 수 있다. 이 중에서 하나가 첫 번째 우선순위라면 두 번째, 세 번째 우선순위는 무엇인가? 그다음에는 돈과 시간, 에너지를 우선순위에 따라 사용하는지 생각해본다. 자신이 어느 길로 나아가고 있는지 알면 거절하거나 지나치게 많은 일을 맡지 않을 수 있다.

미리 전략을 준비하라: 스트레스 상황에서 충동적인 결정을 피하는 데 도움이 되는 방법과 루틴을 미리 준비해놓는다. 장보기 목록을 만들고 병원 진료 예약을 핸드폰에 표시해두고 계좌에 정기적으로 예금을 한다. 쇼핑하러 갈 때 신용카드를 가져가는 대신 절약하는 친구를 데려간다. 스트레스로 마음이 약해졌을 때 실수로 전화하는 일이 없도록 결혼한 전 남자친구 등 관계가 끊긴 연인들의 전화번호는 지운다.

합리적인 위험은 감수하라: 스트레스가 심하고 자원도 부족하면 가진 것을 더 잃고 싶지 않아서 위험을 감수하지 않으려 한다. 하지만 어느 정도의 위험을 무릅쓰지 않으면 창의적인 해결책을 찾기가 어렵다. 비즈니스 리더들은 항상 이런 문제에 직면한다. 기업은 위험 감수를 심하게 반대하는 기업 문화가 있으면 항상 틀에 박힌 생각에 빠져서 혁신하지 못한다. 기꺼이 새로운 접근법을 시도하고 자원을 투자하라. 논리적으로 볼 때 긍정적인 결과로 이어질 가능성이 가장 높은 전략이라면 불안해도 잠깐 버텨라.

장기적인 관점을 선택하라: 스트레스는 즉각적인 불안을 누그러뜨리려는 쪽으로 기울게 만든다. 눈앞의 마감일에는 집중하면서도 장기적으로 더 중요한 문제를 처리하는 데는 소홀히 한다. 고객들에게 서비스를 제공하느라 사업 성장을 위한 투자를 하지 않으면 앞으로 손해를 볼 수 있다. 일에 모든 에너지를 쏟느라 아이들의 정서적 욕구를 무시하면 아이들이 사춘기가 되었을 때 많은 문제가 발생한다. 그러니 앞으로 1년, 5년, 10년 후에 일어날 일에 대해 생각하고 장기적으로 스트레스를 줄여주는 해결책을 찾으려고 노력한다.

지지하는 관계를 구축하라: 스트레스 상황에서 자원이 부족하다고 생각하면 다른 사람들과 경쟁하게 된다. 남이 더 많이 가질수록 내 몫이 적어진다고 보기 때문이다. 하지만 오히려 그 반대가 사실일 수 있다. 다른 사람들의 사업 성장을 도와주면 그들이 당신의 일을 더 많이 도와줄 것이기 때문이다. 사정이 여의찮은 사람에게 카풀을 제공해주면 나중에 필요할 때 도움을 받을 수도 있다. 연구 결과에 따르면 사회적 지원은, 즉 서로 도움을 주고받는 것은 스트레스가 초래하는 정신적·신체적 건강에 미치는 부정적인 영향을 강력하게 줄여준다(Cohen, Wills, 1985; Rosengren 외, 1993).

긍정적인 마음 상태가 주는 이점

'긍정심리학'에 대한 연구(Fredrickson, 2004)에 따르면 긍정적인 감정을 창출하거나 긍정적인 감정에 집중하면 세 가지 중요한 이점이 있다. 그 이점은 스트레스에 잘 대처하게 한다. 첫째, 긍정적인 감정은 생리적으로 스트레스로부터 회복하도록 도와준다. 둘째, 참여를 유도한다. 도망치거나 싸우거나 얼어붙지 않고 탐구심과 호기심으로 합리적인 위험을 무릅쓰도록 격려한다. 그러면 스트레스 요인에 대처하는 데 도움 되는 새로운 정보와 자원을 얻을 수 있다. 셋째, 긍정적인 감정은 스트레스에 대해 더 넓게 생각함으로써 새롭고 창의적인 해결책을 찾아보게 한다. 좀 더 자세히 살펴보자.

긍정적인 감정은 우리 몸이 스트레스로부터 생리적으로 회복하는 것을 도와준다. 한 연구에서(Frederickson 외, 2000) 연구진은 모든 참가 대학생들에게 시간이 촉박한 상태에서 발표를 준비하게 하고 그 모습을 비디오로 녹화해 평가하겠다며 스트레스를 유발했다. 이에 학생들은 불안감을 느꼈고 심박수와 혈압이 올라갔다. 그런 다음 대학생들은 네 편의 영상 중 하나를 보았다. 재미를 위해 만들어진 영상, 만족감을 위해 만들어진 영상, 중립적인 효과를 위해 만들어진 영상, 슬픔을 자아내기 위해 만들어진 영상이었다. 긍정적인 감정을 자극하기 위해 만들어진 첫 두 영상을 본 대학생들은 심혈관 회복(심박수와 혈압이 스트레스 이전 수준으로 돌아감)이 더 빠르게 나타났다. 긍정적인 감정은 생리적 스트레스로부터 신체를 빠르게 회복시키는 효과가 있음이 입증되었다.

긍정적인 감정이 스트레스 대처에 도움을 주는 두 번째 방법은 개입을 통해서다. 감정 이론가들은 긍정적인 감정의 기능은 우리가 피하지 않고 환경에 적극적으로 참여하도록 동기를 부여하는 것이라고 말한다. 흔히 스트레스와 관련된 불안과 부정적인 감정을 피하는 방법으로 쇼핑, 과도한 음주, 과식, 집 밖으로 나가지 않는 것, 멍하니 있는 것, 잠을 너무 많이 자는 것, 비디오 게임, 너무 오래 TV를 보는 것 등이 있다. 이런 행동이 일시적으로 긍정적인 기분이 들게 해줄 수는 있지만 건강과 행복에는 해롭다. 회피와 미루기는 스트레스 요인에 적극적으로 대처하기 위해 사용할 수 있는 에너지를 낭비시킨다. 결국 나중에는 자신을 탓하고 끝내지 못한 일들을 걱정하게 만든다. 더 행복하게, 더 긍정적으로 개입하는 방법을 배우면 스트레스에 더 적극적으로 대처할 수 있다.

긍정적인 감정과 정신 상태는 스트레스에 대한 회복탄력성을 키워준다. 폭풍우가 쳐도 구부러질지언정 부러지지 않는 튼튼한 나뭇가지처럼 될 수 있다. 연구에 따르면 회복탄력성이 강한 사람일수록 유머, 긴장을 풀어주는 활동, 낙관적인 생각을 통해 스트레스에 더 효과적으로 대처할 수 있다(Masten, Reed, 2002). 이런 대처 전략은 즐거움, 흥미, 만족, 희망 같은 긍정적인 감정을 일으킨다. 회복탄력성이 강한 사람들은 가족이나 친구, 동료들에게도 긍정적인 감정을 주므로 스트레스 상황에서 그들에게 더 많은 지지와 공감을 얻을 수 있다. 한 연구(Tugade, Frederickson, 2004)에서는 회복탄력성을 평가하는 설문지에서 더 높은 점수를 받은 사람들일수록 회복탄력성이 약한 사람들보다 더 긍정적인 감정을 보였고 스트레스가 심한 발표 과제 이후 심혈관 회복이 빨랐다. 통계 분석에 따르면 긍정적인 감정은 적어도 부분적으로 더 빠른 회복 효과를 보였다. 회복탄력성이 강한 사람들은 긍정적인 감정을 사용해 스트레스에서 회복하는 데 특히 능숙하다.

긍정적인 감정의 세 번째 기능은 문제를 보는 시야를 넓혀줌으로써 좀 더 긍정적이고 창의적인 해결책을 찾을 수 있도록 스트레스 상황을 재구성해준다. 문제의 해결책을 찾다가 막혀서 잠시 휴식을 취하기 위해 산책을 하고 돌아왔을 때 새로운 통찰이나 창의적인 아이디어가 떠오른 적이 있는가? 산책하면서 긴장이 풀리고 마음이 열려서 새로운 방법으로 문제에 접근하게 되었을지도 모른다. 바로 이런 이유로 스트레스에서 벗어나 좋아하는 일을 하거나 사랑하는 사람들과 시간을 보내며 휴식하는 것은 필수적이다. 그 결과로 마음이 긍정적인 상태가 되면 스트레스 요인을 다루는 더 나은 방법을 찾을 수 있다.

긍정적인 감정은 폭넓은 사고를 가능하게 해준다. 한 연구에서는 (Fredrickson, Joiner, 2002) "문제를 다루는 다른 방법을 생각하라"나 "상황에서 한 걸음 뒤로 물러나 좀 더 객관적으로 바라보라" 같은 항목의 설문지를 사용하여 넓은 마음과 긍정적인 감정을 측정했다. 참가자들은 스트레스 요인에 대처할 때 각 전략을 사용하는 가능성을 평가했는데 점수가 높을수록 마음이 넓다는 뜻이었다. 결과적으로 긍정적인 감정이 많은 사람일수록 그 이후에 몇 주 동안 문제를 다룰 때 폭넓은 사고를 했다. 또한 폭넓은 사고는 시간이 지날수록 긍정적인 감정을 창출했다. 다시 말해서 긍정적인 감정은 스트레스에 효과적으로 대처하는 상승 나선을 만든다.

긍정적인 감정은 전전두피질이 스트레스에 대한 자동 반응을 진정시키는 제 역할을 제대로 하도록 도와준다. 그래서 집중할 수 있고 여러 다른 정보를 종합해 앞으로 나아가는 계획을 세울 수 있다. 사별을 겪은 사람들에 대한 연구에서도 이 효과가 나타났다. 참가자들 가운데 사별의 아픔 속에서도 긍정적인 감정을 경험한 사람들일수록 장기 계획과 목표를 세울 가능성이 높았다. 긍정적인 감정을 느끼고 계획과 목표를 세운 사람일수록 12개월 이후 정신 건강 상태가 더 양호하게 나타났다(Stein 외, 1997).

긍정적인 감정과 마음 상태에 관한 이 연구 결과를 활용하여 직면한 스트레스에 더 잘 대처하는 방법이 있을까? '회복탄력성 계획'을 세우는 것이 한 방법이다. 긍정적인 감정을 유발하는 활동에 적극적으로 참여하고 그 긍정적인 기분을 연료로 삼아서 스트레스 요인에 대처하는 것이다.

다음 목록은 여러 유형의 긍정적인 기분을 유발하는 활동이다.
자신에게 가장 효과적일 것 같은 활동을 고르면 된다.
이 목록에 있는 활동 말고 선호하는 다른 활동으로 대체해도 괜찮다.
도움이 될 만한 활동을 2~4개 선택하고 정기적으로 실행할 수 있도록
평소의 일정에 넣는다. 활동을 끝낸 뒤에는 20~30분 동안 자리에 앉아서
스트레스 요인을 어떻게 다룰지 생각해본다.
창의적인 아이디어가 떠오르는지 주의를 기울여본다.

- **놀이와 창조적인 활동:** 기쁨을 느끼게 해주고 마음의 한계를 넓혀 창조적으로 문제를 해결하게 해준다.

- **새로운 것에 대한 탐구 및 시도:** 새로운 흥미가 생기고 새로운 정보를 통합하고 시야가 넓어진다.

- **자연과 아름다움을 즐기고 감사를 연습하고 긍정적인 기억 떠올리기:** 만족감이 느껴져서 매사 긍정적인 부분에 초점이 맞춰지고 새로운 관점을 발견할 수 있다.

- **사랑하는 사람들과 시간 보내기:** 사랑의 감정이 샘솟아 에너지가 생기고 고무적이고 안전하다는 느낌이 들 수 있다.

- **스포츠나 오락:** 긴장을 풀어주고 잠깐 삶의 속도를 줄여 새로운 관점을 찾게 해준다.

- **도전적인 과제:** 참여를 촉진하고 자신감과 집중력, 몰입감을 느끼게 한다.

- **유머(농담이나 재미있는 프로그램 등):** 즐거움을 주고 새로운 관점을 찾게 하며 어느 정도 거리를 두고 문제를 객관적으로 보게 한다.

⚬ 감사하는 순간 세상을 보는 시각이 달라진다

감사는 삶에서 좋은 일에 집중하면서 감사함을 느끼는 긍정적인 마음 상태다. 동기부여를 다루는 작가 멜로디 비티Melody Beattie는 말한다.

"감사는 삶의 충만함을 여는 열쇠다. 우리가 가진 것을 충분하게 만들어주고 더 많은 것으로 바꿔준다. 감사는 부정을 수용으로, 혼돈을 질서로, 혼란을 명확함으로 바꾼다."(Beattie 1990)

감사를 실천하면 스트레스 요인에 대한 관점이 결핍과 부족에서 수용과 개방, 만족감으로 바뀐다.

감사를 연습하면 스트레스에 대처할 때 많은 이점이 있다. 생각의 폭을 넓혀 삶과 문제를 좀 더 긍정적인 관점에서 볼 수 있다. 스트레스 요인의 위협을 과대평가하고 집착하는 경향도 약해진다. 실패나 패배감 극복에도 도움이 된다. 또한 감사는 당신의 인간관계를 스트레스의 영향에서 보호해준다. 사랑하는 사람들이 나에게 얼마나 소중하고 이로운 존재인지 알면 그들에게 스트레스를 풀 가능성이 작아진다. 감사는 어디에 주의를 집중할 것인지 우리가 직접 선택할 수 있으며 스트레스가 삶에서 모든 기쁨을 빼앗아 가게 내버려 두지 않을 수 있다는 사실을 깨닫게 한다. 마지막으로, 감사는 건강한 방법으로 스트레스에 대처하고 어려운 상황이 닥쳐도 포기하지 않고 나아가도록 동기를 부여한다. 예를 들어, 만족감과 충만함을 느낀다면 와인을 마시지 않고는 '견딜 수 없을 것 같은' 기분이 들지 않을 것이다.

잘 알려진 연구에서(Emmons, McCullough, 2003) 학부생 200명 이상을 대상으로 감사 일기를 쓰게 했다. 세 그룹으로 나눠 다음의 세 가지 주제 중 하나에 초점을 맞춰 주 1회 일기를 써달라고 요청했다. 감사(축복), 골치 아픈 일이나 귀찮은 일, 중립적인 사건. 10주가 지난 후 감사한 것들에 관해 쓴 사람들은 자신의 삶 전체를 긍정적으로 보고 다음 주에 대해서도 더 낙관했다. 기침이나 두통 같은 신체 증상도 적었으며, 더 많은 시간을 운동하며 보냈다. 감사 연습은 삶을 더 긍정적으로 느끼게 한다. 일종의 그라운딩 효과로 전전두피질이 고삐 풀린 편도체를 더 강력하게 제어할 수 있게 해준다.

감사를 하면 더 낙관적이게 된다. 낙관주의는 면역력을 향상시키고 희망과 균형 잡힌 관점을 유지하게 하며 장기적으로 버티는 힘을 길러준다. 이런 많은 이점을 생각하면 감사는 스트레스 관리에 중요한 도구가 아닐 수 없다.

연습: 감사 일기 쓰기

컴퓨터나 특별한 공책에 일기를 쓰기 시작한다. 얼마나 자주 쓸지 정한다(연구에서 참가자들은 하루에 한 번 또는 일주일에 한 번 일기를 썼는데 매일 쓰는 것이 기분에 좀 더 긍정적인 영향을 준다). 일기를 쓰는 규칙적인 시간과 장소도 정해둔다. 그날 하루의 경험을 돌아보려면 밤에 쓰는 것이 가장 좋다(일기를 매일 쓰는 경우라면).

쓸 때마다 그날(또는 그 주) 있었던 일을 돌아보면서 감사한 일을 최대 다섯 가지 적는다. 크든 작든 상관없다. 사랑하는 사람들, 반려동물, 삶에 의미를 주는 활동, 당신을 도와준 사람들, 자연의 풍요로움, 자양분이 되어주는 것들 등 그 무엇이든 감사의 대상이 될 수 있다. 원한다면 감사한 이유를 한 문장으로 설명한다.

🔑 Key Point

그릿 마인드셋은 스트레스를 견디고 대처하는 데 도움이 된다. 스트레스 요인에서 이점을 찾으려고 하면 바꿀 수 없는 것을 받아들이고 배우고 성장할 기회를 얻을 수 있다. 통제 가능한 스트레스는 스트레스를 다루는 방법을 배우게 해주므로 다음번의 스트레스에 더 잘 대처할 수 있게 된다. 마지막으로 단단함과 그릿은 장기적인 목표에 대한 헌신에서 동기를 얻어 스트레스를 견디고 끈기 있게 앞으로 나아가는 마인드셋이다.

9장

성장을 부르는
그릿 마인드셋

스트레스 관리에서 가장 중요한 것은 올바른 태도다. 마인드셋이 스트레스 요인에 압도당할지, 배움이나 성장의 기회로 삼을지를 결정한다. 태도에 따라 스트레스가 스트레스로 느껴지지 않는다거나 제대로 관리하지 않아도 건강과 행복에 영향을 끼치지 않는다는 뜻은 아니다. 스트레스에 대한 태도를 바꾸면 스트레스의 부정적인 영향을 줄이고 심지어 긍정적인 결과를 만들 수 있다는 말이다. 스트레스에 강한 뇌의 중요한 일부분인 여러 가지 새로운 마인드셋에 대해 살펴보자. '스트레스는 유익하다'라는 마음가짐은 스트레스를 성장 기회로 바꾸고 심지어 스트레스에서 이득을 얻게 해줄 수 있다.

◦ '스트레스는 유익하다'라는 마인드셋

스트레스를 어떻게 생각하는지는 매우 중요하다. 전전두피질은 부정적인 생각으로 편도체를 공황에 빠지게 하거나, 반대로 차분하고 긍정적인 생각으로 진정시키는 능력이 있다. 스트레스를 유익한 것으로 바라보는 태도는 스트레스 대처에 효과적일까?

당신이 스트레스를 유익한 것으로 혹은 해로운 것으로 생각하는지는 스트레스 요인에 접근하는 방식과 궁극적인 결과에 영향을 미친다. 스트레스가 에너지를 고갈시키고 건강을 해친다고 생각할 수도 있고, 성장과 배움의 기회를 제공한다고 생각할 수도 있다. 만약 스트레스가 해롭다고 생각한다면 그것을 피하거나 최소화하는 데 집중할 것이다. 하지만 스트레스가 유익하다고 생각한다면 스트레스 요인을 적극적으로 마주하고 스트레스 상황을 최대한 유리하게 이용하거나 바꿀 수 없는 스트레스 요인은 받아들이려 할 것이다. 예를 들어, 승진한 지 얼마되지 않았을 때 스트레스를 피하는 데 집중하는 대신 리더십과 새로운 기술을 익히는 기회에 집중한다면 능력을 최대한 발휘할 수 있다.

스트레스 요인을 바꿀 수 없을 때도 있다. 그럴 때는 그 존재를 받아들이고 최대한 활용해야 한다. 1장에서 소개한 엘리사 에펠이 이끄는 연구진의 연구 결과에서 봤듯이, 스트레스는 장애가 있는 아이들을 돌보는 엄마들의 텔로미어(건강과 노화의 지표)에 해로운 영향을 끼쳤다. 그런데 장애가 있는 아이를 돌보는 일을 짐이 아니라 의미 있고 중요하게 생각하고 강한 스트레스로 인식하지 않은 엄마들은 부정적인 영향을 받지 않았다.

스탠퍼드 대학교의 심리학자 켈리 맥고니걸Kelly McGonigal(2015)은 스트레스를 줄이려고 애쓰기보다 그것을 받아들이는 데 초점을 맞추라고 조언한다. 그녀는 스트레스의 해로운 영향으로부터 자신을 보호하는 세 가지 방법을 제안한다.

- 스트레스에 대한 신체적 반응의 긍정적인 측면, 즉 에너지 증가나 동기부여 등에 집중한다.
- 자신이 새로운 경험에 적응하고 성장함으로써 스트레스에 성공적으로 대처할 수 있는 사람이라고 생각한다.
- 스트레스를 피할 수 없는 보편적인 경험으로 생각한다. 개인적으로 받아들이지 않는다.

스트레스 상황을 의미 있거나 관리할 수 있는 개인적인 도전으로 바라보면 자부심과 흥분을 느낄 수 있다. 몸이 여전히 '투쟁-도피-경직' 반응을 일으켜 심장이 마구 뛰고 손바닥에 땀이 나겠지만 압도당하는 기분보다는 오히려 기운이 샘솟는 것처럼 느껴질 것이다. 롤러코스터를 타거나 스카이다이빙을 할 때처럼! 그리고 모든 상황이 끝나면 이렇게 어려운 일을 해냈으니 스스로 더 멋있는 사람이 된 듯한 기분이 느껴진다. 이 일을 해낼 수 있다면 다음번에 훨씬 더 어려운 일도 할 수 있다는 자신감이 생긴다. 스스로 회복력이 강하고 유능하며 심지어 용감한 사람이라는 생각이 든다.

최근 연구에서는(Brooks, 2014) 불안의 감정을 흥분감으로 해석하는 것이 진정하려고 애쓰는 것보다 기분과 수행 능력에 도움이 된다는 사실이 확인되었다. 참가자들은 연구진의 지시에 따라 발표 준비를 하면서 스트레스와 관련된 신체의 생리적 각성을 흥분감으로 해석했다. 그들은 스트레스 반응을 진정시키라고 지시받은 사람들보다 과제에 더 큰 흥분감을 느꼈고 더 뛰어난 수행 능력을 보였다. 스트레스의 긍정적인 결과에 집중하는 마인드셋은 스트레스로 인한 감정이라는 장애물을 약하게 만들어준다. 반면 스트레스를 해롭다고 인식하면 '공포에 대한 공포'가 나타날 수 있다. 불안과 스트레스 자체를 위협과 실패의 징후로 해석하는 것이다. 스트레스를 받는 그 자체에 스트레스를 받는 악순환이 나타날 수도 있다. 너무 심한 걱정과 스트레스는 방해물이 될 수 있지만 적당한 수준의 생리적인 스트레스와 불안은 오히려 수행 능력을 높여준다. 압도당하고 명료하게 생각할 수 없을 정도가 아닌 적당한 스트레스는 뇌가 연료를 가득 채워 힘차게 움직이게 해준다.

스트레스에 대한 태도는 스트레스에 어떻게 반응하는지에 영향을 주므로 매우 중요하다. 스트레스를 해로운 것으로 인식하면 건강에 해로운 방법으로 대처하게 될 것이다. 술을 많이 마시고 스트레스의 감정을 피하려고 일을 미루고 스트레스의 해로운 결과를 계속 되새김질할 것이다. 이 모두가 스트레스 요인에 주도적으로 대처하는 것을 방해한다.

스트레스를 유익한 것으로 보면 스트레스로 인한 감정을 받아들이고 그것이 제공하는 에너지를 쏟아부어 최선을 다하게 된다. 스트레스를 피하려고만 하면 새로운 도전을 하지도 않고 가진 능력을 최대한 발휘하지도 않는다. 당신이 외롭다고 해보자. 집 안에만 있으면 단기적으로는 스트레스가 줄어들겠지만 활력과 자존감을 대가로 치러야 한다. 하지만 도전을 받아들여 도서관이나 커피숍, 애견 공원, 체육관에 가거나 봉사 활동을 한다면 관찰자가 아니라 세상에 직접 참여하는 기분이 들 것이다. 그리고 당신의 기분과 자존감을 향상해주는 사람들이나 기회를 만날 가능성도 커진다. 실제로 한 금융 기관의 직원들을 대상으로 한 연구에서 '스트레스는 유익하다'라는 마음가짐을 받아들인 사람들이 삶에 대한 만족도가 높고 심리적인 증상이 적게 나타났다(Crum, Salovey, Achor, 2013).

스트레스가 해롭다는 생각은 회피를 부추겨 새로운 기술을 배울 기회를 가로막는다. 크럼, 샐로비, 아초어의 연구 논문(2013)에서 소개되는 연구에서는 참가자들에게 발표 과제를 주었다. 그중에서 '스트레스는 유익하다'라는 사고방식을 가진 이들일수록 발표 능력 향상에 도움이 되는 피드백을 적극적으로 원했다. 스트레스를 해로운 것으로 인식한 사람들은 피드백을 선택하지 않음으로써 스트레스에 대한 노출을 그저 줄이려고만 했다. 이는 당연히 그들의 학습과 개인적인 성장에 도움이 되지 않았다.

다행히도 '스트레스는 유익하다'라는 마인드셋은 누구나 배울 수 있다. 앞에서 언급한 연구에서는 국제 금융 기관(UBS)의 300명이 넘는 관리자들에게 두 가지 3분짜리 영상 중 하나를 보여주었다. 스트레스가 건강과 성과에 미치는 '해로운' 영향에 관한 영상과 스트레스가 건강과 성과에 미치는 '유익한' 영향에 대한 영상이었다. '스트레스는 유익하다'라는 영상을 본 그룹은 스트레스에 대해 더 긍정적인 태도를 보였을 뿐만 아니라 이후 몇 주 동안 더 양호한 정신 건강과 더 뛰어난 업무 성과를 보였다.

이제 스트레스에 대한 태도가 얼마나 중요한지 알았으리라. 이제 '스트레스는 유익하다'라는 마인드셋을 받아들일 수 있도록 실제로 스트레스에 어떤 이점이 있는지 살펴보자. 그다음에는 스트레스에 대한 태도를 바꾸는 연습법을 소개하겠다.

☀ 스트레스가 나쁘기만 한 것은 아니다

스트레스는 해로울 수도 있지만 회복탄력성을 길러주기도 한다. 연구에 따르면 사람들은(또는 쥐) 통제할 수 있는, 약하거나 중간 정도의 스트레스에 노출되면 나중에 더 큰 스트레스에 더 잘 대처한다. 백신이 질병에 대한 면역을 길러주는 것과 같다. 중요한 변화나 장애물을 겪어본 적이 없으면 나중에 도전에 직면했을 때 자신감이 없고 쉽게 포기할 수 있다. 인간을 대상으로 한 회복탄력성 연구들을 검토한 논문은 "저항은 (회피가 아니라) 위험에 대한 통제된 노출에서 비롯될 수 있다"라고 결론지었다(Rutter, 2006). 스트레스 사건에 노출되는 것은 나중의 스트레스로부터 보호해주는 효과가 있다. 한 연구에서 적당한 수준의 스트레스 요인에 노출된 아이들은(더 낮거나 더 높은 수준의 스트레스에 노출된 아이들보다) 스트레스 요인에 대한 생리학적 반응이 더 약하게 나타났다(Gunnar 외, 2009).

이 주제에 관한 검토 논문에서는 "**어느 정도의** 역경을 겪은 사람일수록 **심한** 역경을 겪거나 **아예 겪지 않은** 사람보다 더 나은 결과로 이어진다"라고 결론 내렸다. 이것은 역경에 이점이 있을 수도 있음을 암시하므로 회복탄력성을 이해하는 데 중요한 의미가 있다(Seery, 2011).

회복탄력성이 강한 아이로 키우고 싶은 부모는 아이들에게 삶의 좌절과 어려움에 대처할 기회를 주어야 한다. 이른바 '헬리콥터 부모'가 아이들에게 오히려 해로운 이유도 그 때문이다. 아이들이 스트레스에 대처할 기회가 없다. 리처드 디엔스트비에르Richard Dienstbier(1989)의 정신적 강인함 이론은 관리 가능한 스트레스와 그사이의 회복을 경험하면 정신적·육체적으로 더 강해지고 미래의 스트레스에 덜 민감해진다고 설명한다. 스트레스 요인을 다루기 쉬운 것으로 바라보고 대처 전략을 더 잘 사용할 수 있기 때문이다.

심각한 스트레스 요인이라도 세 가지 삶의 영역에 도움이 될 수 있다. (1) 자아상, (2) 인간관계, (3) 자기 계발과 우선순위. 사랑하는 사람의 죽음을 경험한 사람들에 관한 연구에서 참가자의 73퍼센트는 6개월 후 상실의 경험에서 긍정적인 의미를 발견했다(Davis, Nolen-Hoeksema, Larson, 1998). 스트레스를 겪을 때 우리는 가족이나 친구들의 도움을 받고 그들과의 유대감이 탄탄해진다. 스트레스 사건은 삶의 방향을 바꾸거나 우선순위를 재조정하는 경고 신호가 되어주기도 한다.

스트레스 요인은 다양한 방식으로 세계관을 바꾸기도 한다. 물질적인 것보다는 사람들과의 관계나 영적인 것에 더 집중할 수도 있다. 책임감이 강해져서 중독 행위를 끊을 수도 있다. 시간의 소중함을 깨닫고 좀 더 현명하게 시간을 쓰기도 한다. 다른 사람들에게 깨달음을 전하거나 비슷한 스트레스를 경험한 사람들과 유대를 쌓는 방법에서도 스트레스의 의미를 찾을 수 있다. 새로운 직업 선택, 자원봉사, 사회운동 참여를 통해 새로운 정체성을 찾기도 한다.

스트레스에서 이점이나 긍정적인 의미를 찾는 것은 건강에 도움이 된다. 최근에 첫 번째 심장마비를 경험한 남성들에 대한 연구에(Affleck 외, 1987) 따르면 참가자의 절반 이상이 그 경험에서 이점을 발견한 것으로 나타났다. 그들은 더 건강한 생활 방식을 선택하고 인생을 더 즐기고 우선순위와 가치관, 세상을 보는 관점을 바꾸었다. 그 경험에서 이로움을 발견한 이들은 두 번째 심장마비를 겪을 가능성이 적고 8년 후에도 생존할 가능성이 컸다!

초기 유방암 환자들에 관한 연구에서도(Stanton 외, 2002) 스트레스 요인에서 이점을 찾는 것이 건강에 이로울 수 있다는 사실이 확인되었다. 연구진은 참가자들에게 글쓰기 과제를 줬다. 일부에게는 그들의 암 경험과 관련된 긍정적인 감정과 생각을 적게 했다. 그리고 나머지에게는 유방암에 대한 마음속 가장 깊은 생각과 감정을 적게 했다. 이 두 그룹의 참가자들은 감정을 언급하지 않고 유방암 경험에 대한 사실만 적은 대조군보다 이후 3개월 동안 암과 관련된 문제로 병원을 찾은 횟수가 적게 나타났다. 다시 말해서 암의 스트레스에서 이점을 찾거나 그 경험에 관한 깊은 감정을 의도적으로 표현한 것이 장기적으로 건강을 개선하는 효과로 이어졌다.

암이나 심장마비의 위험 같은 건강과 관련된 스트레스 요인이 없어도 스트레스 요인에서 이점을 찾으면 그 부정적인 영향이 줄어들 수 있다. 만약 경제적인 문제로 힘들어한다면 돈과의 관계나 우선순위를 바꿀 기회일 수도 있다. 일과 가정생활의 균형을 맞추느라 스트레스를 받는다면 바운더리를 정하는 기회가 될 것이다. 직장에서 맡은 팀장 역할 때문에 스트레스를 받는다면 기술을 발전시키고 변화를 만드는 기회가 될 수 있다. 부모로서 책임감 때문에 스트레스를 받고 있다면 그 책임에서 의미의 중요성을 찾으려고 노력할 수 있다. 중요한 것은 스트레스 요인이 어떤 식으로든 당신의 삶에 도움이 되고 의미가 있으며 배움을 얻을 기회라고 보는 것이다.

연습: 스트레스 요인을 유익한 것으로 바라보기

당신이 마주한 특정한 스트레스 요인에 대해 생각한다.
일기장이나 별도의 종이에 다음 질문에 대한 답을 쓴다.

- 이 스트레스 요인이 새로운 도전과 새로운 기술을 배울 기회를 제공하는가? 예를 들어, 업무 기술, 단호함의 기술, 의사소통 기술, 시간 관리, 자기 통제 등과 관련된 기술이 있을 수 있다.

- 이 스트레스 요인이 당신을 더 강하고 더 현명하고 더 나은 사람으로 만들어줄 수 있는가? 어떻게 하면 그렇게 될 수 있는지 설명한다.

- 이 스트레스 요인은 당신의 인간관계가 돈독해지는 기회를 제공하는가? 예를 들어 다른 사람에게 도움을 청하거나 다른 사람들을 도와주거나 협력하거나 더 나은 리더와 파트너, 부모가 되거나 더 큰 친절과 공감을 보여줌으로써 그럴 수 있다. 자세히 설명해보자.

- 이 스트레스 요인을 어떻게 활용해야 건강과 생활 방식을 개선하거나 스스로를 더 잘 돌봐줄 수 있을까?

- 이 스트레스 요인은 어떻게 당신이 더 행복하고 더 건강해질 수 있도록 삶의 우선순위를 명확히 하거나 바꾸는 데 도움을 줄 수 있을까?

- 이 스트레스 요인이 개인적이거나 영적인 성장에 도움이 될 수 있을까? 설명해보자.

성적 학대나 자녀를 잃는 일 같은 트라우마의 경험에서 이점을 찾기는 어려울 것이다. 꼭 이점을 찾으려고 애쓰지 않아도 된다. 만약 스트레스 요인이 당신에게 심각할 정도로 부정적인 영향을 끼치고 있다면 그런 감정을 부인하거나 최소화해야 한다고 애써 생각하지 마라. 스트레스 요인에 대해 긍정적인 감정이나 부정적인 감정을 느끼는 것은 지극히 당연하다. 스트레스로 괴로움을 느끼는데 긍정적이지 못하다고 자신을 탓하면 안 된다.

스트레스에서 유익함을 찾는 것이 모두에게 맞는 방법은 아니지만 어떤 특정한 스트레스 요인을 다루는 사람들에게는 몸과 마음을 지키는 유용한 방법이 될 수 있다. 스트레스 상황에서 인내심을 가지고 앞으로 나가게 해주는 또 다른 마인드셋을 알아보자.

⚬ 스트레스에 강한 그릿 마인드셋

스트레스에 대처하는 데 도움이 되는 또 다른 마인드셋은 그릿, 즉 인내력이다. 많은 스트레스 요인이 오랫동안 좌절과 실패를 이겨내고 시련 앞에서도 목표를 계속 추구하는 노력을 요구한다. 오랫동안 '계속하는' 결단력과 강인한 정신력이 필요하다.

단단함의 개념은 특정한 태도가 스트레스에 더 탄력적으로 대처하게 해준다는 것을 시사한다. 연구에 따르면(Kobasa, 1979) 회복탄력성이 있는 사람들은 세 가지 중요한 특성을 가지고 있다. 그것은 바로 헌신, 도전 그리고 통제다. 헌신은 자신이 하는 일에 대한 열정이고 힘든 상황이 닥쳐도 그 일을 포기하지 않게 해준다. 도전은 스트레스 요인을 위협이 아닌 도전으로 보게 한다(그래서 편도체가 진정하고 희망이나 흥분과 같은 긍정적인 감정이 생겨난다). 통제는 바꿀 수 없는 것을 바꾸려고 애쓰는 것이 아니라 통제할 수 있는 것을 바꾸는 데 시간과 에너지를 투자하게 해준다. 그래서 가장 큰 성과가 나오는 곳에 노력을 쏟을 수 있다. 스트레스 경험을 통제할 수는 없지만 스트레스에 어떻게 반응하는지는 통제할 수 있다.

펜실베이니아 대학교 심리학 교수 앤절라 더크워스Angela Lee Duckworth가 이끄는 연구진은(2007) 결단력과 열정, 목적의 특성을 포착하는 '그릿'이라는 개념을 소개했다. 그릿이 있는 사람들은 성공을 향해 나아가고 자신이 하는 일에 열정이 있으며 상황이 힘들어도 포기하지 않는다. 그릿이 있는 사람들은 자신을 의심하면서 주의가 흐트러지는 것이 아니라 자신의 우선순위를 알고 장기적인 목표에 집중한다. 그릿은 스트레스 속에서도 길에서 벗어나지 않도록 도와준다. 자신의 그릿이 어느 정도인지 평가해주는 그릿 척도(http://angeladuckworth.com/grit-scale)를 보면 "나는 좌절을 딛고 중요한 도전에 성공한 적이 있다", "나는 뭐든 시작한 일은 반드시 끝낸다" 같은 문항이 있다.

더크워스 박사의 연구 대상은 학생과 군인 생도, 부부, 기업 영업사원 등이었다. 그녀의 연구에 따르면 그릿(열심히 하고 추진력이 있고 어려움 속에서도 끈기 있게 나아가는 것)은 IQ나 가계 소득보다도 뛰어난 성공의 예측 지표다. 연구에 참여한 펜실베이니아 대학교 학생들은 그릿이 강할수록 대학 입학시험에서 낮은 점수를 받았어도 대학에서의 성적은 더 높았다. 웨스트포인트 사관학교 생도들은 그릿이 강할수록 혹독

한 훈련 프로그램에서 탈락할 가능성이 낮았고 그릿이 강한 영업사원일수록 좋은 판매 실적을 내고 일자리를 계속 유지했다(Eskreis-Winkler 외, 2014; Duckworth, 2016).

그릿이 있다는 것은 개인적으로 중요한 목표를 달성하기 위해 불편함을 기꺼이 참는다는 것을 뜻한다. 스트레스가 있어도 포기하지 않고 이겨내기로 의식적인 결정을 한다는 의미다. 그릿이 강하면 목표에 대한 열정이 동기를 부여하고 활력을 높여준다. 그릿이 있는 사람들은 실패했을 때 낙담하지 않고 배움의 기회로 받아들인다. 그들은 기술을 연습하고 개선하는 데 많은 시간을 쏟아 궁극적으로 성공을 이루어낸다.

그릿은 스트레스에 강한 뇌에서 중요한 부분을 차지하는 마인드셋이다. 그릿은 전전두피질로 편도체를 진정시켜 스트레스 상황에서 도망치고 싶은 충동(도피)이나 압도당하는 기분(경직)을 제어해준다. 또한 단기적인 스트레스 요인에서 장기적인 관점으로 시야를 바꿔준다. 즉, 견딜 가치가 있는 스트레스도 있음을 알려준다. 직장에서 리더십을 보여주기 위해 남들보다 더 열심히 노력하고 희생하면 나중에 더 빨리 승진할 기회가 찾아오고, 결혼 생활의 힘든 시간을 잘 버티면(갓난아기가 있거나 사춘기 아이들이 속을 썩이거나) 장기적으로 관계가 개선되고 행복해질 수 있는 것처럼 말이다.

그릿은 전략적으로 행동하고 장기적으로 에너지를 아끼는 데도 도움이 된다. 그릿은 에너지를 유지하고 현실적인 기대를 유지하는 것이기도 하다. 실패를 재앙이 아니라 삶의 불가피한 부분으로 보는 것이다. 그릿이 강한 사람들은 스트레스를 피하려 하지 않고 문제에 대한 자신의 책임을 인정하고 배우고 개선하려고 노력한다. 그들은 비전과 자신감이 있어서 장기적인 목표를 위해 스트레스를 받아들이고 견딘다. 다음 연습은 그릿을 길러 스트레스를 다루는 방법이다.

연습: 그릿 기르기

일기나 별도의 종이에 당신의 장기적인 목표를 한두 줄로 적는다.
예를 들어, "나는 치과 의사로 성공하고 싶다", "좋아하는 일을 하면서 살고 싶다",
"유화를 잘 그리고 싶다", "공동체의 일원이 되고 싶다",
"내 아이를 자신감 있는 아이로 키우고 싶다" 등이 될 수 있다.
그다음으로 다음 질문에 대한 답을 쓴다.

- 당신은 이 목표에 얼마나 헌신적인가? 이 목표가 당신에게 의미 있거나 개인적으로 중요한 이유는 무엇인가?
- 이 목표에 다가가기 위해 어떻게 하면 스트레스 요인에 성공적으로 대처하거나 스트레스를 견딜 수 있는가?
- 이 목표에 다가가기 위해 어떤 스트레스나 불편함을 기꺼이 견딜 것인가? (거절, 불확실함, 피곤함 등)
- 스트레스를 더 잘 견딜 수 있도록 체력을 기르기 위해 할 수 있는 일은 무엇인가? 더 강하고 튼튼하고 에너지 넘치고 긍정적이 되게 해주는 것은 무엇인가?
- 스트레스가 목표 달성의 영구적인 장애물이 아니라 배움의 기회로 느끼도록 스트레스를 재구성할 수 있을까? (목표에 대해 생각하는 방식을 재구성하거나 좀 더 광범위하게 정의할 필요가 있다.)

🔑 Key Point

스트레스는 염증을 일으키고 폭식이나 폭음, 수면 부족, 운동 부족 같은 건강에 좋지 않은 행동에 쉽게 빠지게 한다. 스트레스를 받을 때 운동과 건강한 식사, 충분한 수면이 왜 중요하고 어떤 효과가 있는지를 기억하자. 구체적인 운동 목표 정하기, 보상으로 새로운 습관 기르기, 좋아하고 즐길 수 있는 운동 선택하기, 수면을 도와주는 환경 만들기, '마음챙김 먹기' 등의 대처 도구를 익혀 스트레스에 무너지지 말자.

10장

스트레스 속에서도
건강한 삶은 가능하다

스트레스는 정신적으로 지치게 하고 편도체를 활성화해 조절을 어렵게 한다. 스트레스는 염증, 불면증, 체중 증가 등을 일으키고 과도한 알코올 섭취로도 이어진다. 하지만 충분한 수면과 건강한 식사, 규칙적인 운동을 포함하는 생활 방식으로 뇌의 스트레스 관리 능력을 강화해 정신적·육체적 건강을 지킬 수 있다. 스트레스 속에서도 건강하게 살려면 어떻게 해야 할까?

만성 스트레스와 염증

스트레스 호르몬인 코르티솔은 면역체계에 박테리아와 싸우거나 부상을 치료할 준비를 하라고 신호를 보낸다. 스트레스 요인이 사라지면 원래대로 돌아가라는 신호도 보낸다. 급성 염증은 우리 몸이 육체적 또는 감정적 스트레스로부터 자신을 지키려는 자연스러운 반응이다. 하지만 만성적인 스트레스는 면역 반응을 조절하고 스트레스 요인이 물러났을 때 염증을 줄이는 코르티솔의 기능을 약화시킨다. 조직이 코르티솔의 신호 기능에 덜 민감해져서 염증이 통제 불능 상태가 되는 것이다. 제어되지 않는 염증은 우울증, 심장질환, 당뇨, 암뿐만 아니라 천식과 알레르기를 일으킨다. 하지만 운동과 건강한 식사, 스트레스를 관리하면 이와 관련한 염증을 줄일 수 있다.

만성 스트레스와 체중 증가

연애 상대에게 거절당해 무심코 아이스크림 한 통을 퍼먹거나 마감일을 맞추기 위해 컴퓨터 앞에 앉아 미친 듯 일하면서 햄버거와 감자튀김을 먹어 치운 적이 있는가? 아이들을 여기저기 데려다주고 데려오느라 정신없이 바쁘다 보니 엄마는 차 안에서 쿠키를 먹으며 끼니를 해결하기 일쑤다. 오랫동안 지속되는 스트레스는 세 가지 측면에서 체중에 문제가 된다. 식욕이 증가하고 몸에 지방이 축적되고 건강한 생활 방식을 추구하려는 의지를 꺾어버린다.

스트레스를 받으면 뇌가 아드레날린과 코르티솔을 포함해 일련의 화학물질을 분비한다. 단기적으로 아드레날린은 싸우거나 도망칠 준비를 하기 위해 혈류를 내부 장기에서 큰 근육으로 보내므로 배고픔을 덜 느끼게 해준다.

하지만 아드레날린의 효과가 사라지면 코르티솔이 몸에 음식물 공급을 보충하라는 신호를 보내기 시작한다. 우리 조상들은 야생동물을 상대로 싸우느라 에너지를 많이 소모했기 때문에 그들의 몸은 더 많은 지방과 포도당 저장이 필요했다. 하지만 주로 소파에 앉아 시간을 보내고 컴퓨터에서 오랜 시간 일하는 현대인들은 스트레스에 대처하는 데 에너지를 많이 사용하지 않는다! 하지만 안타깝게도 우리의 신경내분비계는 업데이트되지 않았고 뇌는 여전히 우리에게 쿠키를 먹으라고 말한다.

1장에서 언급했듯이 스트레스는 복부에 지방이 쌓이게 만든다. 호랑이나 배고픔과 싸우던 조상들의 몸은 장기적으로 지방을 저장하는 법을 배워 적응했다. 그 결과로 지금의 우리는 만성적으로 스트레스를 받으면 복부에 '내장지방'이 추가로 쌓이기가 쉽다. 이 과도한 뱃살은 건강에 좋지 않고 없애기도 쉽지 않다. 그것은 염증을 유발하는 화학물질을 방출한다. 과도한 코르티솔 수치는 신진대사를 늦춘다. 이는 우리 몸이 위협에 대처하기 위해 정신적·육체적으로 힘든 일을 하는 데 포도당을 충분히 공급하려고 하기 때문이다. 몸이 칼로리를 느리게 태우므로 살찌기도 쉬워진다는 뜻이다.

또한 스트레스는 불안감으로 이어질 수 있다. 스트레스에 불안감이 '연결된' 이유는 아드레날린 때문이다. 불안해서 가만히 있을 수 없어 집 안을 청소하고 이리저리 몸을 움직여 여분의 칼로리를 태울 수도 있지만 불안은 '감정적 식사'를 초래하기도 한다.

스트레스에 대한 반응으로 혹은 진정하기 위해 폭식하거나 건강에 좋지 않은 음식을 먹는 것은 매우 흔한 일이다. 미국 심리학협회의 2015년 '미국인의 스트레스' 조사에서는 응답자의 약 40퍼센트가 이런 방식으로 스트레스를 다루는 것으로 나타났다. 좌식 생활도 스트레스 대처법으로 매우 흔하게 볼 수 있는 모습이다. 응답자 5명 중 2명 (39퍼센트)이 스트레스 때문에 하루에 TV를 2시간 이상 시청했고 40퍼센트가 온라인이나 인터넷 서핑을 한다고 했다. 소파에서만 시간을 보내면 과식의 유혹이 더 커진다. 인터넷 서핑이나 TV 시청도 '생각 없이' 먹게 만든다. 맛을 음미하지도 않고 얼마나 먹었는지 신경 쓰지 않고 배가 부른데도 계속 먹는 것이다. 이렇게 알아차림 없이 먹으면 많이 먹어도 만족감이 덜하다.

만성적으로 스트레스를 받으면 '위안을 주는 음식'을 갈망하게 된다. 감자칩 한 봉지나 아이스크림 한 통 등 대개 이런 음식은 먹기가 쉽고 지방, 설탕, 소금 함량이 높은 초가공 식품이다. 펜실베이니아 대학교 연구진(Teegarden, Bale, 2008)의 실험에서 '스트레스'를 받은 쥐들이 지방 함량이 더 높은 사료를 선택하는 모습이 확인되었다. 어린 시절부터 어떤 특정한 음식이 위로나 차분함을 연상시킬 수도 있다. 할머니 집에서 먹은 갓 구운 쿠키처럼 말이다.

스트레스가 심하면 시간과 에너지 부족으로 건강하지 않은 음식을 먹을 수도 있다. 스트레스를 받으면 식사를 계획하고 요리하는 데 시간과 에너지를 들이기보다 패스트푸드를 먹을 확률이 높다. 미국인들은 다른 국가의 사람들보다 집에서 저녁을 직접 요리해 먹을 가능성이 작으며 하루에 일하는 시간도 더 많다. 도시에서 일하는 사람은 길고 혼잡한 출퇴근 시간을 견뎌야 하므로 스트레스가 심하고 집에 오면 더 배가 고파서 뭔가를 해 먹을 의지가 약해진다.

한마디로 스트레스는 과식과 건강하지 못한 식사, 좌식 생활, 느린 신진대사, 복부 지방 증가 등 많은 문제의 원인이 된다. 하지만 운동이나 명상을 비롯한 스트레스 관리 루틴에 시간과 에너지를 쏟으면 그 해로움을 줄일 수 있다. 그리고 약간의 준비만으로 더 건강한 식사를 할 수 있다. 이 장의 뒷부분에서 그 방법을 살펴볼 것이다.

⦿ 스트레스와 수면 장애

미국 심리학협회의 2015년 '미국인의 스트레스' 조사에 따르면 미국 성인의 거의 절반이(46퍼센트) 스트레스 때문에 잠을 깊이 자지 못했다. 스트레스는 '투쟁-도피-경직' 반응이 일어나는 교감신경계와 본래 상태로 돌아가 '휴식과 소화'가 이루어지게 하라고 몸에 신호를 보내는 부교감신경계 사이의 균형을 깨트린다. 심각한 각성 상태여서 밤에도 스트레스 반응이 꺼지지 않는다.

스트레스는 잠드는 능력과 잠든 상태를 유지하는 능력에 영향을 미친다. 불면증은 뇌의 집중력과 기분 조절 능력을 떨어뜨려 더 많은 스트레스를 일으킨다. 불면증이 없어도 스트레스가 수면의 질을 방해해 자고 나도 개운함이 덜하다.

밤새 벼락치기 시험공부를 하거나 새벽까지 일하느라 잠을 제대로 자지 못할 수도 있다. 스트레스는 혈당을 떨어뜨려 낮 동안 피로를 유발한다. 깨어 있기 위해 커피나 카페인이 든 탄산음료를 마시거나 기분이 나아지기 위해 술을 마신다면 수면 주기는 더 엉망이 될 것이다. 수면 부족은 식욕을 조절하는 화학물질인 그렐린과 렙틴의 기능을 방해할 수 있다. 우리는 잠이 부족해서 피곤하거나 기분이 좋지 않을 때 탄수화물을 갈망한다. 마지막으로 소중한 잠이 부족하면 유혹을 이겨내는 의지도 약해져서 코르티솔이 전전두피질에 미치는 부정적 영향이 더 강해진다.

⦿ 스트레스와 알코올 섭취

연구 결과(Keyes 외, 2012)에 따르면 남녀 모두 스트레스가 많을수록 술을 더 많이 마신다. 남성들은 스트레스를 다루는 수단으로 알코올에 의존하는 일이 여성보다 많았다. 예를 들어, 스트레스를 일으키는 일상 사건이 적어도 6가지 이상인 경우, 남성은 여성보다 폭음할 가능성이 1.5배나 더 높았고 알코올로 인한 장애도 남성이 여성보다 2.5배 높았다. 남성들은 여성들보다 감정을 표현하는 자연스러운 배출구가 적어서 스트레스로 인한 불안을 줄이거나 억눌린 감정을 표현하는 방법으로 술을 마실 가능성이 커졌다.

　가끔 마시는 와인 한 잔은 스트레스와 불안을 누그러뜨리기도 한다. 문제에 몰두하지 않고 좀 더 기분 좋고 편안하고 사교적인 기분을 느끼게 해줄 수 있다. 하지만 자주 마실수록 마음이 진정되는 효과를 얻는 데 필요한 알코올의 양도 늘어난다. 그리고 술에 취하면 파트너와의 싸움, 법적인 문제, 체중 증가로 이어질 수 있다. 알코올은 숙면을 방해하기도 한다. 다음 날 숙취가 느껴지고 우울감과 불안감이 심해질 수도 있다. 술을 많이 마시는 것은 문제를 직접 해결하는 것이 아니라 문제를 피하는 것이다. 따라서 알코올은 장기적이 아니라 단기적인 해결책에 불과하다. 술에 취하면 스트레스가 더 심해지고 몸이 지칠 수 있다. 알코올을 대사하기 위해 몸이 여분의 에너지를 사용해야 하기 때문이다. 그리고 술에 취하면 처음에는 기분이 좋을 수 있지만 더 많은 코르티솔이 분비된다.

여성의 경우, 한 번에 3잔 이상, 일주일에 7잔 이상 마시는 것을 과음이라고 한다. 남성은 한 번에 4잔 이상, 일주일에 14잔 이상 마시는 것이다. 장기적으로 과음은 당신의 뇌와 몸을 스트레스에 더 민감해지게 만든다. 몸에 만성 스트레스 요인으로 작용해 정상적인 스트레스 반응을 방해하고 스트레스가 가라앉은 후에 균형을 되찾는 몸의 능력도 떨어뜨린다. 그러므로 만성적인 스트레스가 과음과 합쳐지면 건강에 이중으로 해롭고 조기 노화를 초래할 수 있다. 알코올 섭취를 통제하고 스트레스를 받을 때 더 건강하게 긴장을 누그러뜨리는 방법을 찾아야 한다. 그러려면 시간과 노력, 끈기를 쏟아부어 새로운 습관을 길러야 한다.

⚬ 운동으로 스트레스 관리하기

만성적인 스트레스와 과식과 과음 같은 옳지 못한 스트레스 대처법은 건강에 해로운 영향을 끼친다. 규칙적인 운동으로 뇌와 몸에 미치는 만성적인 스트레스의 영향을 물리칠 수 있다.

걷기, 달리기, 수영과 같은 유산소 운동을 꾸준히 하면 기분이 상쾌해지고 긴장을 푸는 데 도움이 된다. 기분도 개선된다. 운동이 불안 장애와 임상적 우울증 치료에 사용되는 이유다. 운동은 아드레날린과 코르티솔의 수치를 낮추고 노르에피네프린, 세로토닌, 도파민 같은 진정 효과가 있고 '기분을 좋게 해주는' 화학물질을 분비한다. 또한 운동은 통증을 줄여주는 엔도르핀과 유산소 운동 이후에 느껴지는 고요함과 행복감, 강인함, 긍정적인 기분을 뜻하는 '러너스 하이runners high'를 일으킨다고 알려진 엔도카나비노이드의 수치를 올려준다. 동물 연구에서는(Pagliari, Peyrin, 1995) 운동이 다른 화학물질들과의 소통을 개선해주는 노르에피네프린 생산을 자극함으로써 뇌가 스트레스에 더 효과적으로 반응하도록 해준다는 사실이 확인되었다.

운동은 스트레스가 닥쳤을 때 우리를 더 강하고 자신감 있게 한다. 근력과 지구력을 길러주고 건강한 체중을 유지하게 해준다. 또한 운동은 에너지를 끌어올려 업무와 집안일을 더 효과적으로 처리하게 해준다. 운동에 필요한 자기 절제는 그릿을 길러주고 스트레스가 심할 때도 계속 목표를 향해 나아가도록 도와준다.

유산소 운동은 만성 스트레스와 관련된 조기 노화로부터 보호해준다(Puterman 외, 2010). 연구자들은 만성 스트레스가 있는 여성들이 3일 동안 평균 45분씩(건강을 위한 권고 사항과 일치) 격렬한 운동을 하면 그렇게 하지 않은 여성들보다 세포에서 노화의 징후가 적게 나타난다는 사실을 발견했다. 그 여성들 가운데 다수는 치매나 알츠하이머를 가진 가족을 돌보고 있었다. 1장에서 살펴본 것처럼 만성 스트레스는 텔로미어(염색체 끝이 손상되지 않도록 보호하는 역할)를 닮고 짧아지게 만들어 세포가 더 빨리 늙는다. 이 연구는 규칙적이고 격렬한 운동이 스트레스의 부정적인 영향으로부터 세포를 지켜줄 수 있음을 보여주었다. 운동은 스트레스를 일으키는 생각을 계속 떠올리게 하는 뇌의 영역으로 향하는 혈류의 방향을 바꿔 반추를 막아준다.

격렬한 운동과 오락 삼아서 하는 운동 모두 스트레스에서 딴 데로 주의를 돌려준다. 운동은 야외로 나가 햇빛과 자연의 아름다움을 즐기게 해주기도 한다. 달리기를 하거나 자전거를 타는 사람들은 바다나 강, 호수 또는 산 가까이에서 운동하는 것을 좋아한다. 축구, 야구, 농구 같은 팀 스포츠나 골프나 테니스 같은 사교적인 스포츠는 새로운 친구를 사귀고 즐거운 시간을 보내게 해준다. 그리고 큰 근육(팔과 다리)을 반복적인 리듬으로 움직이면 명상하듯 차분한 기분을 느낄 수 있다.

스포츠와 유산소 운동뿐만 아니라 요가나 필라테스 같은 스트레칭 운동도 스트레스를 줄여준다. 이런 운동은 팔, 다리, 몸통을 움직이는 동안 척추와 복부('코어') 근육의 안정성을 유지하기 위해 몸에 집중해야만 한다. 몸을 쭉 펴는 흐르는 듯한 매끄러운 동작이 신체 인식을 이완시키고 주의를 집중시켜준다. 억지로 하려고 하지 않고 현재의 능력을 받아들이고 천천히 개선해나가는 것이 필라테스와 요가의 철학이다. 이런 접근법이 길러주는 자기 인식과 수용은 스트레스 관리에도 적용할 수 있다. 요가와 필라테스는 호흡에 집중해야 하므로 부교감신경계가 '투쟁-도피-경직' 반응에 브레이크를 걸게 해준다.

심호흡과 율동적인 스트레칭 동작이 합쳐져서 깊은 이완과 스트레스 완화로 이어진다. 트라우마 경험이 있는 여성들에게 요가의 효과를 알아보는 연구에 따르면 "여성들은 자신의 몸과 감정, 생각의 상호 연결과 주인의식과 안녕감, 평온함, 몸과 마음이 하나라는 느낌이 커지는 것을 경험했다"(Rodes, 2015). 좀 더 집중적인 형태의 요가와 필라테스는 체내의 산소 흐름을 개선해 활력을 올려주는 효과도 있다.

이제 운동의 이점을 알았으니 운동 습관을 기르는 데 도움 되는 방법을 알아보자.

◦운동 습관 기르기

규칙적인 운동은 스트레스를 관리하는 필수 루틴이다. 우울증을 막아주고 만성 스트레스가 건강에 끼치는 해로움을 줄여준다. 하지만 스트레스가 심할 때는 새로운 운동 루틴을 시작하거나 규칙적으로 운동하기가 어려울 수 있다. 운동할 시간이 없거나 가뜩이나 일이 바빠서 파트너나 아이들과 함께하는 시간도 부족한데 운동이 시간 낭비처럼 느껴진다. 운동은 하고 싶지만 다른 일들 때문에 바쁘거나 운동하기 위해 아침 일찍 일어나기가 힘들거나 저녁에 너무 지쳐서 운동할 기운이 없을지도 모른다. '투쟁-도피-경직' 반응은 잠시라도 일을 멈추고 건강을 돌보는 시간을 내기가 어렵게 만들기도 한다. 휴식을 취하면 일을 끝내지 못할까 봐 두려울 것이다. 하지만 오히려 운동은 에너지와 집중력, 정신적 명료함을 높여서 일상의 할 일을 처리하고 스트레스 관리를 더 수월하게 한다.

운동하기 어렵게 만드는 심리적 장벽은 또 있다. 이미 스트레스를 받는 상태에서 운동은 하기 싫은 일이 하나 더 추가된 것처럼 느껴진다. 몸무게가 의식된다거나 멋지지 않은 몸매에 수치심을 느껴서 이런 감정을 마주하고 싶지 않을 수도 있다. 불편하거나 숨찰까 봐 두려울지도 모른다. 아침에 숙취로 힘들거나 너무 배고파서 운동할 기운이 없을 수도 있다. 하루 일과를 끝내고 난 시간에는 운동보다 그냥 TV를 보고 싶을 수도 있다. 스트레스를 받는 상태에서는 운동에 대한 이런 정신적·신체적·정서적 장벽 때문에 운동을 하지 않을 핑계를 찾기가 쉽다. 좋은 의도만으로는 충분하지 않다. 하고 싶은 마음을 행동으로 옮기려면 어떻게 해야 할까? 구체적인 단계를 밟고 불가피한 장애물에 대처하기 위한 계획을 세워야 한다.

찰스 두히그Charles Duhigg는 베스트셀러 《습관의 힘》(갤리온, 2012)에서 습관이 세 가지 단계를 거쳐서 만들어진다고 설명한다.

첫 번째는 어떤 행동을 하도록 동기를 부여하는 단서를 마련하는 것이다. 예를 들어, 아침 식사를 하는 곳 옆에 러닝화를 두고 아침에 조깅을 하러 가야 한다는 것을 상기시킨다.

두 번째는 루틴이다. 규칙적으로 매일 3킬로미터를 달리는 실제 행동이 여기에 해당한다.

세 번째는 보상이다. 조깅이 끝난 후 샤워를 하거나 시원한 물을 마실 때 느끼는 성취와 자부심 같은 것이다. 탄탄한 복부와 줄어드는 뱃살을 보면서 보상을 얻을 수도 있다. 운동하고 난 후에 활력이 넘치고 정신이 맑아지는 것은 내적인 보상이다. 정기적인 피드백을 받는 것도 보상이다. 만보기를 착용하고(요즘 일반적인 것처럼 손목에 피트니스 트래커를 차거나) 하루의 활동량과 연소 칼로리를 기록하는 것도 한 방법이다.

제대로 된 운동 루틴을 따를 시간이 없는 것처럼 느껴진다면 매일 걷는 걸음의 수를 늘리는 것으로도 체력이 좋아지고 스트레스와 관련된 체중 증가를 막고 스트레스가 해소될 수 있다. 빨리 걷는 것은 심장 박동수를 높이고 몸 안에 많은 양의 산소를 공급해주는 유산소 운동이다. 전문가들은 하루에 만 걸음(약 8킬로미터)을 걸으라고 추천하기도 하지만 엄격한 규칙은 아니다. 주로 앉아 있는 시간이 많다면 하루에 2천 걸음 정도밖에 걷지 않는다. 2천 걸음에서 만 걸음은 무려 5배나 차이 나므로 처음에는 매일 500걸음씩 늘리면서 차차 편안한 수준까지 올린다.

연습: 운동 습관 기르고 유지하기

운동을 더 많이 하거나 규칙적인 운동 습관을 기르도록 도와주는 다양한 팁을 소개한다. 당신의 선호도와 생활 방식에 가장 적합한 것에 동그라미를 친다.

---

1. 일상생활 속에서 활동량을 늘린다. 예를 들어, 엘리베이터 대신 계단을 이용하거나 사무실에서 더 먼 곳에 주차하거나 자전거로 출퇴근하거나 집 안의 계단을 자주 오르거나 반려견 산책 시간을 10분 늘리거나 오르막길을 걷는 방법이 있다.

2. 운동으로 이끌어주는 몇 가지 구체적인 단서를 찾는다. "운동하기!"라고 쓴 포스트잇을 침대 옆에 붙이거나 몸매가 좋은 사람의 잡지 사진을 붙여놓을 수도 있다.

3. 외적인 동기가 아닌 내적인 동기를 찾는다. 예를 들어, 에너지를 늘리거나 스트레스를 관리하고 싶은 마음이 내적 동기라고 할 수 있다. 의사가 운동해야

한다고 했거나 이웃의 탄탄한 복근이 부러운 것은 외적 동기에 속한다. 연구에 따르면 내적 동기가 있을 때, 즉 타인이 아니라 자신을 위해서 할 때 운동을 계속할 가능성이 더 크다.

4. 자연스럽게 즐기는 활동이어야 한다. 팀 스포츠를 좋아하지 않고 신체적 협응 능력이 부족하다면 달리기나 요가, 등산, 자전거 타기 등이 좋다. 자신이 강도 약한 운동을 좋아하는지 격렬한 운동을 좋아하는지, 다양성을 선호하는지, 매일 똑같은 루틴이 좋은지 생각해본다. 수업식의 운동이나 체육관의 사교적인 분위기를 좋아하는 사람들도 있지만 유연성이 허락되는 혼자 운동하기를 좋아하는 사람도 있다. 사교적인 측면을 좋아한다면 팀에 가입하거나 운동 친구를 찾는다.

5. 운동으로 얻는 정기적인 보상이 무엇인지 분명히 한다. 달리기나 운동 후에 얼마나 차분해지는지 주의를 기울여본다. 즐거움이 느껴지고 스트레스를 잠시 잊을 수 있는지도 살펴본다. 예전에 입던 청바지가 딱 맞거나 낮에 훨씬 더 에너지가 넘치는 것에 기쁨을 느껴보자.

6. 운동을 가로막는 장벽이 무엇인지 생각해보고 그 문제를 해결할 방법을 찾는다. 체력이 부족하다면 하루에 20분씩 걷는 작고 다루기 쉬운 목표부터 시작한다. 몸매가 의식된다면 좀 더 멋지게 보이게 해주는 운동복을 산다. 바쁘다면 어떤 요일과 시간에 운동할지 구체적으로 결정하고 일정에 넣는다. 혼자 운동하는 것이 지루하다면 수업을 듣거나 같이 운동할 친구를 찾는다. 저녁에 피곤하거나 배고프면 아침이나 점심시간에 운동을 한다. 체육관 등록 비용이 너무 비싸면 운동 DVD를 사거나 야외에서 운동한다.

7. 운동을 얼마나 많이, 자주 할 것인지가 명시된 운동 계약서를 작성한다.

스트레스에 강한 뇌 / 나의 운동 계약서

나의 운동 계약서

나는 매주 _____ 요일에 _____ 분 동안 운동할 계획이다.

내가 할 운동은 _____

운동해야 한다는 사실을 알려주는 단서는 _____

내가 운동으로 얻을 수 있는 개인적인 보상은 _____

운동하기 어렵게 만드는 가장 큰 장애물은 _____

각각의 장벽을 처리하기 위한 내 계획은 다음과 같다.

_____

_____

_____

_____

_____

서명 _____

날짜 _____

⦿ 수면 개선

운동은 스트레스를 관리할 때 심리적인 측면과 뇌에 많은 도움이 된다. 또한 쉽게 잠들고 깊이 잘 수 있도록 해준다. 미국 전역의 남녀 2,600명을 대상으로 한 연구에서는(Loprinzi, Cardinal, 2011) 전국적인 권장 사항이기도 한 일주일 동안 150분간 중간에서 격렬한 강도의 활동이 낮에 졸음을 줄이고 수면의 질을 65퍼센트 향상해준다는 사실을 발견했다. 하지만 운동을 제외하고라도 충분한 숙면은 스트레스 관리 계획의 핵심 요소다.

수면 부족은 스트레스 반응을 관리하고 편도체를 진정시키는 전전 두피질의 능력에 영향을 준다. 의지와 정신적 기능, 스트레스 상태에서 폭식과 폭음에 저항하는 능력도 부정적인 영향을 끼친다. 하루 6시간 미만의 수면 시간은 또 다른 만성 스트레스 요인으로 작용할 수 있다. 그렇다면 잠을 얼마나 자야 할까? 100만 명 이상을 대상으로 한 연구에서는(Kripke 외, 2002) 6시간 30분에서 7시간 30분을 잔 사람들이 가장 오래 산 것으로 나타났다. 8시간 이상이나 4시간 미만은 6년 이내에 사망할 위험이 컸다.

스트레스가 수면을 방해하면 엠비엔(졸피뎀) 같은 수면제를 복용하고 싶어진다. 하지만 이는 단기적 해결책일 뿐 근본적으로 문제를 고쳐주지 않는다. 복용을 멈추는 순간 수면 장애가 돌아온다. 게다가 수면제는 중독성이 있을 수 있고 다음 날 몽롱하고 우울감이 들 수도 있다. 수면제 복용이 사망 위험을 높였는지는 확실하지 않지만 방금 소개한 연구에서 엠비엔 같은 수면제를 복용한 사람들은 사망 확률이 더높게 나타났다. 이보다 더 좋은 방법은 행동 도구를 이용해 뇌가 새로운 수면 습관을 배우게 하는 것이다.

일단 수면을 방해하는 활동이나 물질을 없앤다. 사람마다 다를 수 있지만 카페인은 일반적인 원인이다. 카페인은 커피뿐만 아니라 많은 탄산음료와 에너지 음료, 심지어 초콜릿에서도 발견되는 흥분제이다. 당신이 먹고 마시는 것에 카페인이 들어 있는지 라벨을 확인한다. 카페인은 깨어 있게 할 뿐만 아니라 얕은 잠을 자게 하고 자다가 중간에 깨어나 화장실에 가게 한다. 전반적으로 카페인 섭취를 줄이고 잠자리에 들기 적어도 4시간 전에는 카페인이 든 음료나 음식을 먹지 않는 것이 가장 좋다. 매일 하루 섭취량을 조금씩 줄여나가는 방법으로 카페인을 끊거나 줄인다.

알코올도 수면을 방해하는 원인이다. 알코올은 졸리게 하고 잠드는 것을 도와줄 수 있지만 숙면을 방해하고 밤중에 깰 가능성을 높인다. 폭음은 생체 시계를 조절하는 호르몬이자 다른 호르몬 생성에 영향을 주는 멜라토닌의 수치를 최대 일주일 동안 감소시켜 숙면을 방해한다. 멜라토닌은 밝은 빛에 반응해 감소하고, 어둠에 의해 증가한다. 따라서 잘 때는 불을 끄고 블라인드를 닫아야 한다. 전자기기에서 나오는 빛이 없어야 숙면하기가 쉬우니 알람 시계와 핸드폰을 가린다. 멜라토닌 보충제를 복용하는 사람들도 있는데 그 방법이 자신에게 맞는지는 의사와 상담하는 것이 좋다.

만성적으로 스트레스를 받으면 전전두피질이 과도한 경계 상태가 된다. 무엇에 대한 계획이나 할 일에 대한 걱정, 스트레스 많은 상호작용에 대한 검토 등으로 머리가 정신없이 팽팽 돌아간다. 그러면 잠이 들거나 잠을 유지하는 능력에 문제가 생긴다. 미발표된 소규모 연구에서는(미국 수면의학아카데미, 2011) 더 높은 수준의 뇌 기능을 남용하는 것이 밤에 뇌를 너무 뜨거워지게 할 수 있다는 것을 조사했다(생체 시계는 자연스럽게 우리가 낮에는 더 따뜻하게 느끼고 밤에는 수면을 돕기 위해 더 시원하게 느끼게 해준다). 연구 결과, 차가운 물이 순환하는 '쿨링 캡'은 잠이 들고 잠을 계속 유지하는 것을 도와주었다. 이 결과는 더 많은 연구로 확인되어야 하지만 온도를 약 18도로 낮추거나 자기 전에 찬물을 한 잔 마시면 도움이 될 수 있다. 머리만 시원하면 되므로 추우면 이불을 덮거나 파트너를 껴안아도 된다.

자기 전에 TV를 보거나 인터넷 서핑을 하거나 핸드폰을 보는 것은 수면을 방해한다. 따뜻한 목욕, 라벤더 냄새 맡기, 클래식 음악이나 잔잔한 음악 듣기, 요가 스트레칭, 자연의 소리 틀어놓기, 명상 등이 포함된 긴장을 풀어주는 취침 시간 루틴은 과도한 각성 상태의 뇌를 꺼줄 수 있다. 하지만 침대에 누워 TV를 보거나 핸드폰을 보거나 심지어 책 읽기까지 뇌를 자극하는 것의 유혹은 이겨내야 한다. 깬 상태로 침대에 누워 있으면(특히 알람 시계를 보고 수면 부족에 대해 걱정하면서) 당신의 뇌가 침대를 깨어 있는 상태와 연관시킨다. 그래서 전문가들은 침대에 누운 후 15분이 지나도 잠이 오지 않으면 일어나 다른 방에서 조용한 활동을 하다가 다시 누우라고 말한다.

스트레스는 통증과 고통을 일으켜 잠드는 것을 더 어렵게 만들 수도 있다. 때로는 우리가 모르는 상태에서 근육을 긴장시키기도 한다. 다음 연습은 근육을 이완시키는 간단한 방법이다. 이완 반응을 일으켜 수면에 도움을 주는 검증된 기술이다. 부교감신경계('휴식과 소화')를 작동시켜 '투쟁-도피-경직' 반응에 브레이크를 거는 방법이다. 이 연습을 하면 몸이 진정되고 이완되는 것을 느낄 수 있다. 이완은 능숙해지기까지 시간이 좀 걸리므로 일주일에 몇 번씩 연습하는 것이 좋다.

이 연습을 하는 동안 거의 모든 큰 근육을 긴장하고 이완시킨다.

발부터 시작해서 점점 위쪽으로 향해 머리까지 올라간다.

이 연습의 목표는 긴장을 풀고 긴장과 이완의 차이를 배우는 것이다.

낮 동안 근육의 긴장이 느껴지면 긴장하고 이완시키는 연습을 할 수 있다.

처음에는 매일 밤 이 연습을 한다. 하다가 잠들어도 괜찮다.

다음 부위를 한 번에 하나씩 조였다가 긴장을 푼다.

긴장을 풀 때는 이완의 느낌이 파도처럼 근육에 퍼지게 한다.

천천히 모든 긴장감을 해방한다. 이완이 어떤 느낌이고 긴장과 어떻게 다른지

주의를 기울인다. 그 부위에서 이완의 느낌을 즐긴다.

---

1. 오른발(발가락을 오므리고 발에 힘을 주었다가 쫙 뻗는다.)

2. 왼발(오른발과 똑같이 한다.)

3. 오른쪽 아랫다리(종아리를 긴장시켰다가 힘을 뺀다.)

4. 왼쪽 아랫다리(오른쪽과 똑같이 한다.)

5. 오른쪽 윗다리(허벅지 근육을 쥐어짠 후에 편다.)

6. 왼쪽 윗다리(오른쪽과 똑같이 한다.)

7. 사타구니 부위와 엉덩이(엉덩이를 조이고 당겼다가 천천히 풀어준다.)

8. 복부(배를 집어넣은 후 천천히 풀어준다.)

9. 허리(허리를 둥글게 말았다가 풀어준다.)

10. 갈비뼈(갈비뼈를 꽉 조였다가 풀어준다.)

11. 등 윗부분(견갑골을 꽉 조였다가 풀어준다.)

12. 오른팔(팔 전체를 조였다가 풀어준다.)

13. 왼팔(오른쪽과 똑같이 한다.)

14. 오른손(주먹을 꽉 쥐었다가 푼다.)

15. 왼손(오른쪽과 똑같이 한다.)

16. 어깨와 목(어깨를 귀까지 올리고 목을 구부렸다가 어깨를 내리고 목을 길게 뺀다.)

17. 얼굴(얼굴에 힘을 주고 입술을 오므렸다가 풀어준다.)

이 연습을 여러 번 하고 긴장과 이완의 느낌에 익숙해지면 다음번에는 긴장을 멈추고 그냥 근육들을 차례로 이완하기만 할 수 있다. 근육을 합쳐서 하면 더 빨리 끝낼 수도 있다(예를 들어 다리를 같이, 배와 몸통을 같이, 어깨와 팔을 동시에 함). 점진적 근육 이완 CD와 앱을 이용해 비슷한 연습법을 배울 수도 있다.

☀ 스트레스 받을 때도 건강하게 먹기

스트레스를 받으면 감정적인 이유로 폭식하고 지방과 탄수화물, 설탕이 많이 든 음식을 갈망한다. 스트레스를 받을 때 중요한 것은 다이어트를 하거나 굶거나 1~2킬로그램 쪘다고 호들갑을 떠는 것이 아니다. 의식적으로 먹는 것뿐만 아니라, 스트레스를 줄여주고 제대로 된 영양분을 공급해주는 방법으로 음식을 활용하는 루틴과 생활 방식을 배우는 것도 중요하다.

많은 이들이 두려움과 분노, 슬픔 같은 감정을 먹는 것으로 억누르려 한다. 어렸을 때 강한 감정 표현이 받아들여지지 않거나 나약함의 뜻으로 여겨지는 환경에서 자랐다면, 부정적인 감정을 '나쁘고', '위험한' 것으로 인식하고 차단하기 위해 감정을 억누를 가능성이 크다. 안타깝게도 감정 억제는 효과적인 전략이 아니다. 표현되지 않고 억눌린 감정은 몇 배나 더 강하게 '되돌아오는' 경우가 많기 때문이다. 강렬한 감정을 어떻게 다루어야 할지 모르면 감정적인 폭식에 빠지기 쉽다.

연습: 마음챙김 식사

이것은 음식과의 관계를 바꿔주고 감정적인 이유로 폭식하고 스트레스 때문에
충동적으로 정크푸드를 먹는 일을 줄여주는 마음챙김 식사법이다.
(신선한 초록 사과나 붉은 사과, 배 같은) 과일을 얇은 조각으로 잘라둔다.

1. 과일 조각 하나를 바라보면서 자신의 생각이나 감각에 주목한다. 입 안에 침이
   고이거나 신선하고 아삭한 맛이 기대되거나 달콤함이나 신맛을 빨리 맛보고 싶
   을 수 있다. 과일의 색깔과 신선함을 느낀다. 한 입 먹기 전에 이 과일이 어떻게
   이 테이블까지 왔는지 생각해본다. 사과라면 햇살 가득한 들판의 사과나무에서
   자라는 모습을 상상한다. 그것을 키우고 따고 운반한 사람들에 대해 생각한다.

2. 과일 조각을 한 입 베어 물고 눈을 감는다. 아직 씹지 말고 입 안의 과일에만
   집중한다. 맛, 식감, 온도에 주의를 기울인다.

3. 천천히 씹으면서 어떤 느낌인지 알아차린다. 주의가 흐트러지고 잡념이 들면
   조용히 과일의 맛과 느낌으로 주의를 다시 가져온다.

4. 삼킬 준비를 하면서 음식물의 움직임을 따라간다. 입 안쪽과 혀를 지나 목구
   멍으로 이동하는 것을 알아차린다. 과일을 삼킨다. 음식과 관련된 감각이 느
   껴지지 않을 때까지 그 느낌에 주의한다.

5. 심호흡하고 숨을 내쉰다. 어떤 감정이 일어나는지 살펴본다.

모든 식사의 첫 한두 입을 이런 식으로 먹는다. 이렇게 하면 나머지 식사 내내 좀
더 주의를 기울여서 먹을 수 있다. 마음챙김 먹기는 먹는 것 이외에 아무것도 하
지 않는다. 따라서 멀티태스킹을 하지 말고 테이블에 앉아 접시에 담긴 음식을
먹는다. 잠깐 휴식을 취하는 동안 먹고 있는 것임을 마음이 알아차리게 하고 음
식에 집중한다. 음식을 먹는 과정에 주의를 기울이면 몸의 직관적인 신호에도 주
의하게 되므로 배부를 때를 알 수 있다.

다음의 전략들은 스트레스를 받을 때 폭식하거나 건강에 좋지 않은 음식을 먹는 경향을 물리치게 해준다.

규칙적으로 식사하라: 늦은 시간에 먹는 사람들은 규칙적인 식사나 간식 시간이 따로 없고 건강에 나쁜 음식을 먹을 가능성이 더 크다. 늦은 시간에 먹으면 잠자기 전에 칼로리를 쓸 기회가 없다. 낮에 건강한 간식을 먹고 식사와 휴식 시간을 가지면 내면이 차분해지고 만족감이 생겨서 균형을 잃거나 결핍감이 들 때보다 충동적으로 먹는 일이 줄어든다.

식사 계획을 세워라: 식사 계획이 효과적이지 못하면 정크푸드를 먹게 될 수 있다. 건강한 식재료를 사거나 요리할 에너지가 없고 냉장고에 건강한 음식이 하나도 없기 때문이다. 식사를 계획하고 시간을 들여 신선한 과일, 단백질, 통곡물, 채소를 사두는 것은 정크푸드의 대안을 마련하기 위해 매우 중요한 일이다.

방아쇠 음식을 조심해라: 대부분의 사람들에게는 과식의 방아쇠를 당기는 특별히 갈망하는 음식이 있다. 도넛이나 설탕이 많이 든 음식은 혈당이 치솟았다가 확 떨어져서 더 많은 배고픔을 느끼게 한다. 정서적인 안정감을 느끼려고 먹지 마라. 건강에 좋지 않은 음식을 정 먹고 싶을 땐 소량만 먹는다.

술을 적게 마셔라: 술을 너무 많이 마시면 체중이 늘어난다. 또한 알

코올은 절제력을 무너뜨려서 조심성 따위는 던져버리고 건강에 좋지 않은 음식을 먹게 된다.

건강한 스트레스 관리법을 실천하라: 스트레스가 심한 날 휴식하기 위해 음식이나 알코올에 기대지 말고 다른 이완 기법을 사용한다. 산책하거나 영화를 보러 가거나 친구를 만난다. 또는 뜨거운 물로 목욕하거나 요가나 명상을 하거나 음악을 듣거나 향초에 불을 붙인다. 이 책에서 배운 것처럼 호흡에 집중하면서 명상하면 편도체가 진정되고 스트레스 반응을 가라앉히는 전전두피질의 능력이 향상된다.

스트레스에 강한 뇌를 만들자

빠르게 변화하는 이 시대에 성공적인 스트레스 관리 능력은 행복과 성공에 가장 필요한 기술이다. 갑작스런 스트레스가 오래 지속될 때 기분, 건강, 관계, 삶의 질에 두루 영향을 줄 수 있다. 우리의 뇌는 스트레스 반응으로 '투쟁-도피-경직' 모드를 발동하므로 충동적인 행동과 지속적인 불안과 반추, 무력감과 무능함으로 이어질 수 있다. 만성 스트레스와 코르티솔 급증, 건강하지 못한 스트레스 대처법은 장기적인 건강을 위협한다. 하지만 스트레스에 적절하게 대처한다면 감정을 진정시키고 더 현명한 선택을 하고 삶에 대한 통제감이 커지고 자신을 잘 돌볼 수 있다. 스트레스는 실패와 실망, 시련을 겪어도 끈기 있게 나아가게 해주고 개인적이고 심리적인 성장에 대한 강력한 자극을 제공한다.

우리는 스트레스가 뇌에서 어떻게 작용하는지를 알게 되었다. 편도체와 시상하부에서 시작되는 자동 스트레스 반응이 교감신경계와 부교감신경계에 의해 몸 안에서 조정된다는 사실도 알았다. 아드레날린 같은 신경전달물질과 코르티솔 같은 호르몬이 눈앞의 위협에서 도망치거나 싸우게 만든다는 것도 알게 되었다. 편도체가 인식한 위협을 진정시켜주는 마음챙김, 감정적 인식, 자기 연민, 지각된 통제감, 그 밖의 여러 전략도 배웠다. 뇌의 실행 센터인 전전두피질이 자동 스트레스 반응을 억제함으로써 좀 더 신중하게 전략적으로 앞으로 나아가고 창의적인 해결책을 찾고 끈기 있게 버티고 건강을 지키며 스트레스에서 긍정적인 측면과 성장의 기회를 찾을 수 있다는 것도 배웠다. 효과적인 행동을 가로막는 반추의 고리를 깨고 완벽주의와 자기비판을 줄이는 법도 알아보았다.

스트레스에 강한 뇌는 속도를 줄여 다시 중심을 잡고 과거의 힘든 경험에 뿌리를 둔 불안과 무력감을 이겨낸다. 편도체에 휘둘리지 않고 스스로 뇌의 CEO가 된다는 뜻이다. 두려움과 비관주의에서 개방성과 희망, 호기심, 창의력으로 생각의 방향을 바꾸는 것을 배울 수 있다. 이런 마인드셋의 변화는 행복과 건강이 커지고 인간관계가 더 돈독해지고 사업에서 성공을 거두고 회사에서나 공동체에서 리더가 되도록 도와줄 것이다. 스트레스는 절대로 피할 수 없지만 최고 버전의 나로 성장하기 위한 도전으로 바라보는 법을 배울 수는 있다!

책을 쓰는 것은 평생 내 꿈이었다. 이제야 꿈을 이뤘다. 열매를 맺기까지 몇 년이 걸렸다. 캘리포니아 밀 밸리에서 임상 심리클리닉을 열고 성장시키는 일이 겹쳤기 때문이다. 그래서 가족의 도움에 많이 의지해야 했다. 나를 적극적으로 격려해주고 언제나 실질적인 도움을 주고 우리 가정이 안정적으로 돌아갈 수 있도록 아이를 돌봐주고 평생 사랑과 영감의 원천이 되어주는 남편 브라이언 힐부시Brian Hilbush에게 큰 감사를 전한다. 너무도 많은 저녁과 주말을 엄마 없이 잘 있어주고 머릿속이 딴생각으로 가득한 엄마를 견뎌주고 엄마의 일을 좋게 봐주는 내 딸 시드니에게도 감사한다.

나를 믿어주고 아이디어가 글로 옮겨지는 것을 도와준 뉴하빙거New Harbinger 직원들에게 깊은 감사를 전한다. 그들의 지도 덕분에 글이 엄청나게 개선되었다. 기획 편집자 웬디 밀스틴Wendy Millstine은 아이디어를 가다듬는 것을 도와주었고 출간 제안서 단계부터 나를 이끌어주었다. 편집자 제스 오브라이언Jess O'Brien은 인내심과 열의를 가지고 나를 안내해주었다. 긍정적인 태도와 섬세함으로 원고를 간결하고 더 잘 읽히게 교정 교열해준 편집자 윌 디루이Will DeRooy에게도 감사하고 싶다. 편집자 니콜라 스키드모어Nicola Skidmore는 좀 더 생동감 있고 일관적이고 흥미로운 글이 되도록 도와주었다. 완벽한 표지를 만들어준 아트 디렉터 에이미 슈프Amy Shoup에게도 감사한다. 프로젝트 매니저 제시 버슨Jesse Burson, 부편집자 비크라즈 길Vicraj Gill, 마케팅 및 홍보 담당 피오나 해니건Fiona Hannigan, 카피라이터 리사 건터Lisa Gunther에게도 프로젝트의 여러 단계에서 준 도움에 감사를 전한다. 그리고 지지와 격려를 보내준 에이전트 자일스 앤더슨Giles Anderson에게도 감사드린다.

출간 제안서를 처음 쓸 때 많은 조언을 해준 프랭크 손넨버그Frank Sonnenberg에게 감사하고 싶다. 일과 경험을 아낌없이 공유해준 나의 좋은 친구 에일린 케네디Eileen Kennedy Moore에게도 감사한다. 《사이콜로지 투데이Psychology Today》의 블로그에 글을 쓸 수 있게 해준 수전 휘트본Susan Whitbourne과 리비 마Lybi Ma, 블로그와 코칭 친구들, 특히 소셜 미디어에서 내 일을 공유해주고 나를 위한 지원 시스템이 되어준 라레이 쿠이LaRae Quy에게 감사를 전한다.

나의 임상 연구를 전문적으로 감독해준 필 맨필드Phil Manfield에게 감사한다. 내가 학자의 길을 걸어오는 동안 여러 단계에서 도움을 준 모든 멘토, 특히 샤론 포스터Sharon Foster, 페리 니카시오Perry Nicassio, 딕 게비르츠Dick Gevirtz, 아서 스톤Arthur Stone에게 감사하고 싶다. 시어머니 바버

라 힐부시Barbara Hilbush와 남아프리카공화국의 오드리 펜로즈Audrey Penrose
의 사랑과 너그러움에도 감사드린다. 힐부시 가족들과 리가티치 가족
들, 마린과 샌디에이고, 런던, 케이프타운, 시드니의 모든 좋은 친구들,
감사합니다. 일일이 언급할 수 없지만 다들 알 거예요!

항상 내 가능성을 믿어주고 내가 하는 일을 지원해주신 나의 부모
님 레다Rheda와 랠프 그린버그Ralph Greenberg에게 감사드린다. 두 분은 곁
에 없지만 언제나 날 지켜보고 있다. 내가 어릴 때 어머니는 숙제를 도
와주고 책을 읽어주고 도서관에 데려다주고 글쓰기의 즐거움을 알게
해주었다.

마지막으로, 너무도 많은 가르침을 준 나의 학생들과 내담자들에게
감사하고 싶다. 내담자들의 용기와 회복탄력성은 언제나 나에게 큰 희
망을 준다.

단행본 및 저널

Adams, C. E., M. R. Leary, 2007, "Promoting Self-Compassionate Attitudes Toward Eating Among Restrictive and Guilty Eaters", *Journal of Social and Clinical Psychology* 26: 1120-44.

Affleck, G., H. Tennen, S. Croog, and S. Levine, 1987, "Causal Attribution, Perceived Benefits, and Morbidity Following a Heart Attack", *Journal of Consulting and Clinical Psychology* 55: 29-35.

Altenor, A., E. Kay, and M. Richter, 1977, "The Generality of Learned Helplessness in the Rat", *Learning and Motivation* 8: 54-61.

American Academy of Sleep Medicine, 2011, "Cooling the Brain During Sleep May Be a Natural and Effective Treatment for Insomnia", *ScienceDaily* 13 June, https://www.sciencedaily.com/releases/2011/06/110613093502.htm.

American Psychological Association, 2015, *Stress in America: Paying with Our Health,* Washington DC: Author.

Baumeister, R. F., E. Bratslavsky, M. Muraven, and D. M. Tice, 1998, "Ego Depletion: Is the Active Self a Limited Resource?", *Journal of Personality and Social Psychology* 74: 1252-65.

Beattie, Melody, 1990, *The Language of Letting Go: Daily Meditations on Codependency,* Center City: Hazelden.

Borkovec, T. D., O. M. Alcaine, and E. Behar, 2004, "Avoidance Theory of Worry and Generalized Anxiety Disorder", In *Generalized Anxiety Disorder: Advances in Research and Practice,* edited by R. Heimberg, C. Turk, and D. Mennin, New York: Guilford Press.

Borkovec, T. D., S. Hu, 1990, "The Effect of Worry on Cardiovascular Response to Phobic Imagery", *Behaviour Research and Therapy* 28 (1): 69-73.

Borkovec, T. D., E. Robinson, T. Pruzinsky, and J. A. Dupree, 1983, "Preliminary Exploration of Worry: Some Characteristics and Processes", *Behaviour Research and Therapy* 21: 9-16.

Brach, T., 2003, *Radical Acceptance: Embracing Your Life with the Heart of a Buddha,* New York: Bantam.

Bratman, G. N., G. C. Daily, B. J. Levy, and J. J. Gross, 2015, "The Benefits of Nature Experience: Improved Affect and Cognition", *Landscape and Urban Planning* 138: 41-50.

Brooks, A. W., 2014, "Get Excited: Reappraising Pre-Performance Anxiety as Excitement", *Journal of Experimental Psychology: General* 143 (3): 1144-58.

Brown, D. W., R. F. Anda, H. Tiemeier, V. J. Felitti, V. J. Edwards, J. B. Croft, and W. H. Giles, 2009, "Adverse Childhood Experiences and the Risk of Premature Mortality", *American Journal of Preventive Medicine* 37: 389-96.

Casey, C. Y., M. A. Greenberg, P. M. Nicassio, R. E. Harpin, and D. Hubbard, 2008, "Transition from Acute to Chronic Pain and Disability: A Model Including Cognitive, Affective, and Trauma Factors", *Pain* 134: 69-79.

Chiesa, A., A. Serretti, 2009, "Mindfulness-Based Stress Reduction for Stress Management in Healthy People: A Review and Meta-analysis", *Journal of Alternative and Complementary Medicine* 15 (5): 593-600.

Cohen, S., T. Kamarck, and R. Mermelstein, 1983, "A Global Measure of Perceived Stress", *Journal of Health and Social Behavior* 24: 385-96.

Cohen, S., D. A. J. Tyrrell, and A. P. Smith, 1991, "Psychological Stress and Susceptibility to the Common Cold", *New England Journal of Medicine* 325: 606-12.

Cohen, S., T. A. Wills, 1985, "Stress, Social Support, and the Buffering Hypothesis", *Psychological Bulletin* 98: 310-57.

Cole, S. W., L. C. Hawkley, J. M. Arevalo, C. Y. Sung, R. M. Rose, and J. T. Cacioppo, 2007, "Social Regulation of Gene Expression in Human Leukocytes", *Genome Biology* 8 (9): R189.

Crum, A. J., P. Salovey, and S. Achor, 2013, "Rethinking Stress: The Role of Mindsets in Determining the Stress Response", *Journal of Personality and Social Psychology* 104: 716-33.

Cryder, C. E., S. Springer, and C. K. Morewedge, 2012, "Guilty Feelings, Targeted Actions", *Personality and Social Psychology Bulletin* 38: 607-18.

Curtis, R., A. Groarke, and F. Sullivan, 2014, "Stress and Self-Efficacy Predict Psychological Adjustment at Diagnosis of Prostate Cancer", *Scientific Reports* 4: 5569.

Davidson, R., J. D. Kabat-Zinn, M. Schumacher, D. Rosenkranz, S. F. Muller, F. Santorelli, A. Urbanowski, K. Harrington, K. Bonus, and J. F. Sheridan, 2003, "Alterations in Brain and Immune Function Produced by Mindfulness Meditation", *Psychosomatic Medicine* 65: 564-70.

Davis, C., S. Nolen-Hoeksema, and J. Larson, 1998, "Making Sense of Loss and Benefiting from the Experience: Two Construals of Meaning", *Journal of Personality and Social Psychology* 75: 561-74.

Davis, C. G., C. B. Wortman, D. R. Lehman, and R. C. Silver, 2000, "Searching for Meaning in Loss: Are Clinical Assumptions Correct?", *Death Studies* 24: 497-540.

Dienstbier, R. A., 1989, "Arousal and Physiological Toughness: Implications for Mental and Physical Health", *Psychological Review* 96 (1): 84-100.

Duckworth, A., 2016, *Grit: The Power of Passion and Perseverance*, New York: Scribner.

Duckworth, A. L., C. Peterson, M. D. Matthews, and D. R. Kelly, 2007, "Grit: Perseverance and Passion for Long-Term Goals", *Journal of Personality and Social Psychology* 92 (6): 1087-1101.

Duhigg, C., 2012, *The Power of Habit: Why We Do What We Do in Life and Business*, New York: Random House.

Emmons, R. A., M. E. McCullough, 2003, "Counting Blessings vs. Burdens: An

Experimental Investigation of Gratitude and Subjective Well-Being in Daily Life", *Journal of Personality and Social Psychology* 84: 377-89.

Epel, E. S., E. H. Blackburn, J. Lin, F. S. Dhabhar, N. E. Adler, J. D. Morrow, and R. M. Cawthon, 2004, "Accelerated Telomere Shortening in Response to Life Stress", *Proceedings of the National Academy of Sciences* 101 (41): 17312-15.

Epel, E. S., B. McEwen, T. Seeman, K. Matthews, G. Castellazzo, K. D. Brownell, J. Bell, and J. R. Ickovics, 2000, "Stress and Body Shape: Stress-Induced Cortisol Secretion Is Consistently Greater Among Women with Central Fat", *Psychosomatic Medicine* 62 (5): 623-32.

Eskreis-Winkler, L., E. Shulman, S. Beal, and A. L. Duckworth, 2014, "The Grit Effect: Predicting Retention in the Military, the Workplace, School and Marriage", *Frontiers in Personality Science and Individual Differences* 5 (36): 1-12.

Felitti, V. J., R. F. Anda, D. Nordenberg, D. F. Williamson, A. M. Spitz, V. Edwards, M. P. Koss, and J. S. Marks, 1998, "Relationship of Childhood Abuse and Household Dysfunction to Many of the Leading Causes of Death in Adults. The Adverse Childhood Experiences (ACE) Study", *American Journal of Preventive Medicine* 14: 245-58.

Flett, G. L., P. L. Hewitt, and M. Heisel, 2014, "The Destructiveness of Perfectionism Revisited: Implications for the Assessment of Suicide Risk and the Prevention of Suicide", *Review of General Psychology* 18 (3): 156-72.

Fox, K. C., S. Nijeboer, M. L. Dixon, J. L. Floman, M. Ellamil, S. P. Rumak, P. Sedlmeier, and K. Christoff, 2014, "Is Meditation Associated with Altered Brain Structure? A Systematic Review and Meta-Analysis of Morphometric Neuroimaging in Meditation Practitioners", *Neuroscience Biobehavioral Reviews* 43: 48-73.

Frattaroli, J., 2006, "Experimental Disclosure and Its Moderators: A Meta-Analysis", *Psychological Bulletin* 132: 823-65.

Fredrickson, B. L., 2004, "The Broaden-and-Build Theory of Positive Emotions", *Philosophical Transactions of the Royal Society B: Biological Sciences* 359: 1367-78.

Fredrickson, B. L., T. Joiner, 2002, "Positive Emotions Trigger Upward Spirals Toward Emotional Well-Being", *Psychological,Science* 13: 172-75.

Fredrickson, B. L., R. A. Mancuso, C. Branigan, and M. M. Tugade, 2000, "The Undoing Effect of Positive Emotions", *Motivation and Emotion* 24 (4): 237-58.

Germer, C. K., 2009, *The Mindful Path to Self-Compassion: Freeing Yourself from Destructive Thoughts and Emotions*, New York: Guilford Press.

Gilbert, P., 2010, *The Compassionate Mind: A New Approach to Life's Challenges*, Oakland, CA: New Harbinger Publications.

Glaser, R., J. K. Kiecolt-Glaser, 2005, "Stress-Induced Immune Dysfunction: Implications for Health", *Nature Reviews Immunology* 5 (3): 243-51.

Glaser, R., G. R. Pearson, R. H. Bonneau, B. A. Esterling, C. Atkinson, J. K. Kiecolt-Glaser, 1993, "Stress and the Memory T-Cell Response to the Epstein-Barr Virus in Healthy Medical Students", *Health Psychology* 12 (6): 435-42.

Gross, J. J., R. A. Thompson, 2007, "Emotion Regulation: Conceptual Foundations", In *Handbook of Emotion Regulation*, edited by James J. Gross. New York: Guilford Press.

Grossman, P., L. Niemann, S. Schmidt, and H. Walach, 2003, "Mindfulness-Based Stress Reduction and Health Benefits: A Meta-analysis", *Focus on Alternative and Complementary Therapies* 8 (4): 500.

Gunnar, M. R., K. Frenn, S. S. Wewerka, and M. J. van Ryzin, 2009, "Moderate vs. Severe Early Life Stress: Associations with Stress Reactivity and Regulation in 10-12 Year Old Children", *Psychoneuroendocrinology* 34: 62-75.

Hanson, R., 2009, *Buddha's Brain: The Practical Neuroscience of Happiness, Love, and Wisdom*, With R. Mendius, Oakland, CA: New Harbinger Publications.

Hölzel, B. K., J. Carmody, M. Vangel, C. Congleton, S. M. Yerramsetti, T. Gard, and S. W. Lazar, 2011, "Mindfulness Practice Leads to Increases in Regional Brain Gray Matter Density", *Psychiatry Research: Neuroimaging* 191 (1): 36-43.

Hommel, K. A., J. L. Wagner, J. M. Chaney, and L. L. Mullins, 2001, "Prospective Contributions of Attributional Style and Arthritis Helplessness to Disability in

Rheumatoid Arthritis", *International Journal of Behavioral Medicine* 8 (3): 208-19.

Kabat-Zinn, J., 1982, "An Out-Patient Program in Behavioral Medicine for Chronic Pain Patients Based on the Practice of Mindfulness Meditation: Theoretical Considerations and Preliminary Results.", *General Hospital Psychiatry* 4: 33-47.

----------, 1994, *Wherever You Go, There You Are: Mindfulness Meditation in Everyday Life*, New York: Hyperion.

Kabat-Zinn, J., L. Lipworth, and R. Burney, 1985, "The Clinical Use of Mindfulness Meditation for the Self-Regulation of Chronic Pain", *Journal of Behavioral Medicine* 8: 163-90.

Kalm, L. M., R. D. Semba, 2005, "They Starved so that Others Be Better Fed: Remembering Ancel Keys and the Minnesota Experiment", *Journal of Nutrition* 135 (6): 1347-52.

Keyes, K. M., M. L. Hatzenbuehler, B. F. Grant, and D. S. Hasin, 2012, "Stress and Alcohol: Epidemiologic Evidence", *Alcohol Research: Current Reviews* 34 (4): 391-400.

Khoury, B., T. Lecomte, G. Fortin, M. Masse, P. Therien, V. Bouchard, M. Chapleau, K. Paquin, and S. G. Hofmann, 2013, "Mindfulness-Based Therapy: A Comprehensive Meta-analysis", *Clinical Psychology Review* 33 (6): 763-71.

Kobasa, S. C., 1979, "Stressful Life Events, Personality, and Health: An Inquiry into Hardiness", *Journal of Personality and Social Psychology* 37: 1-11.

Kornfield, J., 1993, *A Path with Heart: A Guide Through the Perils and Promises of Spiritual Life*, New York: Bantam Books.

Kripke, D. L., L. Garfinkel, D. L. Wingard, M. R. Klauber, and M. R. Marler, 2002, "Mortality Associated with Sleep Duration and Insomnia", *Archives of General Psychiatry* 59: 131-36.

Langer, E., J. Rodin, 1976, "The Effects of Choice and Enhanced Personal Responsibility for the Aged: A Field Experiment in an Institutional Setting", *Journal of Personality and Social Psychology* 19: 191-98.

Lepore, S. J., M. A. Greenberg, 2002, "Mending Broken Hearts: Effects of

Expressive Writing on Mood, Cognitive Processing, Social Adjustment and Health Following a Relationship Breakup", *Psychology and Health* 17: 547-60.

Loprinzi, P. D., B. J. Cardinal, 2011, "Association Between Objectively-Measured Physical Activity and Sleep, NHANES 2005-2006", *Mental Health and Physical Activity* 4 (2): 65-69.

Lutz, A., L. L. Greischar, N. B. Rawlings, M. Ricard, and R. J. Davidson, 2004, "Long-Term Meditators Self-Induce High-Amplitude Gamma Synchrony During Mental Practice", *Proceedings of the National Academy of Science* 101: 16369-73.

Lutz, J., U. Herwig, S. Opialla, A. Hittmeyer, L. Jäncke, M. Rufer, M. Grosse Holtforth, and A. B. Brühl, 2014, "Mindfulness and Emotion Regulation-anfMRI Study", *Social Cognitive and Affective Neuroscience* 9 (6): 776-85.

MacBeth, A., A. Gumley, 2012, "Exploring Compassion: A Meta-analysis of the Association Between Self-Compassion and Psychopathology", *Clinical Psychology Review* 32 (6): 545-52.

Marmot, M. G., G. Davey Smith, S. Stansfeld, C. Patel, F. North, J. Head, I. White, E. Brunner, and A. Feeney, 1991, "Health Inequalities Among British Civil Servants: The Whitehall II Study", *Lancet* 337 (8754): 1387-93.

Masten, A. S., M. J. Reed, 2002, "Resilience in Development" In *Handbook of Positive Psychology*, edited by C. R. Snyder and S. Lopez, New York: Oxford University Press.

McEwen, B. S., 1998, "Protective and Damaging Effects of Stress Mediators", *New England Journal of Medicine* 338: 171-79.

McGonigal, K., 2015, *The Upside of Stress: Why Stress Is Good for You and How to Get Good at It*, New York: Penguin.

McKee-Ryan, F., Song, Z., Wanberg, C. R., and Kinicki, A. J., 2005, *Psychological and Physical Well-Being During Unemployment: A Meta-Analytic Study. Journal of Applied Psychology* 90 (1): 53-76.

Mineka, S., M. Gunnar, and M. Champoux, 1986, "Control and Early Socioemotional Development: Infant Rhesus Monkeys Reared in Controllable vs. Uncontrollable Environments", *Child Development* 57: 1241-56.

Mineka, S., J. F. Kihlstrom, 1978, "Unpredictable and Uncontrollable Events: A New Perspective on Experimental Neurosis", *Journal of Abnormal Psychology* 87 (2): 256-71.

Moyer, C. A., M. P. Donnelly, J. C. Anderson, K. C. Valek, S. J. Huckaby, D. A. Wiederholt, R. L. Doty, A. S. Rehlinger, and B. L. Rice, 2011, "Frontal Electroencephalographic Asymmetry Associated with Positive Emotion Is Produced by Very Brief Meditation Training", *Psychological Science* 22, 1277-79.

Mullainathan, S., E. Shafir, 2013, *Scarcity: The New Science of Having Less and How It Defines Our Lives*, New York: Picador, Reprint Edition.

Neff, K. D., 2011, *Self-Compassion: The Proven Power of Being Kind to Yourself*, New York: William Morrow.

Neff, K. D., Y. Hsieh, and K. Dejitterat, 2005, "Self-Compassion, Achievement Goals, and Coping with Academic Failure", *Self and Identity* 4: 263-87.

Neff, K. D., K. Kirkpatrick, and S. S. Rude, 2007, "Self-Compassion and Its Link to Adaptive Psychological Functioning", *Journal of Research in Personality* 41: 139-54.

Neff, K. D., R. Vonk, 2009, "Self-Compassion vs. Global Self-Esteem: Two Different Ways of Relating to Oneself", *Journal of Personality* 77: 23-50.

Neupert, S. D., D. M. Almeida, and S. T. Charles, 2007, "Age Differences in Reactivity to Daily Stressors: The Role of Personal Control", *Journal of Gerontology, Series* B: *Psychological and Social Sciences* 62: 216-25.

Nolen-Hoeksema, S., 2000, "The Role of Rumination in Depressive Disorders and Mixed Anxiety/Depressive Symptoms", *Journal of Abnormal Psychology* 109: 504-11.

Nolen-Hoeksema, S., C. G. Davis, 1999, "Thanks for Sharing That: Ruminators and Their Social Support Networks", *Journal of Personality and Social Psychology* 77: 801-14.

Palomino, R. A., P. M. Nicassio, M. A. Greenberg, and E. P. Medina, 2007, "Helplessness and Loss as Mediators Between Pain and Depressive Symptoms in Fibromyalgia", *Pain* 129: 185-94.

Pagliari, R., L. Peyrin, 1995, "Norepinephrine Release in the Rat Frontal Cortex Under Treadmill Exercise: A Study with Microdialysis", *Journal of Applied Physiology* 78: 2121-30.

Pennebaker, J. W., and C. K. Chung, 2011, "Expressive Writing: Connections to Physical and Mental Health", In *The Oxford Handbook of Health Psychology*, edited by Howard S. Friedman, Oxford: Oxford University Press.

Puterman, E., J. Lin, E. Blackburn, A. O'Donovan, N. Adler, and E. Epel, 2010, "The Power of Exercise: Buffering the Effect of Chronic Stress on Telomere Length", *PLoS One* 5 (5): e10837.

Rhodes, A. M., 2015, "Claiming Peaceful Embodiment Through Yoga in the Aftermath of Trauma", *Complementary Therapies in Clinical Practice* 21: 247-56.

Rodin, J., 1986, "Aging and Health: Effects of the Sense of Control", *Science* 233: 1271-76.

Rodin, J., E. J. Langer, 1977, "Long-Term Effects of a Control-Relevant Intervention with the Institutionalized Aged", *Journal of Personality and Social Psychology* 35 (12): 897-902.

Rosengren, A., K. Orth-Goméir, H. Wedel, and L. Wilhelmsen, 1993, "Stressful Life Events, Social Support, and Mortality in Men Born in 1933", *British Medical Journal* 307 (6912): 1102-5.

Rutter, M., 2006, "Implications of Resilience Concepts for Scientific Understanding", *Annals of the New York Academy of Sciences* 1094: 1-12.

Salzberg, S., 2002, *Lovingkindness: The Revolutionary Art of Happiness*, Rev. ed. Boston: Shambhala.

Sapolsky, R. M., 2004, *Why Zebras Don't Get Ulcers*, New York: Times Books.

Sbarra, D. A., H. L. Smith, and R. M. Mehl, 2012, "When Leaving Your Ex, Love Yourself: Observational Ratings of Self-Compassion Predict the Course of Emotional Recovery Following Marital Separation", *Psychological Science* 23 (3): 261-69.

Seehagen, S., S. Schneider, J. Rudolph, S. Ernst, and N. Zmyj, 2015, "Stress Impairs Cognitive Flexibility in Infants", *Proceedings of the National Academy of*

Science 112 (41): 12882–86.

Seery, M. D., E. A. Holman, and R. C. Silver, 2010, "Whatever Does Not Kill Us: Cumulative Lifetime Adversity, Vulnerability, and Resilience", *Journal of Personality and Social Psychology* 99: 1025–41.

Seery, M. D., 2011, "Resilience: A Silver Lining to Experiencing Adverse Life Events?", *Current Directions in Psychological Science* 20: 390–94.

Segerstrom, S. C., S. E. Taylor, M. E. Kemeny, and J. L. Fahey, 1998, "Optimism Is Associated with Mood, Coping, and Immune Change in Response to Stress", *Journal of Personality and Social Psychology* 74: 1646–55.

Seligman, M. E. P., S. F. Maier, 1967, "Failure to Escape Traumatic Shock", *Journal of Experimental Psychology* 74 (1): 1–9.

Shah, A., S. Mullainathan, and E. Shafir, 2012, "Some Consequences of Having Too Little", *Science* 338: 682–85.

Siegel, D. J., 2010, *Mindsight: The New Science of Personal Transformation*, New York: Bantam.

Siegle, G. J., R. E. Ingram, and G. E. Matt, 2002, "Affective Interference: Explanation for Negative Information Processing Biases in Dysphoria?", *Cognitive Therapy and Research* 26: 73–88.

Smyth, J., A. Stone, A. Hurewitz, and A. Kaell, 1999, "Effects of Writing About Stressful Experiences on Symptom Reduction in Patients with Asthma or Rheumatoid Arthritis: A Randomized Trial", *Journal of the American Medical Association* 281: 1304–9.

Spera, S. P., E. D. Buhrfeind, and J. W. Pennebaker, 1994, "Expressive Writing and Coping with Job Loss", *Academy of Management Journal* 37: 722–33.

Stahl, B., E. Goldstein, 2010, *A Mindfulness-Based Stress Reduction Workbook*, Oakland, CA: New Harbinger Publications.

Stanton, A. L., S. Danoff-Burg, L. A. Sworowski, C. A. Collins, A. Branstetter, A. Rodriguez-Hanley, S. B. Kirk, and J. L. Austenfeld, 2002, "Randomized, Controlled Trial of Written Emotional Expression and Benefit Finding in Breast Cancer Patients", *Journal of Clinical Oncology* 20: 4160–68.

Stein, N., S. Folkman, T. Trabasso, and T. A. Richards, 1997, "Appraisal and Goal

Processes as Predictors of Psychological Well-Being in Bereaved Caregivers", *Journal of Personality and Social Psychology* 72: 872-84.

Teegarden, S. L., and T. L. Bale, 2008, "Effects of Stress on Dietary Preference and Intake Are Dependent on Access and Stress Sensitivity", *Physiology and Behavior* 93: 713-23.

Thompson, S. C., A. Sobolew-Shubin, M. E. Galbraith, L. Schwankovsky, and D. Cruzen, 1993, "Maintaining Perceptions of Control: Finding Perceived Control in Low-Control Circumstances", *Journal of Personality and Social Psychology* 64 (2): 293-304.

Tolle, E., 2004, *The Power of Now: A Guide to Spiritual Enlightenment*, Novato, CA: New World Library.

Troxel, W. M., K. A. Matthews, L. C. Gallo, and L. H. Kuller, 2005, "Marital Quality and Occurrence of the Metabolic Syndrome in Women", *Archives of Internal Medicine* 165 (9): 1022-27.

Tugade, M. M., and B. L. Fredrickson, 2004, "Resilient Individuals Use Positive Emotions to Bounce Back from Negative Emotional Experiences", *Journal of Personality and Social Psychology* 86 (2): 320-33.

Van den Berg, M., J. Maas, R. Muller, A. Braun, W. Kaandorp, R. van Lien, M. N. van Poppel, W. van Mechelen, and A. E. van den Berg, 2015, "Autonomic Nervous System Responses to Viewing Green and Built Settings: Differentiating Between Sympathetic and Parasympathetic Activity", *International Journal of Environmental Research and Public Health* 12: 15860-74.

Wallston, K. A., B. S. Wallston, S. Smith, and C. Dobbins, 1987, "Perceived Control and Health", *Current Psychological Research and Reviews* 6: 5-25.

Wegner, D. M., R. Erber, and S. Zanakos, 1993, "Ironic Processes in the Mental Control of Mood and Mood-Related Thought", *Journal of Personality and Social Psychology* 65: 1093-1104.

Wegner, D., D. Schneider, S. Carter, and T. White, 1987, "Paradoxical Effects of Thought Suppression", *Journal of Personality and Social Psychology* 53 (1): 5-13.

Weiss, J. M., H. I. Glazer, L. A. Pohorecky, J. Brick, and N. E. Miller, 1975, "Effects of Chronic Exposure to Stressors on Avoidance-Escape Behavior and on Brain Norepinephrine", *Psychosomatic Medicine* 37: 522-34.

Weiss, J. M., E. A. Stone, and N. Harrell, 1970, "Coping Behavior and Brain Norepinephrine Level in Rats", *Journal of Comparative and Physiological Psychology* 72 (1): 153-60.

Werner, E. E., R. S. Smith, 2001, *Journeys from Childhood to Midlife: Risk, Resilience, and Recovery*, New York: Cornell University Press.

Wren, A. A., T. J. Somers, M. A. Wright, M. C. Goetz, M. R. Leary, A. M. Fras, B. K. Huh, and L. L. Rogers, 2012, "Self-Compassion in Patients with Persistent Musculoskeletal Pain: Relationship of Self-Compassion to Adjustment to Persistent Pain", *Journal of Pain and Symptom Management* 43 (4): 759-70.

Young, J. E., J. S. Klosko, and M. Weishaar, 2003, *Schema Therapy: A Practitioner's Guide*, New York: Guilford Press.

Zawadzki, M. J., J. E. Graham, and W. Gerin, 2013, "Rumination and Anxiety Mediate the Effect of Loneliness on Depressed Mood and Poor Sleep Quality in College Students", *Health Psychology* 32: 212-22.

블로그 및 동영상 등

"Kelly McGonigal: How to Make Stress Your Friend"(TED talk), https://www.ted.com/talks/kelly_mcgonigal_how_to_make_stress_your_friend

"Greater Good: The Science of a Meaningful Life"(blog), http://greatergood.berkeley.edu

"Marin Psychologist"(my blog), http://marinpsychologist.blogspot.com

"Spirit Rock: An Insight Meditation Center", http://www.spiritrock.org

"Stress Management and Coping with Stress/Psych Central", http://psychcentral.com/stress

"The Center for Mindful Self-Compassion", http://www.centerformsc.org

"The Mindful Self-Express"(blog), https://www.psychologytoday.com/blog/the-mindful-self-express

"University of California San Diego Center for Mindfulness", https://health.ucsd.edu/specialties/mindfulness/Pages/default.aspx

마음 회복 수업

초판 1쇄 인쇄일 2024년 1월 17일
초판 1쇄 발행일 2024년 1월 31일

지은이 멜라니 그린버그
옮긴이 정지현

발행인 윤호권 · 조윤성
사업총괄 정유한

편집 신주식 **디자인** 표지 김효정 본문 곰곰사무소 **마케팅** 윤아림
발행처 ㈜시공사 **주소** 서울시 성동구 상원1길 22, 7-8층(우편번호 04779)
대표전화 02-3486-6877 **팩스(주문)** 02-585-1755
홈페이지 www.sigongsa.com / www.sigongjunior.com

글 ⓒ 멜라니 그린버그, 2024

이 책의 출판권은 (주)시공사에 있습니다. 저작권법에 의해
한국 내에서 보호받는 저작물이므로 무단 전재와 무단 복제를 금합니다.

ISBN 979-11-7125-313-5 03180

*시공사는 시공간을 넘는 무한한 콘텐츠 세상을 만듭니다.
*시공사는 더 나은 내일을 함께 만들 여러분의 소중한 의견을 기다립니다.
*잘못 만들어진 책은 구입하신 곳에서 바꾸어 드립니다.

WEPUB 원스톱 출판 투고 플랫폼 '위펍' __wepub.kr
위펍은 다양한 콘텐츠 발굴과 확장의 기회를 높여주는
시공사의 출판IP 투고·매칭 플랫폼입니다.